全国技工院校"十二五"系列规划教材
中国机械工业教育协会推荐教材

模拟电子技术

（任务驱动模式·含习题册）

主　编　刘玉章　张翠娟
副主编　冯　霞　吴　敏　田　伟
参　编　任兵建　张　朴　解　辉　陈民峰　边新红
　　　　梁丽伟　崔建利　肖　晶　许闪闪　王彦青
主　审　展同军

机械工业出版社

本书是全国技工院校"十二五"系列规划教材之一，分为7个单元，具体内容包括半导体二极管和晶体管、放大电路、集成运算放大器及其应用电路、整流与稳压电路、晶闸管及其应用电路、信号产生电路、综合应用电路。每个单元又以若干个小任务的形式展开，以工作任务为主线，突出核心技能与实操能力，使理论知识与操作技能融为一体。本书内容通俗易懂，图文并茂，可操作性强，并有很强的趣味性。为便于教学本书配有习题册和电子课件。

本书可作为技工院校、职业院校电气控制类、电子信息类专业教材，也可作为相关培训机构的培训用书，还可作为相关技术人员的自学参考用书。

图书在版编目（CIP）数据

模拟电子技术：任务驱动模式：含习题册/刘玉章，张翠娟主编．—北京：机械工业出版社，2012.8（2023.9重印）
全国技工院校"十二五"系列规划教材
ISBN 978-7-111-39201-9

Ⅰ.①模… Ⅱ.①刘…②张… Ⅲ.①模拟电路-电子技术-高等职业教育-教材 Ⅳ.① TN710

中国版本图书馆 CIP 数据核字（2012）第 169201 号

机械工业出版社（北京市百万庄大街22号 邮政编码100037）
策划编辑：陈玉芝　责任编辑：陈玉芝　关晓飞
版式设计：霍永明　责任校对：任秀丽
封面设计：张　静　责任印制：单爱军
北京虎彩文化传播有限公司印刷
2023年9月第1版·第3次印刷
184mm×260mm·13.5印张·321千字
标准书号：ISBN 978-7-111-39201-9
定价：39.80元

电话服务　　　　　　　　网络服务
客服电话：010-88361066　机 工 官 网：www.cmpbook.com
　　　　　010-88379833　机 工 官 博：weibo.com/cmp1952
　　　　　010-68326294　金 书 网：www.golden-book.com
封底无防伪标均为盗版　　机工教育服务网：www.cmpedu.com

全国技工院校"十二五"系列规划教材编审委员会

顾 问：郝广发

主 任：陈晓明　李　奇　季连海

副主任：（按姓氏笔画排序）
丁建庆　王　臣　刘启中　刘亚琴　刘治伟　李长江
李京平　李俊玲　李晓庆　李晓毅　佟　伟　沈炳生
陈建文　徐美刚　黄　志　章振周　董　宁　景平利
曾　剑　魏　葳

委 员：（按姓氏笔画排序）
于新秋　王　军　王　珂　王小波　王占林　王良优
王志珍　王栋玉　王洪章　王惠民　方　斌　孔令刚
白　鹏　乔本新　朱　泉　许红平　汤建江　刘　军
刘大力　刘永祥　刘志怀　毕晓峰　李　华　李成飞
李成延　李志刚　李国诚　吴　岭　何立辉　汪哲能
宋燕琴　陈光华　陈志军　张　迎　张卫军　张廷彩
张敬柱　林仕发　孟广斌　孟利华　荆宏智　姜方辉
贾维亮　袁　红　阎新波　展同军　黄　樱　黄锋章
董旭梅　谢蔚明　雷自南　鲍　伟　潘有崇　薛　军

总策划：李俊玲　张敬柱　荆宏智

序

"十二五"期间，加速转变生产方式、调整产业结构，将是我国国民经济和社会发展的重中之重。而要完成这种转变和调整，就必须有一大批高素质的技能型人才作为后盾。根据《国家中长期人才发展规划纲要（2010—2020年）》的要求，至2020年，我国高技能人才占技能劳动者的比例将由2008年的24.4%上升到28%（目前一些经济发达国家的这个比例已达到40%）。可以预见，作为高技能人才培养重要组成部分的高级技工教育，在未来的10年必将会迎来一个高速发展的黄金期。近几年来，各职业院校都在积极开展高级工培养的试点工作，并取得了较好的效果。但由于起步较晚，课程体系、教学模式都还有待完善与提高，教材建设也相对滞后，至今还没有一套适合高级技工教育快速发展需要的成体系、高质量的教材。即使一些专业（工种）有高级工教材，也不是很完善，或是内容陈旧、实用性不强，或是形式单一、无法突出高技能人才培养的特色，更没有形成合理的体系。因此，开发一套体系完整、特色鲜明、适合理论实践一体化教学、反映企业最新技术与工艺的高级工教材，就成为高级技工教育亟待解决的课题。

鉴于高级技工教材短缺的现状，机械工业出版社与中国机械工业教育协会从2010年10月开始，组织相关人员，采用走访、问卷调查、座谈等方式，对全国有代表性的机电行业企业、部分省市的职业院校进行了历时6个月的深入调研。对目前企业对高级工的知识、技能要求，各学校高级工教育教学现状、教学和课程改革情况以及对教材的需求等有了比较清晰的认识。在此基础上，他们紧紧依托行业优势，以为企业输送满足其岗位需求的合格人才为最终目标，组织了行业和技能教育方面的专家精心规划了教材书目，对编写内容、编写模式等进行了深入探讨，形成了本系列教材的基本编写框架。为保证教材的编写质量以及编写队伍的专业性和权威性，2011年5月，他们面向全国技工院校公开征稿，共收到来自全国22个省（直辖市）的110多所学校的600多份申报材料。在组织专家对作者及教材编写大纲进行了严格的评审后，决定首批启动编写机械加工制造类专业、电工电子类专业、汽车检测与维修专业、计算机技术相关专业教材以及部分公共基础课教材等，共计80余种。

本系列教材的编写指导思想明确，坚持以达到国家职业技能鉴定标准和就业能力为目标，以各专业的工作内容为主线，以工作任务为引领，由浅入深，循序渐进，精简理论，突出核心技能与实操能力，使理论与实践融为一体，充分体现"教、学、做合一"的教学思想，致力于构建符合当前教学改革方向的、以培养应用型、技术型、创新型人才为目标的教材体系。

本系列教材重点突出了三个特色：一是"新"字当头，即体系新、模式新、内容新。

体系新是把教材以学科体系为主转变为以专业技术体系为主；模式新是把教材传统章节模式转变为以工作过程的项目为主；内容新是教材充分反映了新材料、新工艺、新技术、新方法。二是注重科学性。教材从体系、模式到内容均符合教学规律，符合国内外制造技术水平实际情况。在具体任务和实例的选取上，突出先进性、实用性和典型性，便于组织教学，以提高学生的学习效率。三是体现普适性。由于当前高级工生源既有中职毕业生，又有高中生，各自学制也不同，还要考虑到在职人群，因此教材在内容安排上尽量照顾到了不同的求学者，适用面比较广泛。

此外，本系列教材还配备了电子教学课件，以及相应的习题集、实验、实习教程，现场操作视频等，初步实现了教材的立体化。

我相信，本系列教材的出版，对深化职业技术教育改革，提高高级工培养的质量，都会起到积极的作用。在此，我谨向各位作者和所在单位及为这套教材出力的学者表示衷心的感谢。

原机械工业部教育司副司长
中国机械工业教育协会高级顾问

前言

本书以人力资源和社会保障部培训就业司2008年颁发的高级技工学校专业教学计划与教学大纲为依据,以"注重实践、强化应用"为指导思想,采用"任务驱动"的编写模式,以工作任务为引领,由浅入深,循序渐进,精简理论,突出技能与实操能力,使理论与实践融为一体,充分体现"教、学、做合一"的教学理念。

体现技工院校学生综合专业素质的重要标志就是实操能力。如何更好地提高技工院校学生实操能力,怎样在教材上更好地为之服务,是我们职业教育者多年来一直探讨、研究的课题。针对此,在本书编写过程中我们进行了一些探索和实践,力争在内容上既能突出操作技能训练,又能掌握和了解相关理论知识,着重突出易懂、易学、易会的特点。

本书根据单元要求设置具体任务,以完成任务来达到知识目标、技能目标和素质目标的实现。任务的设置和学习目标是具体学什么;工作任务是学习目标的细化,相关理论、任务准备和任务实施是指导学生怎么学;检查评议是检验学生学习效果,便于今后进一步提高;知识拓展是为了开阔学生的视野,拓展学生的专业知识面;思考与练习是为了更好地学透和掌握知识。本书在内容上注重遵循"先易后难,先浅后深"的原则,注重任务实施环节,明确了具体实施方法和步骤,对提高操作能力、尽快地掌握所学内容有较大的帮助。

本书由刘玉章、张翠娟任主编,冯霞、吴敏、田伟任副主编,参加编写的人员还有任兵建、张朴、解辉、陈民峰、边新红、梁丽伟、崔建利、肖晶、许闪闪、王彦青。本书由展同军任主审。

由于编写时间仓促,加之作者水平有限,书中难免有错漏之处,恳请广大读者和同仁给予批评指正。

编 者

目 录

序
前言

单元1 半导体二极管和晶体管 1
任务1 二极管的特性测试与检测 1
任务2 二极管箝位电路和限幅电路的实验装接与测试 7
任务3 晶体管的特性测试与检测 12

单元2 放大电路 18
任务1 低频小信号放大电路的实验装接与检修 18
任务2 小功率晶体管音频放大电路的制作与检修 28
任务3 功率放大器的制作与检修 41

单元3 集成运算放大器及其应用电路 50
任务1 比例运算应用电路的实验装接与检修 50
任务2 三角波—方波发生器的制作与检修 60
任务3 函数信号发生器的制作与检修 65

单元4 整流与稳压电路 70
任务1 单相整流电路的实验装接与测试 70
任务2 并联型稳压电路的实验装接与检修 77
任务3 串联型稳压电路的制作与检修 84
任务4 开关型直流稳压电源的制作与检修 91

单元5 晶闸管及其应用电路 100
任务1 家用台灯调光电路的制作与检修 100
任务2 220V调光电路的制作与检修 106
任务3 直流电动机调速电路的实验装接与检修 116

单元6 信号产生电路 131
任务1 LC正弦波振荡电路的制作与检修 131
任务2 RC桥式振荡电路的制作与测试 139

单元7 综合应用电路 150

附录 半导体分立器件型号命名方法 157
参考文献 159

单元 1　半导体二极管和晶体管

用半导体材料制成的半导体器件是 20 世纪中期发展起来的新型电子器件。其中，半导体二极管、晶体管是电子技术中最常用的器件，由于它们具有体积小、重量轻、工作可靠、寿命长、耗电量小等优点，所以在电子技术中得到了广泛应用。本单元主要介绍二极管和晶体管的相关知识、应用电路的实验装接及示波器的使用方法。

任务 1　二极管的特性测试与检测

 学习目标

> **知识目标：**
> 1. 了解二极管的结构及符号，熟悉其种类及型号，了解硅稳压二极管的特性及主要参数。
> 2. 理解二极管的伏安特性曲线和主要参数。
>
> **技能目标：**
> 掌握常用二极管的识别与检测方法。
>
> **素质目标：**
> 养成学生独立思考和动手操作的习惯，培养学生相互学习的精神。

 工作任务

仪器仪表及家用电器中的指示灯通常是发光二极管。发光二极管简称 LED，是二极管的一种，它还可以组成文字或数字显示电路。二极管的应用十分广泛，几种常用二极管的外形如图 1-1 所示。

那么，二极管在电路中的特性是什么？本任务主要介绍二极管的相关知识及检测方法。

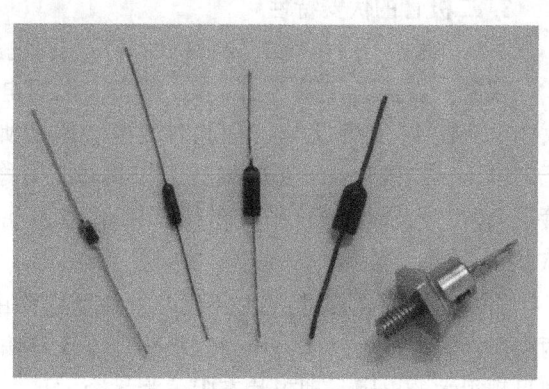

图 1-1　几种常用二极管的外形

> 相关理论

一、半导体的基本知识

自然界中的物质按其导电能力的不同分为导体、半导体和绝缘体三大类，其中半导体是指导电能力介于导体和绝缘体之间的物质。

纯净的半导体导电能力较差，但当半导体的环境温度上升、受光照或掺入杂质时，其导电能力会大大增强，即半导体具有光敏特性、热敏特性和掺杂特性。

掺入了杂质的半导体称为杂质半导体，分为 N 型半导体和 P 型半导体。N 型半导体的多数载流子是带负电的自由电子，P 型半导体的多数载流子是带正电的空穴。

通过特殊工艺将 N 型半导体和 P 型半导体紧密结合在一起，在其交界面处形成一个特殊的带电薄层，称为 PN 结。

二、二极管的结构及性能

1. 二极管的基本结构

从 PN 结的 P 型区（简称 P 区）和 N 型区（简称 N 区）各引出一个电极，封装起来就构成了二极管。其中，从 P 区引出的电极为二极管的正极，从 N 区引出的电极为二极管的负极，其结构与符号如图 1-2 所示。

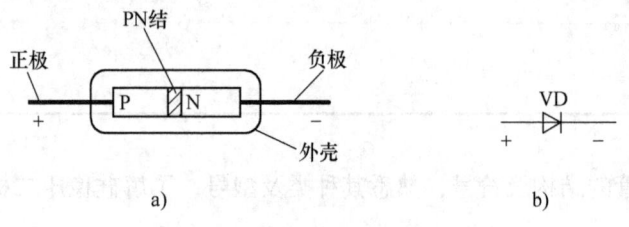

图 1-2 二极管的结构与符号
a) 结构 b) 符号

2. 二极管的种类

二极管按材料可分为硅管、锗管、砷化镓管等；按结构可分为点接触型、面接触型和平面型；按用途可分为整流二极管、开关二极管、稳压二极管、变容二极管、发光二极管、光敏二极管等。

3. 二极管的伏安特性

演示实验：图 1-3 为二极管特性演示实验电路。

现象：当合上开关 S 时，VL 发光，说明电路中有足够大的电流使 VL 正常工作，称此时二极管两端所加的电压为正向电压，二极管处于正向偏置工作状态，简称正偏。二极管正偏时，内部呈现较小的电阻，阻值约为几百欧至几千欧。

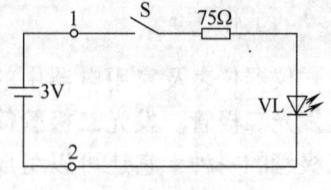

图 1-3 二极管单向导电性演示电路

将电源反向连接时，VL 不发光，说明电路中没有电流通过或电流很小，称此时二极管两端所加的电压为反向电压，二极管处于反向偏置工作状态，简称反偏。二极管反偏时，内部呈现很大的电阻，理想状态阻值为无穷大。

结论：二极管只能在正向电压的作用下才能工作，即二极管具有单向导电性。

描述流过二极管的电流随其两端电压变化的特性就是二极管的伏安特性,通常用伏安特性曲线来表示,如图1-4所示。

二极管的伏安特性分为正向特性和反向特性。

1) 正向特性是指当二极管正偏(正极接高电位,负极接低电位)时,流过它的电流随其两端电压变化的特性,图1-4所示的第一象限图形为其正向特性曲线。由图可知:当正向电压很小时,二极管的正向电流几乎为零,称这个区域为死区,对应死区的最大电压为死区电压。一般硅管的死区电压约为0.5V,锗管的死区电压约为0.2V。

当正向电压大于死区电压时,二极管的电流随电压的变化迅速上升,进入导通状态。二极管导通后,其两端电压比较稳定,几乎不随电流的

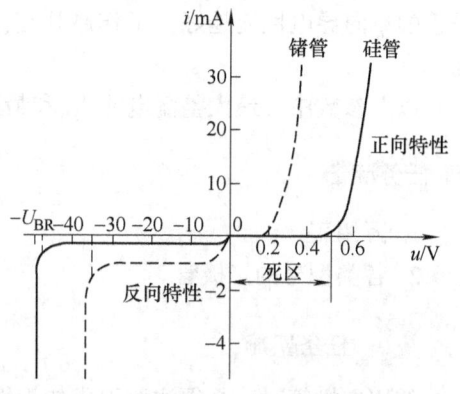

图1-4 二极管的伏安特性曲线

大小发生变化,称这一较稳定的正向电压为二极管的正向压降,也称为管压降。一般硅管的管压降约为0.7V,锗管的管压降约为0.3V。

2) 反向特性是指当二极管两端反偏(负极接高电位,正极接低电位)时,流过它的电流随其两端电压变化的特性,图1-4所示的第三象限图形为其反向特性曲线。由图可知:在反向电压的一定范围内,反向电流(称之为反向饱和电流)很小,且基本不变,二极管处于截止状态。当反向电压超过一定值时,反向电流会突然增大,称这一现象为二极管的反向击穿,此时所对应的电压称为反向击穿电压,用 U_{BR} 表示。二极管发生反向击穿时,若采取适当的限流措施,把电流限制在二极管能承受的范围内,二极管便不会损坏。如果没有适当的限流措施,二极管将会因电流过大而导致过热发生热击穿,则二极管将永久损坏。普通二极管不允许工作在反向击穿状态。

由二极管特性曲线可知,锗二极管的反向饱和电流比硅二极管的大。通常,硅管的反向饱和电流是几微安到几十微安,锗管则可达到几百微安。反向饱和电流是衡量二极管质量优劣的重要参数,其值越小,二极管的质量越好。

由于半导体的热敏性,二极管的正向压降会随环境温度的升高而降低,而其反向饱和电流则随环境温度的升高而增大,并且锗管的反向饱和电流随温度升高的变化量比硅管大,所以锗管的热稳定性比硅管差。

由以上分析得出:二极管正偏时导通,反偏时截止,即二极管具有单向导电性。因为二极管的内部结构就是一个 PN 结,所以单向导电性也是 PN 结的特性。

三、二极管的主要参数

1. 最大整流电流 I_{FM}

最大整流电流是指二极管长期工作时允许通过的最大正向电流平均值。实际工作中通过二极管的正向电流平均值不得超过此值,否则二极管可能会因过热而损坏。

2. 最高反向工作电压 U_{RM}

最高反向工作电压是指二极管正常工作时其两端所允许外加的最大反向电压值。实际工作中,若二极管两端的反向电压超过此值,可能会导致二极管反向击穿。一般手册上给出的最大反向工作电压约为反向击穿电压的1/2,以确保二极管安全工作。

3. 反向电流 I_R

反向电流是指在规定的反向电压和环境温度下流过二极管的反向电流值。该值越小,二极管的单向导电性能越好,工作越稳定。I_R 对温度很敏感,使用时应注意环境温度不宜过高。

以上参数中,最大整流电流 I_{FM} 和最高反向工作电压 U_{RM} 是选用二极管的两个重要依据。

任务准备

1. 万用表。
2. 各类型号的二极管。

任务实施

使用二极管时,必须注意引脚的极性不能接错,否则电路将不能正常工作,甚至可能烧毁管子及相关元器件。二极管引脚的极性可以通过外形识别或万用表检测来确定。

一、二极管引脚的识别

二极管的正、负极可从外壳标注或由其特定的外形结构来判定。常用的标注方式有标志环、图形符号等,如图1-5所示。有标志环的一端是负极。

二、二极管引脚的检测

在二极管没有或看不清楚任何极性标志时,可以使用万用表来简单检测其引脚极性及好坏。

1. 二极管引脚极性的检测

对于小功率二极管,可以用万用表的 $R \times 100$ 挡或 $R \times 1k$ 挡测量其正、反向电阻的方法来确定其引脚极性。

检测步骤如下:

1) 将万用表量程置于 $R \times 1k$ 或 $R \times 100$ 挡,并进行欧姆调零,如图1-6a所示。

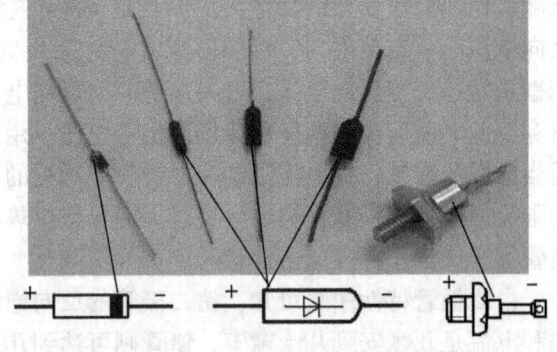

图1-5 二极管的常见封装

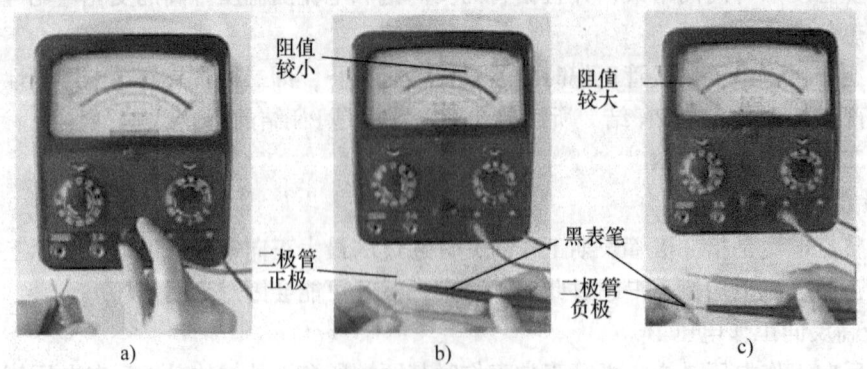

图1-6 二极管的检测
a) 欧姆调零 b) 二极管的正向电阻 c) 二极管的反向电阻

2）将万用表的红表笔和黑表笔分别与二极管的两个引脚相接，记录所测电阻值。将两个表笔交换，再次测量两个引脚间的阻值，并记录结果。两次测量中，阻值小的一次，黑表笔所接的引脚为二极管的正极，红表笔所接的为二极管的负极，该阻值为二极管的正向电阻。较大的阻值为二极管的反向电阻。检测操作如图1-6b和图1-6c所示。

> **小知识** 用万用表测电阻时，表内接电池，其红表笔接内电池负极，黑表笔接内电池正极。在测量器件阻值前，先对万用表进行欧姆调零。

实际使用万用表各挡测二极管时，所得阻值是不同的。这是因为万用表各挡的端电压是不一样的，而PN结的阻值是随外电压变化的，所以用万用表不同的电阻挡对同一只管子测得的阻值就不一样。例如用$R\times100$挡测2CP22的正向阻值约为500Ω，反向阻值约为$300k\Omega$，而用$R\times1k$挡测得的正向阻值为$4k\Omega$，反向阻值在$550k\Omega$以上。

2. 二极管性能的检测

在检测步骤2）中，正、反向电阻相差越大，说明二极管的性能越好。一般地，用万用表测二极管的正、反向电阻时，如果正向阻值为几十至几百欧，反向电阻值在$200k\Omega$以上，可以认为二极管是好的；如果正、反向电阻均为无穷大，则表示管子内部断路；如果正、反向电阻均接近零，则表示管子内部短路；如果正、反电阻相差不多，则表示管子质量不好。

> **想一想** 为什么测量小功率二极管时不能使用万用表的$R\times10k$挡或$R\times1$挡？

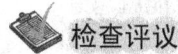
检查评议

评分标准见表1-1。

表1-1 评 分 标 准

序号	项目内容	评 分 标 准	配分	扣分	得分
1	二极管的识别与测试	1. 不会测试引脚，扣20分 2. 不会测试二极管的好坏，扣20分 3. 识读标志符号错误，扣10分	50		
2	仪表的使用	万用表使用不正确，扣20分	20		
3	课堂练习	依据课堂提问及练习，酌情扣分	30		
4	合计		100		
5	时间	15min/10只管			

注意事项

检测二极管时，不能在连接电路中测量，因为与其连接的其他器件的阻值会对其产生影响。

知识拓展

特殊二极管

一、稳压二极管

1. 稳压二极管的伏安特性

稳压二极管是一种特殊的面接触型二极管，其符号及伏安特性曲线如图1-7所示，它的正向特性曲线与普通二极管相似，而反向击穿特性曲线很陡。正常情况下稳压二极管工作在反向击穿区，由于曲线很陡，反向电流在很大范围内变化时，端电压变化很小，因而具有稳压作用。只要反向电流不超过其最大稳定电流，就不会形成破坏性的热击穿。因此，在电路中稳压二极管应串联适当阻值的限流电阻。

2. 稳压二极管的主要参数

1) 稳定电压 U_Z 是指正常工作时稳压二极管两端的反向电压值，其值决定于稳压二极管的反向击穿电压值。

2) 稳定电流 I_Z 是指稳压二极管稳压工作时的电流值，通常为工作电压等于 U_Z 时所对应的电流值。当工作电流低于 I_Z 时，稳压效果变差，若低于 I_{Zmin} 时，由图1-7b可知稳压二极管将失去稳压作用。

3) 最大耗散功率 P_{ZM} 和最大工作电流 I_{ZM}。P_{ZM} 和 I_{ZM} 是为了保证管子不被热击穿而规定的极限参数，由管子允许的最高结温决定，$P_{ZM} = I_{ZM} U_Z$。

4) 动态电阻 r_Z 是指稳压范围内电压变化量与相应的电流变化量之比，即 $r_Z = \Delta U_Z / \Delta I_Z$，如图1-7b所示。$r_Z$ 值很小，约为几欧到几十欧。r_Z 越小，即反向击穿特性越陡，稳压性能就越好。

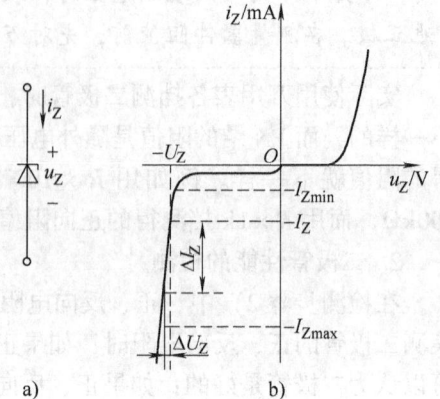

图1-7 稳压二极管的符号及伏安特性曲线
a) 符号 b) 伏安特性曲线

二、发光二极管

发光二极管是一种通以正向电流就会发光的二极管，它由某些当自由电子和空穴复合时就会产生光辐射的半导体制成，采用不同材料，可发出红、橙、黄、绿、蓝色光，其图形符号如图1-8所示。

发光二极管的伏安特性与普通二极管相似，不过它的正向导通电压较大，可达1~2V，同时发光的亮度随通过的正向电流增大而增强，工作电流为几毫安到几十毫安，典型工作电流为10 mA左右。发光二极管的反向击穿电压一般大于5V，但为使器件稳定可靠地工作，应使其工作在5V以下。

发光二极管主要用做显示器件，可单个使用，也可制成七段数字显示器以及矩阵式器件。不可见光红外发光二极管主要用在遥控装置中。

图1-8 发光二极管的图形符号

三、光敏二极管

光敏二极管的结构与普通二极管类似，但其PN结面积较大，且管壳上有一个透光的窗口，可接收外部的光照，其图形符号如图1-9所示。

光敏二极管使用时工作在反向偏置状态。在无光照射时，光敏二极管的伏安特性和普通二极管一样，此时的反向电流称为暗电流，一般为几微安，甚至更小；当有光照射时，其反向电流随光照强度的增加而上升（这时的反向电流称为光电流）。另外，光电流的大小还与入射光的波长有关。因此，光敏二极管是将光信号转换为电信号的半导体器件，可用做光的测量。利用光敏二极管的工作原理可制成太阳能电池。

图1-9 光敏二极管的图形符号

四、二极管光耦合器

将发光二极管和光敏二极管组合起来可构成光耦合器,如图 1-10 所示。将输入的电信号施加到发光二极管的两端,使其发出的光照射到光敏二极管上,这样在器件的输出端产生与输入信号变化规律相同的电信号,从而实现了信号的光电耦合,将电信号从输入端传送到输出端。由于两个二极管之间是电隔离的,因此光耦合器是通过光传输信号的电隔离器件,常在数字、模拟式计算机控制系统中作接口电路。

五、变容二极管

构成变容二极管的 PN 结具有电容效应,当其反向偏置时反向电阻很大,近似开路。变容二极管可构成较理想的电容器件,且其容量随两端反向电压的增加而减小。变容二极管的电路符号及电容电压特性曲线如图 1-11 所示。变容二极管广泛用于高频电子电路中,例如用于谐振回路的电调谐、调频信号的产生等。

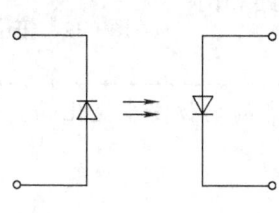

图 1-10　二极管光耦合器

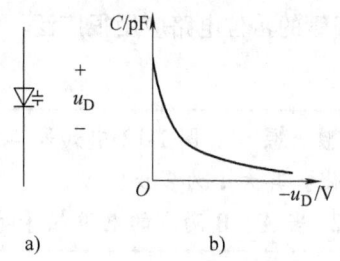

图 1-11　变容二极管
a)图形符号　b)电容电压特性曲线

任务 2　二极管箝位电路和限幅电路的实验装接与测试

 学习目标

知识目标:
掌握二极管箝位电路和限幅电路的工作原理。
技能目标:
1. 掌握示波器的使用方法。
2. 掌握二极管箝位电路和限幅电路的实验装接及测试方法。
素质目标:
养成学生动手操作的习惯,培养学生相互学习及团队协作的精神。

 工作任务

由于二极管的单向导电性,其应用非常广泛。利用二极管可以组成各种应用电路,其中最简单的就是二极管箝位电路和限幅电路。本任务一是学习二极管箝位电路和限幅电路的相关知识,二是介绍二极管箝位电路和限幅电路的实验方法,将理论知识与实际电路相结合,提高学生识读电子电路的能力及实验能力,并熟悉示波器的使用方法。

▶ 相关理论

一、二极管箝位电路

当多个二极管的正极接在一起（又称为共阳极接法）或负极接在一起（又称为共阴极接法）时，正向压降较大的二极管优先导通。图 1-12 所示电路中，VD_1、VD_2 为共阴极接法。为了分析问题的方便，假设二极管为理想二极管（正向导通时管压降为 0V，反向截止时电流为 0A），由于二极管 VD_1 的正向压降大于 VD_2 的正向压降，所以 VD_1 优先导通，A 点的电位 $U_A = U_{V1} + U_F = U_F = 3V$。$VD_2$ 两端的电压 $U_{V2} = U_B - U_F = -3V$，VD_2 截止。F 点的电位就被箝制在 A 点电位 3V 上，即箝位。

二极管的箝位电路应用很广泛，如整流电路、限幅电路和门电路。

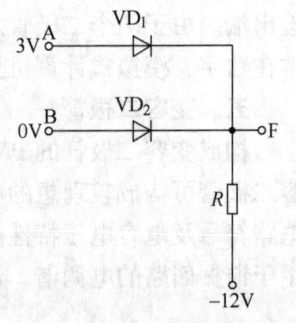

图 1-12　箝位电路

> **想一想**　1. 图 1-12 中如果二极管的方向相反，F 点的电位发生变化吗？如果发生变化，其大小为多少？
>
> 2. 当 A、B 两点的电位相等时，F 点的电位为多少？

二、二极管双向限幅电路

限幅电路是指限制输出信号幅值的电路。当输入信号幅值变化较大时，为了使信号幅值能够限制在一定范围内，可将输入信号接入限幅电路。

二极管双向限幅电路如图 1-13 所示。假设二极管为理想二极管，当输入信号大于 3V 时，二极管 VD_1 导通，输出信号为 3V。当输入信号小于 –3V 时，二极管 VD_2 导通，输出信号为 –3V。这样，输出信号被限制在 –3 ~ 3V，实现了双向限幅的作用。

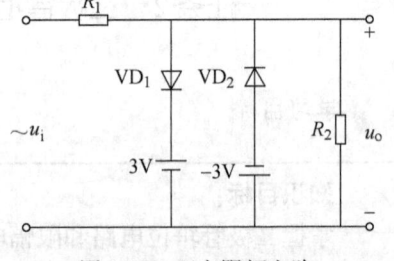

图 1-13　双向限幅电路

三、示波器的使用方法

示波器是电子技术中常用的测量仪器，用于观察被测信号的波形及测量被测信号的电压、周期和相位。下面以图 1-14 所示的 YB43020B 型示波器为例，介绍示波器的使用方法。

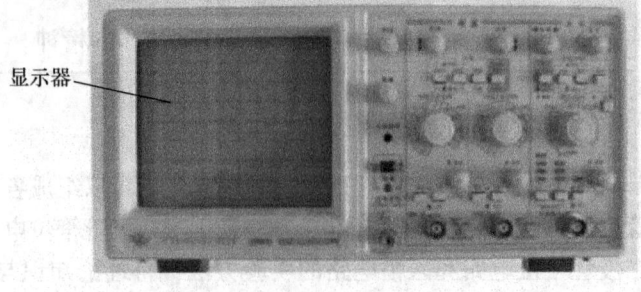

图 1-14　YB43020B 型示波器

1. 面板介绍

1）电源开关：按下时电源接通，指示灯亮。

2）"辉度"：用于调节荧光屏上波形或光点的亮度。

3）"聚焦"：用于调节扫描线，使其细窄而清晰。

4）"校准信号"：用于调整示波器输出标准方波信号的幅度及周期。

5）垂直控制：

① "位移"旋钮：用于调节输出波形在垂直方向的位置。

② "方式"按钮：用于选择示波器输出波形的方式，分 CH1、CH2、断续和 CH2 反相。按钮按下时，表示选择该显示方式。

③ "VOLTS/DIV"旋钮：它们是电压量程选择旋钮，也称为偏转因数开关，可步进改变荧光屏上的波形幅度。其数值表示显示屏上每个方格所代表的电压值。

④ "微调"旋钮：可连续改变荧光屏上的波形幅度，当使用"VOLTS/DIV"定量测试电压时，该旋钮置于"校准"位置。

⑤ "AC/DC 地"按钮：指 CH1（左侧）、CH2（右侧）垂直输入耦合选择按钮。

⑥ CH1、CH2 输入插座：用于连接探头，以便于信号的测量。

6）水平控制：

① "位移"旋钮：用于调节输出波形在水平方向的位置。

② "扫描方式"按钮：包括触发选择、触发信号极性选择及复位选择。

③ "电平"旋钮：用于调整输出波形的稳定性。

④ "SEC/DIV"旋钮：它是扫描时间刻度选择旋钮，又称为时基因数开关，可步进改变荧光屏上波形在水平方向的宽度。其数值表示显示屏上每个方格所代表的时间值。

⑤ "微调"旋钮：可连续改变时基因数的大小，但要用"SEC/DIV"定量测试时间时，将其置于"校准"位置。

7）其他：包括耦合方式选择旋钮及外接输入端口。

2. 使用方法

（1）获得基线　将辉度和聚焦置适中位置，垂直输入耦合置于"AC"，垂直衰减旋钮置"5mV/div"，垂直工作方式置于"CH1"、"CH2"，垂直灵敏度微调置"校准"位置，按下电源开关，电源指示灯亮。调节辉度、聚焦等旋钮，可出现两条纤细明亮的扫描基线，调节水平及垂直位移旋钮，使基线位于屏幕中间位置，并与水平坐标刻度重合。

（2）显示信号　在一般情况下，示波器本身均有一个 $0.5V_{p-p}$ 标准方波信号输出口，当获得基线后，即可将探头接到此处及接地插孔之间，此时屏幕应有一串方波信号，调节电压量程"VOLTS/DIV"和扫描时间刻度"SEC/DIV"旋钮，方波幅度和宽窄发生相应变化，说明示波器基本调整完毕，可以投入使用。

（3）测量信号　将测试线接在 CH1 和 CH2 输入插座，测试探头触及测试点，即可在示波器上观察到波形。如果波形幅度太大或太小，可调整电压量程旋钮；如果波形周期显示不合适，可调整扫描时间刻度旋钮，直到获取合适的波形。

任务准备

1. 万用表、函数信号发生器、示波器、直流电源（-3V、3V、-12V 各一处）、实验工作台。

2. 二极管箝位电路和限幅电路的元器件明细表见表1-2。

表1-2 二极管箝位电路和限幅电路的元器件明细表

序号	名称	规格	数量
1	二极管 VD_1、VD_2	1N4001	2
2	电阻 R	500Ω	1
3	电阻 R_1	300Ω	1
4	电阻 R_2	5.1kΩ	1

 任务实施

1. 按图1-12所示箝位电路装接实验电路，A、B为信号输入端，F为信号输出端。
2. 分别在输入端接入表1-3所列输入信号，并测量对应输出端F点的电位，将所测数据填入表1-3中。

表1-3 二极管箝位电路测量记录

电位值	1	2	3	4
U_A/V	0	0	3	3
U_B/V	0	3	0	3
U_F/V				

3. 按图1-13所示双向限幅电路装接实验电路。
4. 调整函数信号发生器，使其输出 1kHz 6V 的正弦波信号，将信号发生器的输出端接电路输入端，用示波器观测输入、输出端的波形，并填入表1-4中。

表1-4 二极管双向限幅电路电压波形测量记录

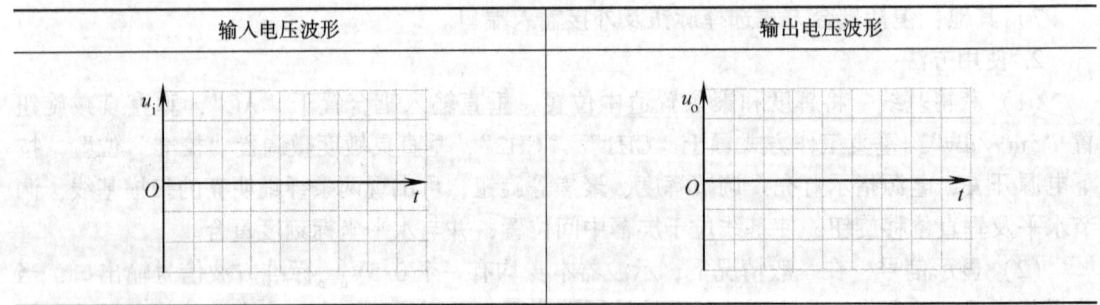

5. 学生分组实验，装接及测试二极管箝位电路和双向限幅电路，并写出实验报告。

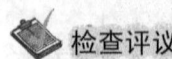 检查评议

评分标准见表1-5。

表1-5 评分标准

序号	项目内容	评分标准	配分	扣分	得分
1	二极管箝位电路	1. 接线不正确，每处扣5分 2. 不会测试，扣10分	25		

(续)

序号	项目内容	评分标准	配分	扣分	得分
2	二极管限幅电路	1. 接线不正确,每处扣5分 2. 不会测试,扣10分	25		
3	仪表的使用	1. 万用表使用不正确,扣10分 2. 示波器使用不正确,扣10分 3. 不会使用仪器、仪表扣20分	20		
4	课堂提问	根据上课回答问题及听课情况,酌情扣分	30		
5	合计		100		
6	时间	15min			

注意事项

1. 在进行箝位电路实验时,电源极性容易接反,连线时一定要注意。
2. 电位测量即是测量各点与公共地端的电压,图中给出的电压值均为各点与公共地间的电压。

知识拓展

二极管门电路

一、二极管与门电路

二极管与门电路如图1-15所示。

假设 VD_1、VD_2 为理想二极管,A、B 两个输入端共有如下4种不同的输入情况:

1) $U_A = U_B = 0.3V$ 时,VD_1、VD_2 均导通,输出电位 $U_F = 0.3V$。

2) $U_A = 0.3V$,$U_B = 3V$ 时,VD_1 两端所承受的正向电压大而优先导通,U_F 被箝位于 0.3V,VD_2 因反偏而截止。

3) $U_A = 3V$,$U_B = 0.3V$ 时,这种情况与2)类似,此时 VD_2 导通,VD_1 截止,输出电位 $U_F = 0.3V$。

4) $U_A = 3V$,$U_B = 3V$ 时,VD_1、VD_2 均导通,输出电位 $U_F = 3V$。

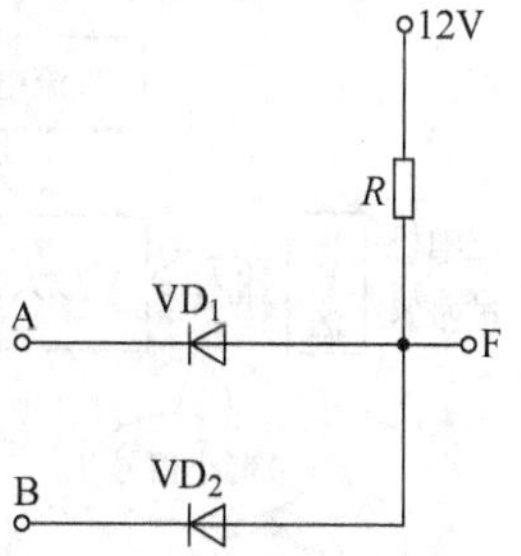

图1-15 二极管与门电路

由上述分析结果可看出:只有当输入信号均为高电平3V时,该电路的输出才是高电平3V。U_A、U_B 有一个为低电位0.3V,输出 U_F 就为0.3V。因此,该电路对输出获得高电平而言,输入信号与输出信号之间符合与逻辑关系,称为与门电路。

二、二极管或门电路

二极管或门电路如图1-12所示。

由实验结果分析可看出:只要当输入信号 U_A、U_B 有一个为高电平3V时,该电路的输出 U_F 就为高电平3V;U_A、U_B 均为低电位0V,输出 U_F 才为0V。因此,该电路对输出获得高电平而言,输入信号与输出信号之间符合或逻辑关系,称这种电路为或门电路。

任务3　晶体管的特性测试与检测

知识目标：
1. 了解晶体管的结构及符号，熟悉其种类及型号。
2. 理解晶体管的特性曲线，了解其主要参数。
3. 掌握晶体管的电流分配关系和放大作用，理解晶体管的三种工作状态。

技能目标：
掌握常用晶体管的识别与检测方法。

素质目标：
养成学生独立思考和动手操作的习惯，培养学生团队精神。

放大电路是收音机、扬声器、各种电子仪器及设备的主要组成部分。电子电路中的"放大"就是把能量（电压、电流）较小的信号变换成能量较大的信号，放大电路的本质是能量的控制和转换。图1-16所示为放大器的原理框图。

放大电路中完成放大任务的器件主要是晶体管，它的好坏直接影响着电路的性能。常用晶体管的外形如图1-17所示。本任务的目标就是学习晶体管的相关知识及检测方法。

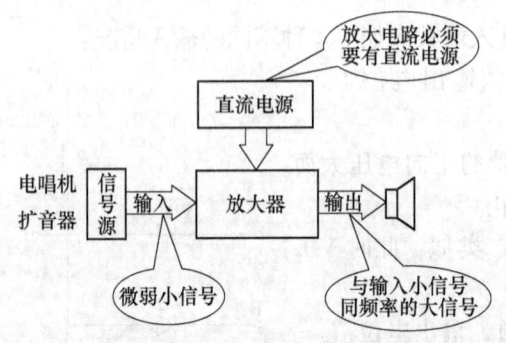

图1-16　放大器的原理框图

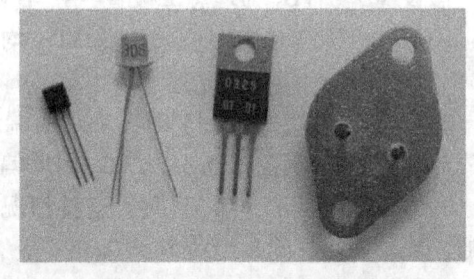

图1-17　常用晶体管的外形

相关理论

一、晶体管的基本结构

晶体管内部有三层半导体，两个PN结。根据导电性能的不同，晶体管可以分为两种类型：NPN型和PNP型。图1-18和图1-19分别是NPN型和PNP型晶体管的结构与图形符号，晶体管的文字符号通常用"V"来表示。从三层半导体分别引出晶体管的三个电极，分别称为发射极E、基极B和集电极C，对应的每层半导体分别称为发射区、基区和集电区，发射区与基区交界处的PN结称为发射结，集电区与基区交界处的PN结称为集电结。

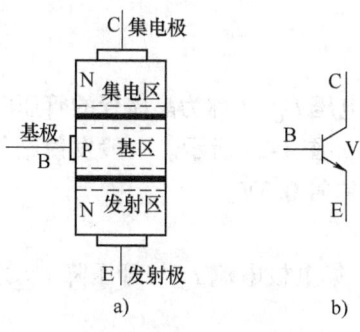 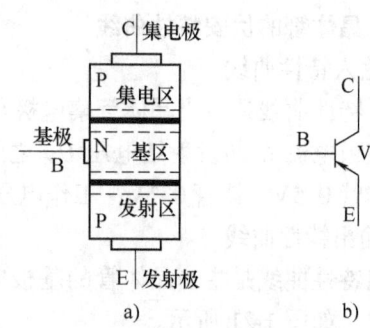

图 1-18　NPN 型晶体管　　　　　　　图 1-19　PNP 型晶体管
　a)　结构　b)　图形符号　　　　　　　a)　结构　b)　图形符号

虽然发射区和集电区都是同类型的半导体,但它们是不对称的,其中发射区比集电区掺杂质的浓度大(有利于发射电子),集电结的面积比发射结的面积大(有利于接收电子),所以实际使用时,发射极与集电极不能互换。

二、晶体管的电流放大作用

晶体管的集电极电流 I_C 与相应的基极电流 I_B 的比值称为共发射极直流电流放大系数(或放大倍数),用 $\bar{\beta}$(或 h_{FE})表示,即

$$\bar{\beta} = \frac{I_C}{I_B}$$

晶体管集电极电流变化量 ΔI_C 与相应的基极电流变化量 ΔI_B 的比值称为共发射极交流电流放大系数(或放大倍数),用 β 表示,即

$$\beta = \frac{\Delta I_C}{\Delta I_B}$$

一般晶体管的 β 值为 20~200。

小知识　直流放大系数 $\bar{\beta}$ 和交流放大系数 β 几乎是固定不变的。一般地,质量好的晶体管其 $\bar{\beta}$ 比 β 略小,实际应用中均用 β 表示。

三、晶体管的电流分配关系

晶体管的基极电流 I_B、集电极电流 I_C 和发射极电流 I_E 之间满足下列关系:

$$I_E = I_C + I_B \tag{1-1}$$

由于

$$I_C = \beta I_B \tag{1-2}$$

代入式(1-1),得

$$I_E = (1 + \beta) I_B \tag{1-3}$$

四、晶体管的种类

晶体管按导电类型不同,分为 NPN 型和 PNP 型;按半导体材料不同,分为硅管和锗管;按工作频率不同,分为高频管(工作频率不低于 3MHz)和低频管(工作频率低于 3MHz);按功率不同,分为小功率管(耗散功率小于 1W)和大功率管(耗散功率不小于 1W);按用途不同,分为普通晶体管、开关晶体管等。

五、晶体管的伏安特性曲线

1. 输入特性曲线

输入特性曲线是指当晶体管集电极与发射极之间的电压 U_{CE}（称为晶体管的管压降）一定时，基极电流 I_B 与发射结电压 U_{BE} 之间的关系曲线，如图 1-20 所示。一般发射结的死区电压为硅管 0.5V、锗管 0.1V，工作电压为硅管 0.7V、锗管 0.3V。

2. 输出特性曲线

输出特性曲线是指当晶体管的基极电流 I_B 一定时，集电极电流 I_C 与管压降 U_{CE} 之间的关系曲线，如图 1-21 所示。

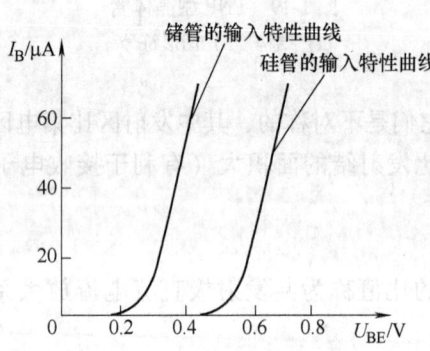

图 1-20 晶体管的输入特性曲线

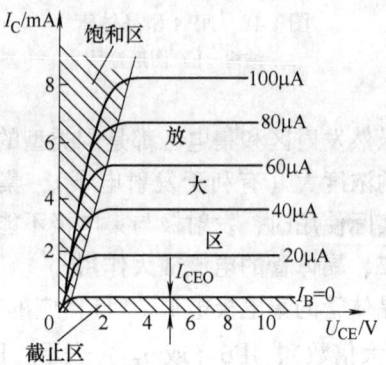

图 1-21 晶体管的输出特性曲线

晶体管的输出特性曲线分为三个区，即截止区、放大区和饱和区。每一个工作区对应晶体管不同的工作状态，即截止状态、放大状态和饱和状态。晶体管三种工作状态的工作条件和特点见表 1-6。

表 1-6 晶体管三种工作状态的工作条件和特点

工作状态	截止状态	放大状态	饱和状态
工作条件	集电结反偏，发射结反偏或小于死区电压	集电结反偏，发射结正偏	集电结和发射结均正偏
特点	$I_B=0$，$I_C \approx 0$	$I_C = \beta I_B$	I_C 不受 I_B 控制

> **小知识** 晶体管饱和时，其饱和管压降为 U_{CES}。

小功率硅管的 $U_{CES} \leq 0.3V$，锗管的 $U_{CES} \leq 0.1V$。

六、晶体管的主要参数

1. 电流放大系数

1) 共发射极直流电流放大系数（或放大倍数）$\bar{\beta}$。
2) 共发射极交流电流放大系数（或放大倍数）β。

2. 极间反向电流

（1）集电极、基极反向饱和电流 I_{CBO}　它是发射极开路时集电结的反向电流，受温度影响较大。

（2）集电极、发射极反向饱和电流 I_{CEO}　它是基极开路时集电极与发射极间的电流，也称为穿透电流。它受温度的影响也很大。

I_{CEO} 与 I_{CBO} 的关系为

$$I_{CEO} = (1 + \beta)I_{CBO}$$

实际上，晶体管的基极电流 I_B、集电极电流 I_C 与穿透电流 I_{CEO} 的关系为

$$I_C = \beta I_B + I_{CEO}$$

由于 I_{CEO} 的值较小，所以分析电路时通常忽略不计。晶体管处于截止状态时 $I_C = I_{CEO}$。晶体管的穿透电流随温度的升高而增大，硅晶体管的穿透电流比锗晶体管的小。

3. 极限参数

（1）最大集电极电流 I_{CM}　集电极电流 I_C 在相当大的范围内发生变化时，晶体管的 β 值都基本保持不变，但当 I_C 增大到一定程度时 β 值将减小，使 β 值下降到额定值的 2/3 时的集电极电流 I_C 称为最大集电极电流。

（2）最大集电极耗散功率 P_{CM}　它决定于晶体管的温升。当硅管的结温大于150℃或锗管的结温大于70℃时，晶体管的特性明显变坏，甚至烧坏。不同规格晶体管的 P_{CM} 不是一个确定值，一般 $P_{CM} \geq I_C U_{CE}$。

（3）极间反向击穿电压　晶体管的某一电极开路时，另外两个电极间所允许加的最高反向电压即为极间反向击穿电压，超过此值时晶体管会发生击穿现象。

U_{CBO} 是发射极开路时允许加在集电极与基极间的最大反向工作电压。

U_{CEO} 是基极开路时允许加在集电极与发射极之间的最大工作电压。

任务准备

1. 万用表。
2. 不同型号的晶体管若干。

任务实施

一、直观识别晶体管的引脚

晶体管三个电极的分布有一定的规律，常见晶体管封装形式的引脚分布如图1-22所示。

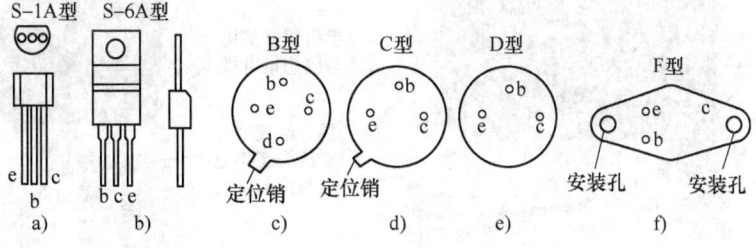

图1-22　常见晶体管封装形式的引脚分布

二、用万用表测量晶体管

1. 确定晶体管的基极和晶体管类型

1）万用表置于 $R \times 1k$ 或 $R \times 100$ 挡，并进行欧姆调零。

2）用红、黑表笔分别测量晶体管三个引脚中每两个引脚之间的正反向电阻（6次），如图1-23所示。其中，两次阻值较小时，测试连接的公共引脚就是基极，若是黑表笔连接基极，该晶体管是NPN型；若是红表笔连接基极，该晶体管是PNP型，如图1-24所示。

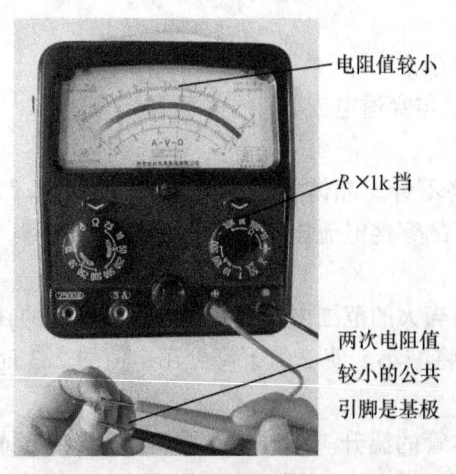
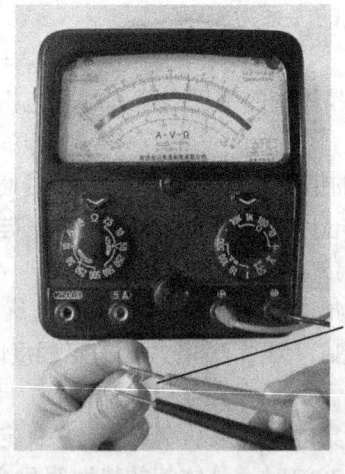

图 1-23　用万用表测量确定晶体管的基极　　　图 1-24　用万用表测量确定晶体管的类型

2. 确定晶体管的集电极与发射极并估测放大能力

1）在确定基极和晶体管类型后，如果是 NPN 型晶体管，可以将红、黑表笔分别接在两个未知电极上，表针应指向无穷大处，再用手指把基极和黑表笔所接引脚一起捏紧（注意两极不能直接相碰，即相当于接入一个人体电阻），如图 1-25 所示，记下此时万用表测得的电阻值。

2）对调红、黑表笔所接的两个引脚，用同样方法再测得一个阻值，如图 1-26 所示。

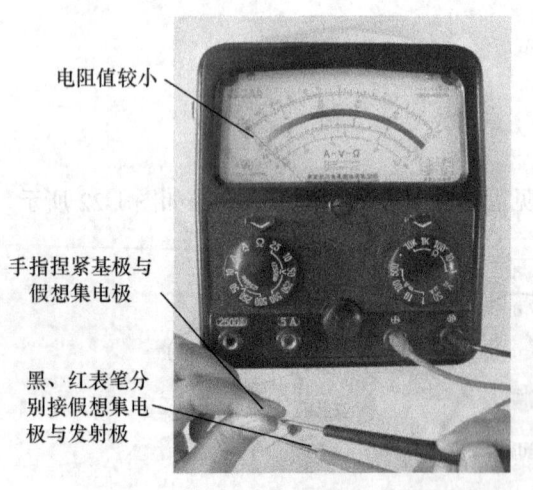
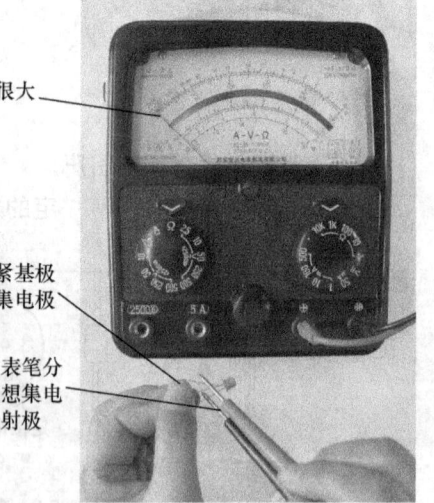

图 1-25　用万用表测量确定 NPN 型　　　图 1-26　用万用表测量确定 NPN 型
　　　　晶体管的集电极与发射极　　　　　　　　　　晶体管的集电极与发射极

3）比较两次结果，阻值较小的一次，黑表笔所接的引脚为集电极，红表笔所接的引脚为发射极。

4）阻值越小，说明晶体管的放大能力越大，若两次测试表针均不动，则表明晶体管没有放大能力。

5）PNP 型晶体管的测试方法基本相似，但在测试时应当用手指同时捏紧基极和红表笔所接引脚。按上述步骤测两次阻值，则读数较小的一次红表笔所接引脚为集电极，黑表笔所接引脚为发射极。

3. 晶体管质量好坏的判别

1）在确定晶体管基极的测量过程中，若出现两次或两次以上阻值较小的情况，说明晶体管已损坏。

2）若测得集电极与发射极间的电阻值变小，说明晶体管性能变差，不宜继续使用。

 检查评议

从理论和技能两个方面考核测试。评分标准见表 1-7。

表 1-7 评 分 标 准

序号	项目内容	评 分 标 准	配分	扣分	得分
1	晶体管的识别与测试	1. 不会测量引脚，扣 20 分 2. 不会测试好坏，扣 20 分 3. 识读标志符号错误，扣 10 分	50		
2	仪表的使用	万用表使用不正确 扣 20 分	20		
3	课堂练习	依据课堂提问及练习，酌情扣分	30		
4	合计		100		
5	时间	15min/10 只管			

 注意事项

晶体管集电极和发射极的确定是一个难点，在检测时很容易将基极与假想集电极碰在一起，练习时一定要特别注意。

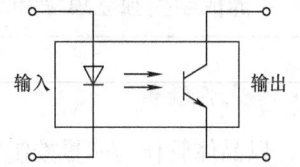 知识拓展

光 耦 合 器

光耦合器旧称为光电耦合隔离器或光电耦合器，有时简称为光耦。其内部结构如图 1-27 所示。光耦合器是一种以光为耦合媒介，通过光信号的传递来实现输入与输出间电隔离的器件，可在电路系统之间传输电信号，同时确保这些电路系统彼此间的电绝缘。

光耦合器是一类易于广泛应用的组装型半导体器件，具有较高的灵敏度、速度、共模抑制比、线性度，而且绝缘耐压高，功耗小。光耦合器的基本结构是将光发射器（红外发光二极管）和光敏器件的芯片封装在同一外壳内，并用透明树脂灌封、充填作为光传递介质。通常将光发射器的引脚作为输入端，光敏器件的引脚作为输出端，当输入端加电信号时，光发射器发出的光信号通过透明树脂光导介质投射到光敏器件后，转换成电信号输出，实现了光媒介的电→光→电信号的转换和传输，并在电气上完全隔离。

图 1-27 光耦合器的内部结构

单元2　放　大　电　路

放大电路简称放大器,是电子设备中最常用的一种基本单元电路。无论日常使用的收音机、扬声器、电子测量仪器以及复杂的自动控制系统,其中都需要各种各样的放大电路。本单元我们就来学习各类放大电路的原理、制作及检修。

任务1　低频小信号放大电路的实验装接与检修

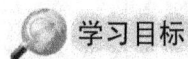 学习目标

知识目标:
1. 了解放大电路的功能,掌握低频小信号放大电路的组成及各元器件的作用。
2. 了解放大电路静态工作点的作用,理解单管共发射极放大电路的放大作用。
3. 掌握放大电路交、直流通路的画法,掌握放大电路的近似估算法。
4. 理解分压式射极偏置放大电路静态工作点的稳定原理。

技能目标:
1. 会用示波器观察放大电路静态工作点的设置及其对输出波形的影响并调试最佳静态工作点。
2. 会估算并用示波器观察单管共发射极放大电路的放大倍数及输出信号与输入信号的相位关系。
3. 掌握单管放大电路的装接与检修方法。

素质目标:
养成学生独立思考和动手操作的习惯,培养学生团结协作的精神。

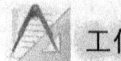 工作任务

以晶体管作为能量控制的主要器件,与电阻、电容组成共发射极放大电路,将信号源传来的微小电信号不失真地进行放大。本任务的主要目的是认识、装接低频小信号放大电路,并进行放大电路的相关测试和调整。图 2-1 所示为低频小信号放大电路的实验装接图。

全国技工院校"十二五"系列规划教材
中国机械工业教育协会推荐教材

模拟电子技术
（任务驱动模式）

习 题 册

学校_____
班级_____
姓名_____
学号_____

机械工业出版社

目 录

单元1 半导体二极管和晶体管 …………………………………………………… 1
单元2 放大电路 …………………………………………………………………… 8
单元3 集成运算放大器及其应用电路 …………………………………………… 15
单元4 整流与稳压电路 …………………………………………………………… 21
单元5 晶闸管及其应用电路 ……………………………………………………… 29
单元6 信号产生电路 ……………………………………………………………… 35
单元7 综合应用电路 ……………………………………………………………… 40

单元1 半导体二极管和晶体管

任务1 半导体二极管的特性测试与检测

一、填空题

1. 根据导电能力来衡量，自然界的物质可以分为_____、_____和_____三类。
2. 导电性能介于导体和绝缘体之间的物质是_____。
3. 半导体具有_____特性、_____特性和_____的特性。
4. 二极管的P区引出端叫_____极，N区的引出端叫_____极。二极管的正向接法是_____接电源的正极，_____接电源的负极；反向接法相反。二极管的单向导电性是指：二极管两端加正向电压时，二极管_____；加反向电压时，二极管_____。
5. 按二极管所用的材料不同，可分为_____、_____和_____等；按用途不同，可分为_____二极管、_____二极管、_____二极管、_____二极管、_____二极管和_____二极管等。按结构可分为_____、_____和_____二极管。
6. 硅二极管导通时的正向管压降约为_____V，锗二极管导通时的管压降约为_____V。二极管的两端加正向电压时，有一段死区电压，锗管约为_____，硅管约为_____。
7. 使用二极管时，应考虑的主要参数是_____和_____。
8. 电路中流过二极管的正向电流过大，二极管将会_____；如果施加在二极管两端的反向电压过高，二极管将会_____。
9. 用万用表测量二极管的正反向电阻时，若正、反向电阻均接近于零，则表明该二极管已_____；若正、反向电阻均接近于无穷大，则表明二极管已_____。
10. 稳压二极管是一种特殊的_____型二极管，正常情况下稳压二极管工作在_____区，并应采取一定的_____措施。
11. 发光二极管将_____信号转换成_____信号，发光二极管加_____偏置电压，且电流达到一定值时即能发光。光敏二极管将_____信号转换成_____信号，光敏二极管工作于_____偏置状态。
12. 光耦合器是通过光传输信号的电隔离器件，常在数字和模拟式计算机控制系统中作_____。
13. 变容二极管的容量随两端反向电压的增加而_____。在高频收音机的自动频率控制电路中，通过改变反向电压来自动调节本机振荡频率。

二、判断题（正确的在括号内打"√"，错误的打"×"）

1. 半导体二极管都是硅材料制成的。（　　）
2. 二极管的反向电流越小，其单向导电性能就越好。（　　）
3. 半导体二极管只要加正向电压就能导通。（　　）

4. 稳压二极管应工作在正向导通状态。（　　）
5. 锗材料半导体二极管导通时的电压降约为 0.3V。（　　）
6. 锗管的热稳定性比硅管差。（　　）
7. 光敏二极管使用时工作在反向偏置状态。（　　）

三、选择题（将正确答案的序号填入括号中）

1. 硅材料二极管的正向电压约为（　　）V。
   A. 0.1　　　　B. 0.3　　　　C. 0.5　　　　D. 0.7
2. 选用二极管时，实际电路中的工作电压应（　　）最高反向工作电压。
   A. 大于　　　B. 等于　　　C. 小于　　　D. 不考虑
3. 用万用表的电阻挡判断小功率二极管引脚极性时，应选用（　　）。
   A. $R \times 1$ 挡　　B. $R \times 100$ 挡　　C. $R \times 1k$ 挡　　D. $R \times 10$ 挡
4. 某二极管的反向击穿电压为 150V，则其最高反向工作电压（　　）。
   A. 约等于 150V　B. 略大于 150V　C. 等于 75V　　D. 等于 300V
5. 用万用表 $R \times 100$ 挡来测试二极管，若二极管（　　），则说明管子是好的。
   A. 正、反向电阻都为零
   B. 正、反向电阻都为无穷大
   C. 正向电阻为几百欧，反向电阻为几百千欧
   D. 反向电阻为几百欧，正向电阻为几百欧
6. 在测量二极管正向电阻时，若用两手把引脚捏紧，电阻值将会（　　）。
   A. 变大　　　B. 变小　　　C. 不变化　　　D. 不能确定
7. 变容二极管工作时，应加（　　）。
   A. 反向电压　B. 正向电压　C. 正向电压或反向电压　D. 不用加任何电压
8. 发光二极管工作时，应加（　　）。
   A. 正向电压　B. 反向电压　C. 正向电压或反向电压　D. 不用加任何电压
9. 变容二极管常用在（　　）电路中。
   A. 高频　　　B. 低频　　　C. 直流　　　D. 中频
10. 交通信号灯采用的是（　　）。
    A. 发光二极管　B. 光敏二极管　C. 变容二极管　D. 整流二极管

四、综合题

1. 简述 PN 结的主要特性。

2. 从二极管的伏安特性曲线看，硅管和锗管有什么区别？

3. 简述用万用表检测二极管引脚极性及判别二极管质量好坏的方法。

任务2 半导体二极管箝位电路和限幅电路的实验装接与测试

一、填空题

1. 理想二极管的特点是正向导通时管压降为_____，反向截止时反向电流为_____。
2. 二极管的箝位电路广泛应用于_____电路、_____电路和_____电路等电路中。
3. 当多个二极管的正极接在一起（称为共阳极接法）或负极接在一起（称为共阴极接法）时，_____的二极管优先导通。
4. 限幅电路是指限制_____的电路。
5. 示波器是电子技术中常用的测量仪器，用于观察被测信号的_____及测量被测信号的_____、_____和_____。
6. 对输出获得高电平而言，输入信号与输出信号之间符合某种逻辑关系的这种电路_____。

二、综合题

1. 分析图 1-1 所示电路中当二极管 VD_1 导通后，二极管 VD_2 的工作状态。

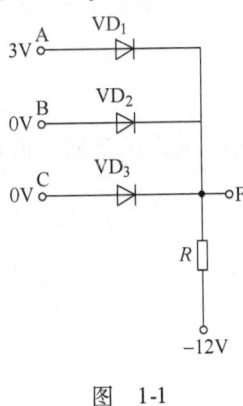

图 1-1

2. 若稳压二极管 VS_1 和 VS_2 的稳定电压分别为 6V 和 10V，忽略二极管的正向导通电压，试问图 1-2 所示各电路的输出电压 U_o 各为多少？

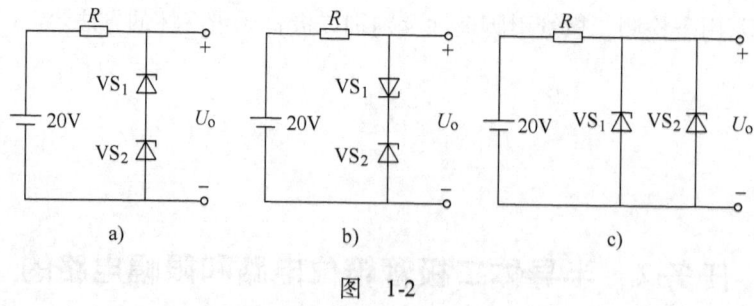

图 1-2

3. 图 1-3 所示各电路中，判断二极管是否导通。忽略二极管的正向导通电压，试问输出电压 U_o 为多少？

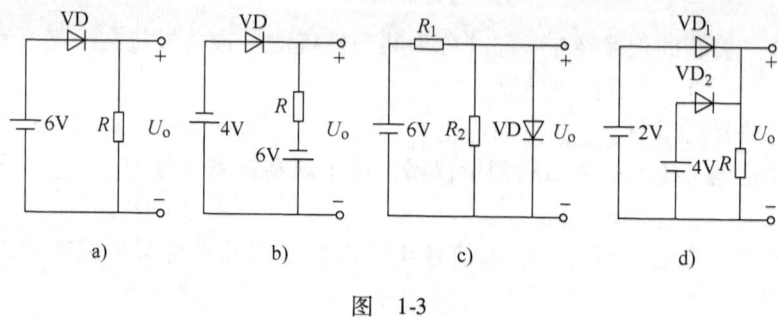

图 1-3

4. 电路如图 1-4 所示，已知输入电压为正弦波，假设二极管为理想器件，试画出 u_o 的波形。

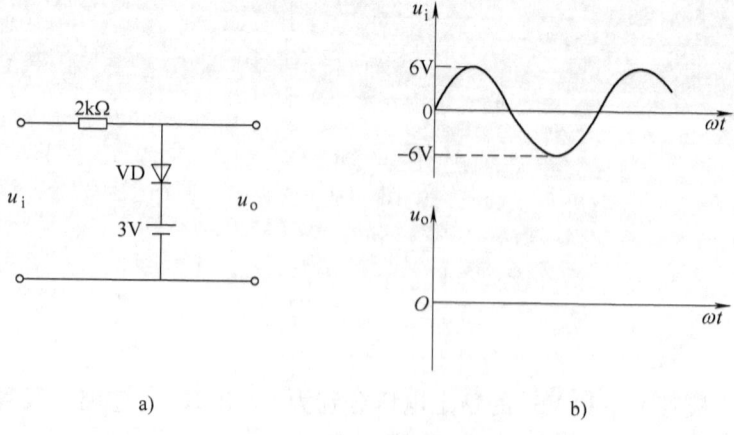

图 1-4

任务3 晶体管的特性测试与检测

一、填空题

1. 晶体管有两个 PN 结,即_____结和_____结;有三个电极,即_____极、_____极和_____极,分别用_____、_____和_____表示。

2. 在晶体管中,I_E 与 I_B、I_C 的关系为_____。

3. 某晶体管的 U_{CE} 不变,基极电流 $I_B = 30\mu A$ 时,集电极电流 $I_C = 1.2mA$,则发射极电流 $I_E = $_____ mA,若基极电流 I_B 增大到 $50\mu A$ 时,I_C 增大到 2mA,则发射极电流 $I_E = $_____ mA,晶体管的电流放大系数 $\beta = $_____。

4. 输入特性曲线是指当晶体管的管压降 U_{CE} 一定时,_____与_____之间的关系曲线。

5. 硅晶体管发射结的死区电压约为_____ V,锗晶体管发射结的死区电压约为_____ V。晶体管处在正常放大状态时,硅管发射结的导通电压约为_____ V,锗管发射结的导通电压约为_____ V。

6. 输出特性曲线是指当晶体管的基极电流 I_B 一定时,_____与_____之间的关系曲线。

7. 晶体管的输出特性曲线分为三个区,即_____、_____和_____。每一个工作区对应晶体管不同的工作状态,即_____状态、_____状态和_____状态。当晶体管的发射结_____偏、集电结_____偏时,工作在放大区;发射结_____偏、集电结_____偏时,工作在饱和区;发射结_____偏或小于_____、集电结_____偏时,工作在截止区。

8. 晶体管的极限参数分别是_____、_____和_____。

9. 用万用表测量晶体管时,应将万用表置于_____挡,并进行_____。

二、判断题(正确的在括号内打"√",错误的打"×")

1. 晶体管的发射极和集电极可以互换使用。(   )
2. 发射结正向偏置的晶体管一定工作在放大状态。(   )
3. 发射结反向偏置的晶体管一定工作在截止状态。(   )
4. 晶体管有两个 PN 结,因此它具有单向导电性。(   )
5. 晶体管由两个 PN 结组成,所以可以用两只二极管组合构成晶体管。(   )
6. 常温下硅晶体管的 U_{BE} 约为 0.7V,但随着温度升高而减小。(   )
7. 测得正常放大电路中,晶体管的三个引脚电位分别是 −9V、−6V 和 −6.3V,则这个晶体极管是 PNP 型锗管。(   )
8. 某晶体管的 $I_B = 10\mu A$ 时,$I_C = 0.44mA$;当 $I_B = 20\mu A$ 时,$I_C = 0.89mA$,则它的电流

放大系数为 45。（　　）

三、选择题（将正确答案的序号填入括号中）

1. 晶体管工作在放大区时，具有（　　）的特点。
   A. 发射结反向偏置　B. 集电结反向偏置　C. 具有开关作用　D. 无任何作用
2. 满足 $I_C = \beta I_B$ 的关系时，晶体管工作在（　　）。
   A. 截止区　　　　　　　　　　　　　B. 饱和区
   C. 放大区　　　　　　　　　　　　　D. 截止区、饱和区和放大区均可
3. 晶体管工作在饱和状态时，它的集电极电流将（　　）。
   A. 随着基极电流的增加而增加
   B. 随着基极电流的增加而减小
   C. 与基极电流无关，只取决于 U_{CC} 和 R_C
   D. 不变
4. 用万用表 $R \times 1k$ 挡测量一只正常的晶体管，若用红表笔接触一只引脚，黑表笔分别接触另外两只引脚时测得的电阻均很大，则该晶体管是（　　）。
   A. PNP 型　　　　B. NPN 型　　　　C. 无法确定　　　　D. 两者均可
5. 在晶体管放大器中，晶体管各极电位最高的是（　　）。
   A. NPN 型管的集电极　　　　　　　B. PNP 型管的集电极
   C. NPN 型管的发射极　　　　　　　D. PNP 型管的基极
6. 晶体管输出特性曲线中，当 $I_B = 0$ 时，I_C 等于（　　）。
   A. I_{CM}　　　　B. I_{CBO}　　　　C. I_{CEO}　　　　D. 0
7. 晶体管是一种（　　）的半导体器件。
   A. 电压控制　　　　　　　　　　　　B. 电流控制
   C. 既是电压又是电流控制　　　　　　D. 功率控制
8. 晶体管的（　　）作用是晶体管最基本和最重要的特性。
   A. 电流放大　　　　　　　　　　　　B. 电压放大
   C. 功率放大　　　　　　　　　　　　D. 电压放大和电流放大
9. 晶体管的伏安特性是指它的（　　）。
   A. 输入特性　　　　　　　　　　　　B. 输出特性
   C. 输入特性和输出特性　　　　　　　D. 正向特性
10. 某晶体管的 $P_{CM} = 100\text{mW}$，$I_{CM} = 20\text{mA}$，$U_{BR(CEO)} = 30\text{V}$，若将它接在 $I_C = 15\text{mA}$，$U_{CE} = 20\text{V}$ 的电路中，则该管（　　）。
    A. 被击穿　　　　　　　　　　　　　B. 工作正常
    C. 功耗太大过热甚至烧坏　　　　　　D. 截止
11. 用万用表的电阻挡测得晶体管任意两引脚间的电阻均很小，说明该管（　　）。
    A. 两个 PN 结均击穿　　　　　　　　B. 两个 PN 结均开路
    C. 发射结击穿，集电结正常　　　　　D. 发射结正常，集电结击穿

四、综合题

1. 测得工作在放大状态的某晶体管，其电流如图 1-5 所示，在图中标出晶体管的引脚名称，并说明晶体管是 NPN 型还是 PNP 型。

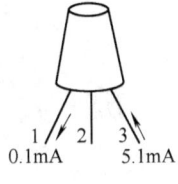

图 1-5

2. 图 1-6 中给出了各晶体管的对地电位，请判断各管的工作情况（说明是放大、截止、饱和、PN 结短路或被击穿）。

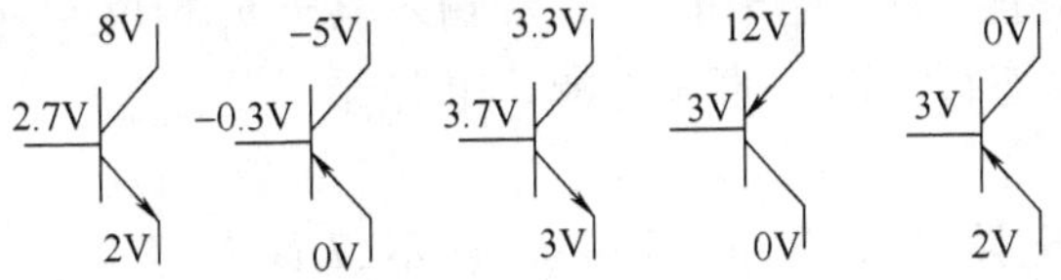

图 1-6

3. 一个处于放大状态的晶体管接在电路中，用万用表测得各电极的对地电位分别为 $U_1 = -9.5\text{V}$，$U_2 = -5.9\text{V}$，$U_3 = -6.2\text{V}$，试分析晶体管的引脚与类型。

单元 2　放　大　电　路

任务 1　低频小信号放大电路的实验装接与检修

一、填空题

1. 放大电路设置静态工作点的目的是_____。
2. 放大器的静态是_____，放大器中晶体管的静态工作点是指_____、_____和_____。
3. 在共发射极放大电路中，输出电压 u_o 和输入电压 u_i 相位_____。
4. 在对放大器作静态分析时，直流电源、电容器_____；作动态分析时，电容器应视为_____。
5. 共发射极放大电路的特点是：第一，它不仅具有_____放大作用，而且具有_____放大作用；第二，输出信号与输入信号的相位_____。
6. 放大电路中直流电源 U_{CC} 的作用有两个：一是_____；二是_____。
7. 共发射极基本放大电路中，若 $R_B = 240\text{k}\Omega$，$R_C = 3\text{k}\Omega$，$U_{CC} = 12\text{V}$，$\beta = 40$，若忽略 U_{BEQ}，则 $I_{BQ} = $ _____，$I_{CQ} = $ _____，$U_{CEQ} = $ _____，$A_u = $ _____。
8. 放大电路中，静态工作点设置得太高，会使 i_C 的_____半周和 u_{CE} 的_____半周失真，称为_____失真；静态工作点设置太低时，会使 i_C _____半周和 u_{CE} _____半周失真，称为_____失真。基本放大电路中，通常通过调整_____来消除失真。
9. 固定偏置共发射极放大电路的缺点是_____，常采用_____电路稳定静态工作点。
10. 放大电路按晶体管的连接方式可分为_____、_____和_____。
11. 电容器的测量要选择合适的电阻挡位，1μF 以下的电容器用_____挡，几十微法的电容器用_____挡，几百微法的电容器用_____挡。

二、判断题（正确的在括号内打"√"，错误的打"×"）

1. 晶体管是一个电流控制器件，实现"以小控大"的作用，但并没有实现能量的放大。（　　）
2. 温度的变化是影响静态工作点的主要因素。（　　）
3. 放大电路产生非线性失真的根本原因是晶体管输入特性曲线的非线性。（　　）
4. 放大器在工作时，电路同时存在直流分量和交流分量。（　　）
5. 稳定静态工作点，主要是稳定晶体管的集电极电流 I_C。（　　）
6. 电容器测量时，如果指针不能回到电阻无穷大位置，则说明电容器漏电或性能变差，不能再使用。（　　）
7. 测量电位器若出现指针断续或跳动现象，说明该电位器存在着活动触点接触不良和阻值变化不均匀问题。（　　）

三、**选择题**（将正确答案的序号填入括号中）

1. 放大电路工作在动态时，为避免失真，发射结电压直流分量和交流分量的大小关系通常为（　　）。
   A. 直流分量大　　B. 交流分量大　　C. 直流分量和交流分量相等　　D. 以上均可

2. 分析放大电路时常采用交、直流通路分开分析的方法，这是因为（　　）。
   A. 晶体管是非线性器件　　　　　　B. 电路中存在电容
   C. 电路中有直流电源　　　　　　　D. 电路中既有直流量又有交流量

3. 低频放大电路放大的对象是电压、电流的（　　）。
   A. 稳定值　　　B. 变化量　　　C. 平均值　　　D. 以上均可

4. 共发射极基本放大电路中，当输入信号为正弦电压时，输出电压波形的正半周出现平顶失真，则这种失真为（　　）。
   A. 截止失真　　B. 饱和失真　　C. 非线性失真　　D. 频率失真

5. 共发射极基本放大电路中，当输入信号为正弦电压时，输出电压波形的负半周出现失真，应采取（　　）的办法。
   A. 减小 R_B　　B. 增大 R_B　　C. 减小 R_C　　D. 增大 R_C

6. 某放大器的电压放大倍数为 $A_u = -100$，其负号表示（　　）。
   A. 衰减　　　　　　　　　　　B. 输出信号与输入信号的相位相同
   C. 放大　　　　　　　　　　　D. 输出信号与输入信号的相位相反

7. NPN 型晶体管放大电路输入正弦电压时，输出电压的波形如图 2-1 所示，则引起波形失真的原因是（　　）。
   A. 静态工作点太高　　　　　　B. 静态工作点太低
   C. 静态工作合适，但输入信号太大　　D. 以上均不是

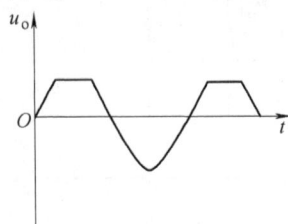

图　2-1

8. 能正常调整静态工作点的电路是图 2-2 中的（　　）。
   A. a)　　　　B. b)　　　　C. c)　　　　D. 以上均可

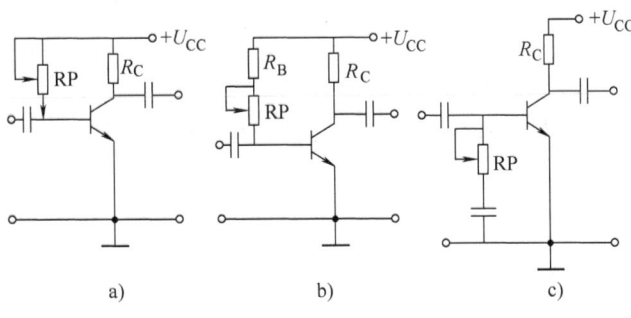

图　2-2

四、综合题

1. 画出图 2-3 所示电路的直流通路和交流通路。

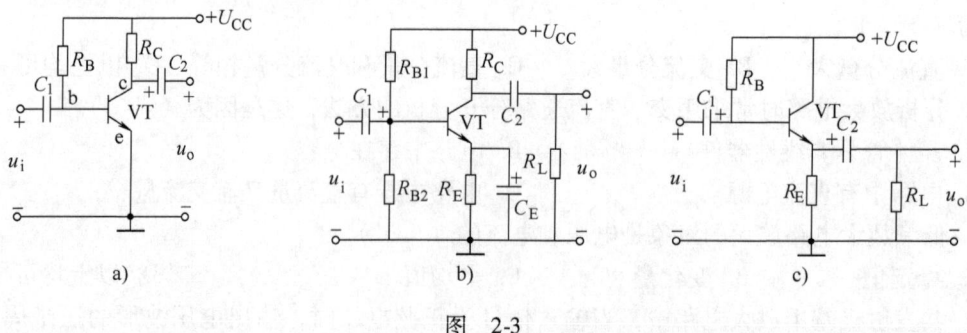

图 2-3

2. 在图 2-4 示的电路中，若 $R_{B1}=60\mathrm{k}\Omega$，$R_{B2}=20\mathrm{k}\Omega$，$R_C=3\mathrm{k}\Omega$，$R_E=2\mathrm{k}\Omega$，$R_L=6\mathrm{k}\Omega$，$U_{CC}=16\mathrm{V}$，$\beta=50$。试求：

（1）静态工作点。

（2）输入电阻和输出电阻。

（3）空载和负载两种情况下的电压放大倍数。

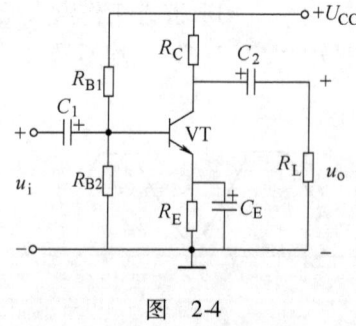

图 2-4

3. 简述用万用表检测电位器、电容器质量好坏的方法。

任务 2　小功率晶体管音频放大电路的制作与检修

一、填空题

1. 多级放大电路常用的级间耦合方式有_____、_____、_____和_____。
2. 多级放大电路中每级放大电路的电压放大倍数分别为 A_{u1}，A_{u2}，…，A_{un}，则总的电压放大倍数为 $A_u =$ _____。
3. 放大器中的反馈是指把放大器_____的一部分或全部，通过一定的电路，按照某种方式送回到输入端，并与_____叠加，从而改变放大器性能的一种方法。
4. 反馈放大器是由_____和_____组成的。
5. 电压负反馈具有_____的作用，电流负反馈具有_____的作用。
6. 负反馈有_____、_____、_____和_____四种基本形式。
7. 在放大电路中为了稳定静态工作点应该引入_____负反馈。为了提高电路的输入电阻，应该引入_____负反馈。为了稳定输出电压，应该引入_____负反馈。
8. 射极输出器无_____放大作用，但有_____放大和_____放大作用，具有输入电阻_____、输出电阻_____的特点。
9. 电烙铁分_____、_____、_____和_____四种。焊接集成电路、晶体管及其他受热易损坏的元器件时，应选用_____。
10. 电子元器件在印制电路板上的安装方式_____和_____两种。加工时不能将引脚_____弯折，以免损坏元器件。
11. 电子焊接通常采用五步焊接法，即_____、_____、_____、_____、_____。

二、判断题（正确的在括号内打"√"，错误的打"×"）

1. 采用阻容耦合的放大电路，前后级的静态工作点互相影响。（　　）
2. 采用变压器耦合的放大电路，前后级的静态工作点互不影响。（　　）
3. 采用直接耦合的放大电路，前后级的静态工作点互相牵制。（　　）
4. 反馈信号与输入信号的相位相同称为负反馈。（　　）
5. 射极输出器电压放大倍数小于 1 而接近于 1，所以射极输出器不是放大器。（　　）
6. 焊接时要尽量延长时间以保证焊接牢固。（　　）
7. 负反馈可以消除放大器的非线性失真。（　　）
8. 射极输出器输入电阻小，输出电阻大，没有放大作用。（　　）
9. 负反馈对放大电路的输入电阻和输出电阻都有影响。（　　）

三、选择题（将正确答案的序号填入括号中）

1. （　　）连接方式不是多级放大电路的耦合方式。
   A. 阻容耦合　　　　B. 电阻耦合　　　　C. 变压器耦合　　　　D. 直接耦合
2. 一个三级放大电路，工作时测得 $A_{u1} = 100$，$A_{u2} = -50$，$A_{u3} = 1$，则总的电压放大倍数是（　　）。
   A. 51　　　　　　　B. 100　　　　　　　C. -5000　　　　　　D. 1
3. 阻容耦合多级放大电路的输入电阻等于（　　）。

A. 第一级输入电阻　　　　　　　　B. 各级输入电阻之和
C. 各级输入电阻之积　　　　　　　D. 末级输出电阻

4. 阻容耦合多级放大器（　　）。
A. 只能传递直流信号　　　　　　　B. 只能传递交流信号
C. 交、直流信号都能传递　　　　　D. 交、直流信号都不能传递

5. 要提高放大器的输入电阻，并且使输出电压稳定，可以采用（　　）。
A. 电压串联负反馈　　　　　　　　B. 电压并联负反馈
C. 电流串联负反馈　　　　　　　　D. 电流并联负反馈

6. 晶体管放大电路的三种接法中，没有电压放大作用但有电流放大作用的是（　　）。
A. 共集电极接法　　B. 共基极接法　　C. 共发射极接法　　D. 以上均可

7. 射极输出器是典型的（　　）放大器。
A. 电压串联负反馈　　　　　　　　B. 电流串联负反馈
C. 电压并联负反馈　　　　　　　　D. 电流并联负反馈

四、综合题

1. 简述焊接的基本条件。

2. 找出图 2-5 所示电路的反馈支路，分析其所引入反馈的类型，并说明这些反馈对放大器性能有何影响。

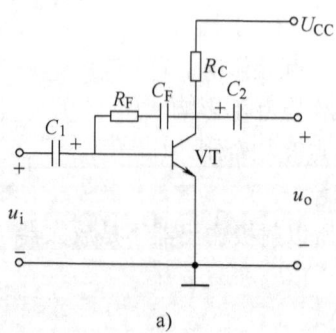
a)

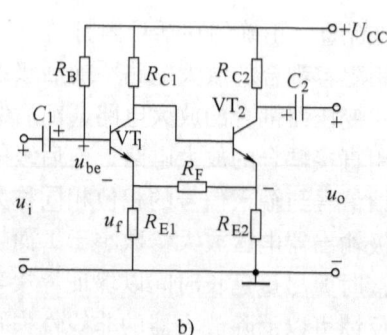
b)

图 2-5

3. 简述驻极体传声器、扬声器的质量检测方法。

任务 3　功率放大器的制作与检修

一、填空题

1. 功率放大器的主要任务是_____。功率放大器按功放管工作点的位置不同可分为_____放大器、_____放大器和_____放大器三类。

2. 功率放大器工作在甲类放大状态时，输出波形较好，但存在_____的缺点；而工作在乙类放大状态时，功率损耗_____，但存在严重的失真。因此，可以让功率放大器工作在_____放大状态。

3. OTL 功率放大电路是由两个对称的_____输出器组合而成的，只是两只配对管类型不同，轮流放大信号的_____半周，在负载上合成完整的放大信号。

4. OCL 功率放大电路的输出级与负载_____耦合，所以在静态时，负载上不能有_____，中点的静态电位必须为_____。

二、判断题（正确的在括号内打"√"，错误的打"×"）

1. 组成互补对称功率放大电路的两只晶体管应采用同型号的管子。（　　）
2. 乙类功率放大器静态时，$I_{CQ} \approx 0$，所以静态功率几乎为零，效率高。（　　）
3. 甲类功率放大器的效率低，主要是静态工作点选在交流负载线的中点，使静态电流 I_{CQ} 较大造成的。（　　）
4. 甲乙类功率放大器能消除交越失真，是因为两只晶体管有合适的偏流。（　　）
5. 功率放大电路的负载所获得的功率是由直流电源提供的。（　　）
6. 互补对称式功率放大电路，输入交流信号时，总有一只功放管处于截止状态，所以输出信号波形必然失真。（　　）
7. OTL 功率放大电路输出电容的作用仅仅是将信号传递到负载。（　　）
8. OCL 功率放大电路采用单电源供电。（　　）

三、选择题（将正确答案的序号填入括号中）

1. 乙类互补对称功率放大电路在正常工作中，晶体管工作在（　　）状态。
   A. 放大　　　　B. 饱和　　　　C. 截止　　　　D. 放大或截止

2. 乙类功率放大电路比单管甲类功率放大电路（　　）。
   A. 输出电压高　B. 输出电流大　C. 效率高　　　D. 效率低

3. 在 OTL 功率放大电路中，输入信号为正弦波电压，输出电流的波形如图 2-6 所示，这说明电路中出现（　　）。
   A. 饱和失真　　B. 截止失真　　C. 交越失真　　D. 线性失真

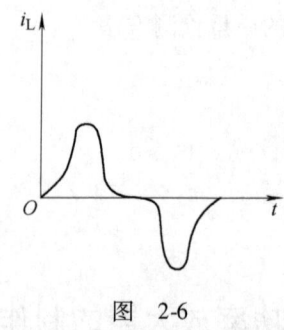

图 2-6

4. 在下列几种功率放大电路中，效率最高的是（　　）。
   A. 甲类　　　　B. 乙类　　　　C. 甲乙类　　　　D. 丙类

四、综合题

1. 什么是交越失真？消除的方法是什么？

2. 图 2-7 所示电路中 VD_1、VD_2 和 RP_2 的作用是什么？

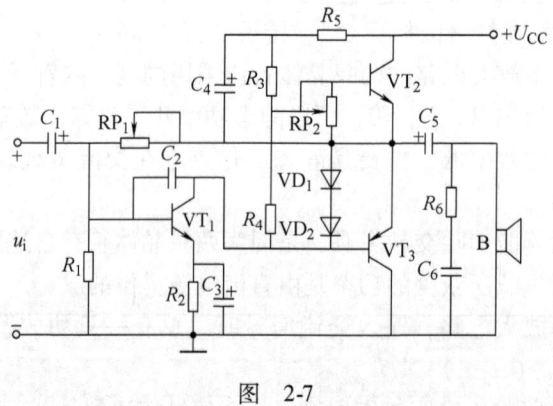

图 2-7

单元 3 集成运算放大器及其应用电路

任务 1 比例运算应用电路的装接与检修

一、填空题

1. 集成运放实际上是一个_____的多级直接耦合放大器。集成运放由四部分组成,包括_____、_____、_____和_____。
2. 工作在线性区的理想集成运放具有以下特点:一个是两输入端的电位差_____;另一个是两输入端的电流_____。
3. 分析集成运放时,通常把它看成是一个理想器件,即_____无穷大,_____无穷大,_____无穷大以及_____为零。
4. 在分析集成运放的实际电路时,常将集成运放看做_____集成运放,利用_____和_____概念来简化分析过程。
5. 集成运放可以应用在各种运算电路上,以_____作为自变量,_____按一定的数学规律变化,反映出某种运算的_____。
6. 在反相放大电路或同相放大电路的基础上,增加几个_____支路就可以成为反相_____运算电路或同相_____运算电路。
7. 产生零点漂移的原因有_____、_____和_____等,其中主要的原因是_____。
8. 两个大小_____且极性_____的输入信号称为共模信号;两个大小_____且极性_____的输入信号称为差模信号。
9. 一个性能良好的差动放大电路,对_____信号应有很高的放大倍数,对_____信号应有足够的抑制能力。
10. 衡量差动放大电路性能优劣的主要指标是_____。

二、判断题(正确的在括号内打"√",错误的打"×")

1. 因为集成运放的实质是高放大倍数的多级直流放大器,所以它只能放大直流信号。(   )
2. 偏置电路不属于集成运放的组成部分。(   )
3. 理想集成运放的同相输入端和反相输入端之间不存在"虚短""虚断"现象。(   )
4. 由于集成运放的输入电流趋于零,所以使用时输入端可以不接。(   )
5. 分析同相比例运算电路时用到了"虚地"的概念。(   )
6. 基本的比例运算放大电路是一种非线性放大电路。(   )
7. 直接耦合放大电路级数越多,零点漂移越小。(   )
8. 直接耦合放大电路能够放大缓慢变化的信号和直流信号,但不能放大漂移信号。(   )

9. 共模抑制比越小，差动放大电路的性能越好。（　　）

10. 集成运放的引出端只有三个。（　　）

三、选择题（将正确答案的序号填入括号中）

1. 集成运放的输入端有（　　）个。
   A. 1　　　　　　B. 2　　　　　　C. 3　　　　　　D. 4

2. 反相比例运算电路的反馈类型为（　　）。
   A. 电压串联负反馈　　　　　　B. 电压并联负反馈
   C. 电流串联负反馈　　　　　　D. 电流并联负反馈

3. 在同相输入运算放大电路中，R_f为电路引入了（　　）反馈。
   A. 电压串联负反馈　　　　　　B. 电压并联负反馈
   C. 电流串联负反馈　　　　　　D. 电流并联负反馈

4. 集成运放两个输入端的对地电位都为零，但它们都没有直接接地，称为（　　）。
   A. 虚地　　　　　B. 接地　　　　　C. 虚短　　　　　D. 虚断

5. 要实现电压放大 –50 倍，应选用（　　）。
   A. 同相比例运算电路　　　　　B. 加法运算电路
   C. 减法运算电路　　　　　　　D. 反相比例运算电路

6. 在多级放大电路的四种耦合方式中，（　　）耦合能放大缓慢变化的交流信号或直流信号。
   A. 变压器　　　　B. 直接　　　　　C. 阻容　　　　　D. 光电

7. 集成运放的K_{CMRR}越大，（　　）。
   A. 抑制零点漂移的能力越强　　B. 放大倍数越高
   C. 抑制零点漂移的能力越弱　　D. 放大倍数越低

8. 在多级放大电路中，对零点漂移影响最大的是（　　）。
   A. 前级　　　　　B. 后级　　　　　C. 前后级一样　　D. 中间级

9. 差动放大器是利用（　　）抑制零点漂移的。
   A. 电路的对称性　　　　　　　B. 共模负反馈
   C. 电路的对称性和共模负反馈　D. 差模负反馈

10. 集成运放的输入级常采用具有较高放大倍数的（　　）。
    A. 电压放大器　　B. 差动放大器　　C. 功率放大器　　D. 以上均可

四、综合题

1. 什么叫"虚短"、"虚地"和"虚断"？在什么情况下存在"虚地"？

2. 指出图 3-1 所示电路的名称，如果 $R_f = 100\text{k}\Omega$，若 $u_i = -0.2\text{ V}$，$u_o = 4.2\text{V}$，试求 R_1 的电阻值。

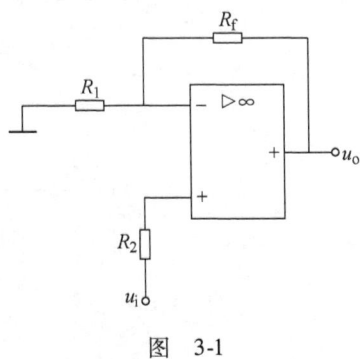

图 3-1

3. 在图 3-2 所示的理想集成运放中，已知 $R_1 = 11\text{k}\Omega$，$R_2 = 22\text{k}\Omega$，$R_3 = 33\text{k}\Omega$，$R_f = 33\text{k}\Omega$。若 $u_{i1} = -2\text{V}$，$u_{i2} = 3\text{V}$，$u_{i3} = 4\text{V}$，试求 u_o 的值。

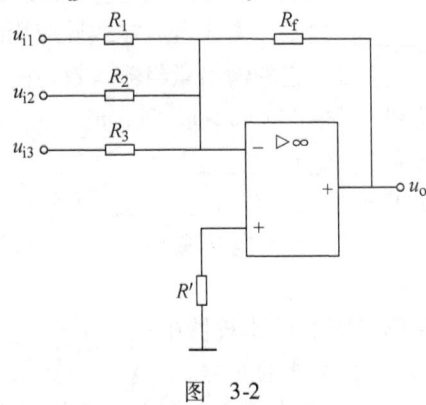

图 3-2

4. 分析图 3-3 所示电路中，输出电压 u_o 与输入电压 u_{i1}、u_{i2} 的关系，并指出该电路的名称。

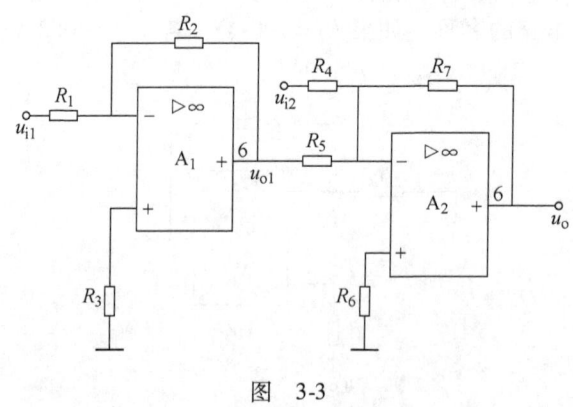

图 3-3

任务2 三角波-方波发生器的制作与检修

一、填空题

1. 集成运放线性应用时，电路中必须引入_____才能保证集成运放工作在_____区；它的输出量与输入量成_____关系。集成运放非线性应用时，集成电路接成_____或引入_____，工作于_____区。它的输出量与输入量_____。

2. 理想集成运放工作在非线性区，当 $u_P > u_N$ 时，u_o = _____；当 $u_P < u_N$ 时，u_o = _____；而两个输入端的电流 $i_P = i_N$ = _____。

3. 单门限电压比较器中的集成运放工作在_____状态，属于_____应用。单门限电压比较器只有一个_____电压，输入电压逐渐_____或_____过程中，当通过_____电压时，输出电压产生_____。

4. 双门限电压比较器是在单门限电压比较器中引入了_____，在两种输出状态下有各自的_____，从而提高了电路抗干扰的能力。

5. 迟滞电压比较器有_____个阈值电压。在电压比较器中，使输出电压从_____最大值跃变为_____最大值时的输入电压称为_____电压。

6. 当输入电压变化且经过阈值电压时，输出电压_____的方向，取决于输入电压作用于_____输入端还是_____输入端。

二、判断题（正确的在括号内打"√"，错误的打"×"）

1. 应用集成运放的非线性时，输出电压只有两种状态，即等于 $+U_{om}$ 或 $-U_{om}$。（   ）
2. "虚短"概念在集成运放的非线性应用中依然成立。（   ）
3. 电压比较器是集成运放的线性应用。（   ）
4. 电压比较器能实现波形的变换。（   ）
5. 利用电压比较器可将矩形波变换成正弦波。（   ）

6. 双门限电压比较器中的回差电压与参考电压有关。（ ）
7. 在电压比较器中，集成运放工作于开环状态或引入正反馈。（ ）
8. 过零电压比较器的输出电压等于0。（ ）
9. 迟滞电压比较器中引入了负反馈。（ ）

三、选择题（将正确答案的序号填入括号中）

1. 集成运放的输入端有（　　）个。
   A. 1　　　　　　　B. 2　　　　　　　C. 3　　　　　　　D. 4
2. 电压比较器中，集成运放工作在（　　）状态。
   A. 非线性　　　　　B. 开环放大　　　　C. 闭环放大　　　　D. 以上均可
3. 集成运放在运算电路中，工作在（　　）状态。
   A. 开环　　　　　　B. 闭环　　　　　　C. 深度负反馈　　　D. 以上均可
4. 在单门限电压比较器中，集成运放工作在（　　）状态。
   A. 放大　　　　　　B. 开环放大　　　　C. 闭环放大　　　　D. 以上均可
5. 过零电压比较器实际上是（　　）比较器。
   A. 单门限　　　　　B. 双门限　　　　　C. 无门限　　　　　D. 以上均可
6. 双门限电压比较器是一个含有（　　）网络的比较器。
   A. 正反馈　　　　　B. 负反馈　　　　　C. RC　　　　　　D. 以上均可
7. 电压比较器中，输入电压加在集成运放的（　　）端，输入电压大于阈值电压时，输出高电平。
   A. 反相　　　　　　B. 同相　　　　　　C. 任意　　　　　　D. 不确定
8. 要画出正确的电压传输特性曲线，必须求出（　　）个要素。
   A. 1　　　　　　　B. 2　　　　　　　C. 3　　　　　　　D. 4

四、综合题

1. 什么是过零电压比较器？什么是迟滞电压比较器？

2. 指出下列电路的名称。设输入电压 u_i 的波形如图3-4c 所示，请画出输出电压 u_o 的波形。

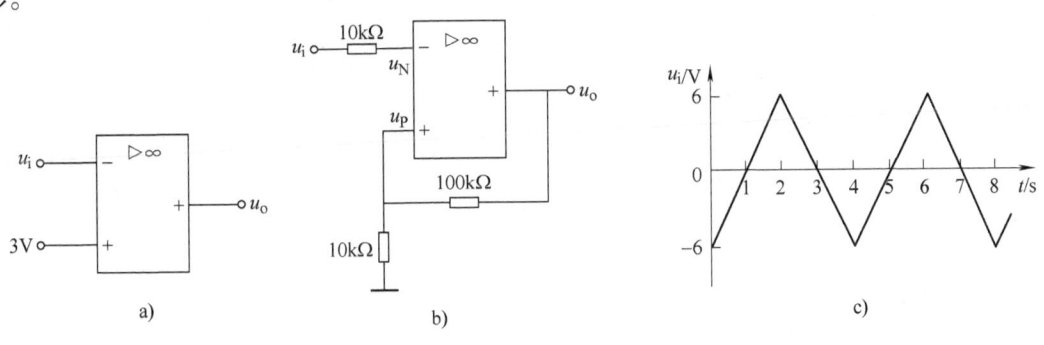

图　3-4

任务3　函数信号发生器的制作与检修

1. 简述图 3-5 所示电路中各组成部分的作用。

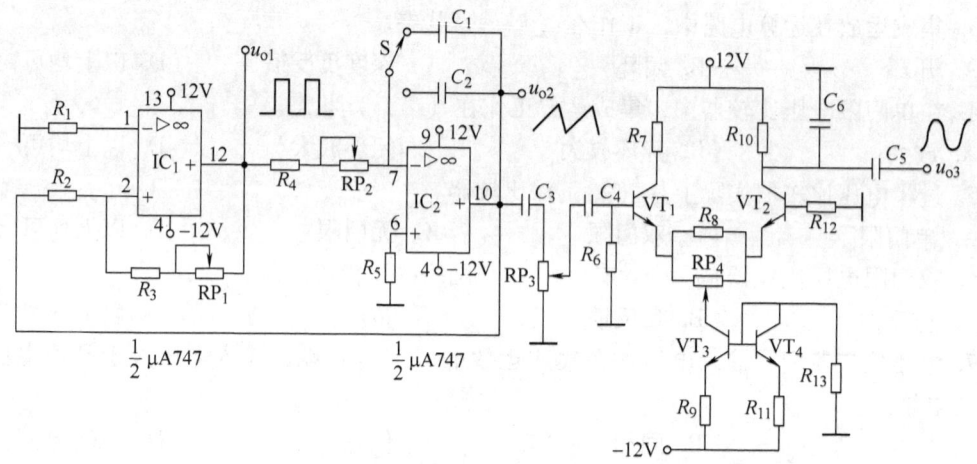

图　3-5

2. 图 3-5 所示电路中可调电阻 RP_1、RP_2、RP_3 的作用是什么?

单元4　整流与稳压电路

任务1　单相整流电路的实验装接与测试

一、填空题

1. 直流电源一般由_____、_____、_____和_____组成。
2. 整流电路的功能是_____。
3. 在选择二极管时，主要考虑的两个参数是_____、_____。
4. 单相桥式整流电路是在输入交流电压的正、负半周，四只二极管_____。
5. 若桥式整流电路中变压器二次电压为10V，则二极管的最高反向电压就不应小于_____V；若负载电流为800mA，则每只二极管的平均电流应大于_____mA。
6. 在单相桥式整流电路中，如果负载电流是20A，那么流过每只二极管的电流是_____A。
7. 半波整流电路与桥式整流电路相比，输出电压脉动成分较小的是_____电路。

二、判断题（正确的在括号内打"√"，错误的在括号内打"×"）

1. 在单相半波整流电路中，只要把变压器二次绕组的端钮对调，就能使输出直流电压的极性改变。（　　）
2. 当负载直流电压相同时，单相桥式整流电路中二极管所承受的反向电压比单相半波整流电路的反向电压高1倍。（　　）
3. 在单相整流电路中，输出直流电压的大小与负载大小无关。（　　）
4. 单相桥式整流电路的整流二极管承受的最大反向电压为变压器二次电压的2倍。（　　）
5. 当负载直流电流相同时，单相桥式整流电路中整流二极管的平均电流与单相半波整流电路的平均电流相同。（　　）

三、选择题（将正确答案的序号填入括号中）

1. 整流电路是利用二极管的（　　）而工作的。
   A. 反向击穿特性　　B. 正向导通状态　　C. 单向导电性　　D. 反向截止状态
2. 整流电路输出的电压应属于（　　）。
   A. 平直直流电压　　B. 交流电压　　C. 脉动直流电压　　D. 稳恒直流电压
3. 单相半波整流电路中的二极管在输入电压的（　　）有电流流过。
   A. 整个周期　　B. 半个周期　　C. 1/4周期　　D. 1/2周期
4. 在安装单相桥式整流电路时，误将某只二极管接反了，产生的后果是（　　）。
   A. 输出电压是原来的1/2　　　　　　B. 输出电压的极性改变
   C. 只有接反的二极管烧毁　　　　　　D. 可能四只二极管均烧毁
5. 在单相整流电路中，二极管承受的反向电压最大值出现在二极管（　　）。
   A. 截止时　　B. 导通时　　C. 由导通转截止时　　D. 由截止转导通时

6. 在单相桥式整流电路中，通过二极管的平均电流等于（　　）。
   A. 输出平均电流的 1/4　　　　　B. 输出平均电流的 1/2
   C. 输出平均电流　　　　　　　D. 输出平均电流的 1/3
7. 单相半波整流电路输出电压平均值为变压器二次电压有效值的（　　）倍。
   A. 0.9　　　　　B. 0.45　　　　　C. 0.707　　　　　D. 1

四、综合题

1. 在单相半波整流电路中，已知变压器一次电压 $U_i = 220\text{V}$，电压比 $n = 10$，负载电阻 $R_L = 10\text{k}\Omega$，试计算：
   （1）整流输出电压 U_L。
   （2）试选择整流二极管。

2. 在单相桥式整流电路中，要求直流输出电压平均值为 100V，负载电阻 $R_L = 25\Omega$，试分析二极管的电压、电流应满足什么要求。

3. 在电路板上，电源变压器、四只二极管和负载电阻的排列如图 4-1 所示。试在四只二极管各个端点接入交流电源和负载电阻以实现桥式整流，要求完成的电路简明、整齐。

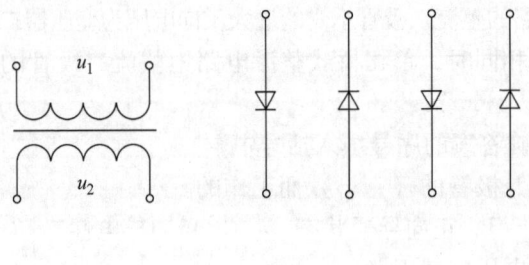

图 4-1

任务2　并联型稳压电路的实验装接与检修

一、填空题

1. 所谓滤波，就是保留脉动直流电中的_____成分，尽可能滤除其中的_____成分，把脉动直流电变成_____直流电的过程。
2. 在滤波电路中，滤波电容和负载_____联，滤波电感和负载_____联。
3. 常用的滤波电路有_____、_____、_____等几种。滤波电路一般接在_____电路的后面。
4. 所谓稳压电路，就是当_____或_____时，能使_____稳定的电路。
5. 并联型稳压电路主要是利用硅稳压管工作在反向击穿区的特性，即当反向电流在_____范围内变化时，稳压管两端的反向电压变化_____，从而达到稳压的目的。在实际电路中，一般都将稳压管_____联在电路中。

二、判断题（正确的在括号内打"√"，错误的在括号内打"×"）

1. 电容滤波电路适用于小负载电流，电感滤波电路适用于大负载电流。（　　）
2. 整流输出电压加电容滤波后，电压波动性减小，故输出电压下降。（　　）
3. 在单相整流电容滤波电路中，电容器的极性不能接反。（　　）
4. 复式滤波电路输出的电压波形要比一般滤波电路输出的电压波形更平直。（　　）
5. 在硅稳压管的并联型稳压电路中，稳压管应工作在反向击穿区，并且与负载电阻串联。（　　）
6. 在硅稳压管的并联型稳压电路中，R 的作用是既限流又调压。（　　）
7. 在并联型稳压电路中，负载两端的电压受稳压管稳定电压的限制。（　　）

三、选择题（将正确答案的序号填入括号中）

1. 利用电抗元件的（　　）特性能实现滤波。
   A. 延时　　　　B. 储能　　　　C. 稳压　　　　D. 负阻
2. 在电容滤波电路中，负载电阻 R_L 的阻值越（　　），电容滤波的效果越好。
   A. 大　　　　B. 小　　　　C. 不变　　　　D. 无关
3. 在桥式整流电容滤波电路中，若有一只二极管断路，则负载两端的直流电压将会（　　）。
   A. 下降　　　　B. 升高　　　　C. 变为零　　　　D. 保持不变
4. 在单相半波整流电容滤波电路中，当负载开路时，输出电压为（　　）。
   A. 0　　　　B. $\sqrt{2}U_2$　　　　C. $0.45U_2$　　　　D. U_2
5. 有两个 2CW15 型稳压管，一个稳压值是 8V，另一个稳压值是 7.5V，若把它们用不同的方式组合起来，则可组成（　　）种不同的稳压值。
   A. 3　　　　B. 2　　　　C. 5　　　　D. 6
6. 在单相桥式整流电路中接入滤波电容后，二极管的导通时间（　　）。
   A. 变长　　　　B. 变短　　　　C. 不变　　　　D. 变化不一定
7. 在图 4-2 所示的电路中，能保证 R_L 两端电压稳定的电路是（　　）。

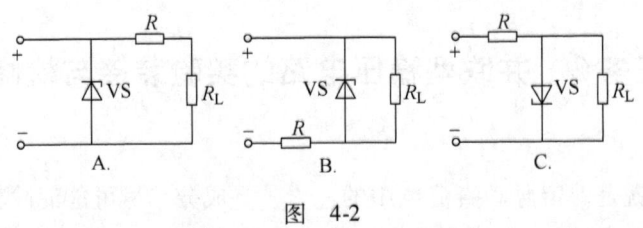

图 4-2

8. 当输出端负载增加时，稳压电路的作用是（　　）。
   A. 使输出电压随着负载同步增长，保持输出电流不变
   B. 使输出电压几乎不随着负载的增长而变化
   C. 使输出电压适当降低
   D. 使输出电压适当升高
9. 在输出电压为8V的并联型稳压电路中，若稳压管的极性接反，则电路（　　）。
   A. 输出电压为8V   B. 输出电压为0.7V
   C. 输出电压为4V   D. 稳压管烧毁
10. 在单相桥式整流电容滤波电路中，若要负载得到45V的直流电压，则变压器二次电压的有效值应为（　　）V。
    A. 45   B. 50   C. 100   D. 37.5

四、综合题

1. 在单相桥式整流电路中，变压器二次电压为120V，在未接入电容 C 滤波时负载两端的电压 U_o 是多少？加了滤波电容并在空载情况下输出的直流电压最大值可达多少？此时整流二极管实际承受的反向电压是多少？

2. 试判断图 4-3 所示电路中的元件 R、L、C 能否起滤波作用。

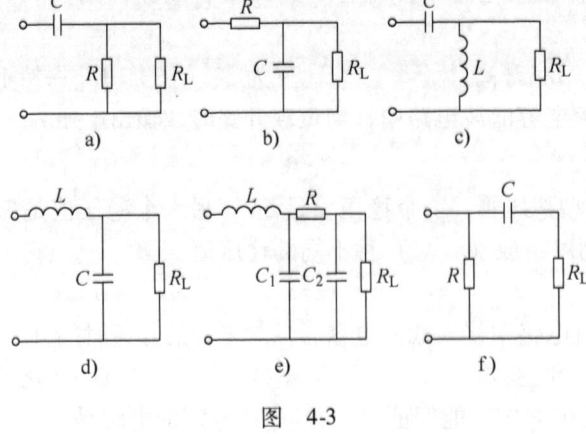

图 4-3

3. 画出一个桥式整流电容滤波电路图，要求画出整流二极管，标出电容 C 的正极及负载电压的极性。

任务 3　串联型稳压电路的制作与检修

一、填空题

1. 串联型稳压电路主要由_____、_____、_____、_____四个部分组成。

2. 在晶体管串联型稳压电路中，取样电路的作用是_____。

3. 固定式三端稳压器的三端是指_____、_____和_____。常用的 CW78×× 系列稳压器是输出固定_____电压的稳压器，CW79×× 系列稳压器是输出固定_____电压的稳压器。

4. 三端集成稳压器按照性能和用途不同，可以分为_____和_____两种。

二、判断题（正确的在括号内打"√"，错误的在括号内打"×"）

1. CW×× 系列三端集成稳压器中的调整管必须工作在开关状态。（　　）

2. 三端集成稳压器的输出电压有正、负之分。（　　）

3. 对于由三端集成稳压器组成的稳压电路，其输出电压不能高于稳压器的最高输出电压。（　　）

4. 调整三端集成稳压器调整端的外接取样电路就可以得到需要的输出电压值。（　　）

三、选择题（将正确答案的序号填入括号中）

1. 串联型稳压电路的调整管工作在（　　）。
　A. 截止区　　　B. 饱和区　　　C. 放大区　　　D. 任意区

2. 串联型稳压电路中取样电路的作用是（　　）。
　A. 提供一个基本稳定的直流参考电压
　B. 取自输出电压变动量的一部分
　C. 自动调整管压降的大小
　D. 取出输入电压变动量的一部分

3. CW7812 型集成稳压器的性能为（　　）。
A. 可调式三端集成稳压器　　　　B. 固定式三端集成稳压器
C. 输出电压为 12V　　　　　　　D. 输出电压为 –12V

四、综合题

1. 直流电源电路如图 4-4 所示。已知 $U_o = 24\text{V}$，稳压管的稳压值 $U_Z = 5.3\text{V}$，晶体管的 $U_{BE} = 0.7\text{V}$。

（1）试估算变压器二次电压的有效值。

（2）若 $R_3 = R_4 = \text{RP} = 300\Omega$，试计算 U_L 的可调范围。

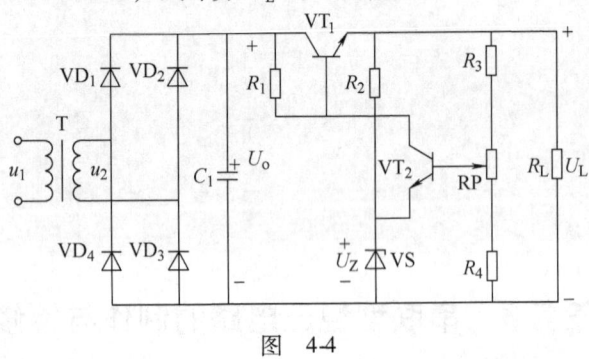

图 4-4

2. 电路如图 4-5 所示，求输出电压 U_L 的可调范围。

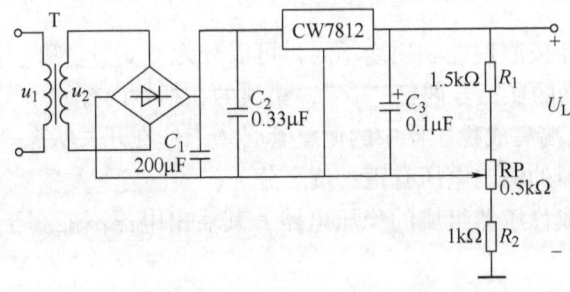

图 4-5

3. 电路元器件如图 4-6 所示。试将其连接成输出电压为 5V 的直流电源电路（设 U_i 足够大）。

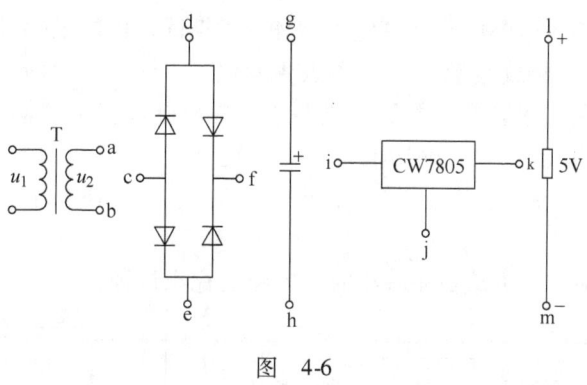

图 4-6

4. 若串联型稳压电路的输出电压偏低,调不上去,则可能是由什么情况引起的?

任务4　开关型直流稳压电源的制作与检修

一、填空题

1. 开关型稳压电源的形式很多,根据储能电路的接法不同,可分为_____和_____两种。

2. 并联型开关稳压电源的储能电感和负载_____,而在串联型开关稳压电路中,储能电感和负载_____。

3. 开关型稳压电源是通过控制开关管的导电时间来使_____稳定的。

二、判断题（正确的在括号内打"√",错误的在括号内打"×"）

1. 开关型稳压电源的得名原因在于其调整管工作在开关状态。（　　）

2. 调整管的饱和导通时间越长,输入储能电路的能量越多,输出电压越低。（　　）

3. 在脉冲宽度调制式串联型开关稳压电路中,调整管 V 的导通或截止受矩形脉冲发生器输出脉冲控制。（　　）

4. 并联型开关稳压电路可以实现输出电压大于输入电压。（　　）

三、选择题（将正确答案的序号填入括号中）

1. 开关型稳压电路的稳压管与负载的关系是（　　）。

　　A. 串联　　　　B. 并联　　　　C. 串联或并联均可　　　　D. 非连接

2. 并联型开关稳压电源是因为储能电感 L 与（　　）并联而得名。

　　A. 电容　　　　B. 负载　　　　C. 二极管　　　　D. 晶体管

3. 在串联型开关稳压电路中，在调整管饱和导通期间，储能电感（   ）。
   A. 储存能量　　　B. 释放能量　　　C. 不发生变化　　　D. 均不符合
4. 在脉冲宽度调制式串联型开关稳压电路中，矩形脉冲发生器输出的正向脉冲宽度变宽，调整管 V 导通时间（   ），输出电压（   ）。
   A. 变长　　　　　B. 变短　　　　　C. 上升　　　　　　D. 下降

四、综合题

1. 简述在图 4-7 中，当负载电压减小时，电路的稳压过程。

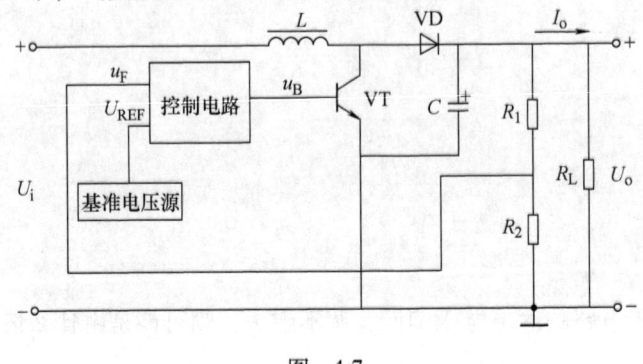

图　4-7

单元5 晶闸管及其应用电路

任务1 家用台灯调光电路的制作与检修

一、填空题

1. 晶闸管的三个电极分别是_____极、_____极和_____极，分别用英文字母_____、_____和_____表示。
2. 晶闸管导通的条件是：在_____极与_____之间加正向电压的同时，在_____极与_____极之间加正向电压。
3. 在晶闸管导通后，门极就_____。
4. 要使导通中的晶闸管关断必须使_____或使_____。

二、判断题（正确的在括号内打"√"，错误的在括号内打"×"）

1. 晶闸管和晶体管都能用小电流控制大电流，因此它们都具有电流放大作用。（ ）
2. 在晶闸管导通后，门极仍然具有控制作用。（ ）
3. 晶闸管和二极管一样具有反向阻断能力，但没有正向阻断能力。（ ）
4. 只要晶闸管门极不加正向触发电压，晶闸管就永远不会导通。（ ）
5. 在晶闸管导通后，若阳极电流小于维持电流 I_H，则晶闸管必然自行关断。（ ）
6. 晶闸管由正向阻断状态变为导通状态所需要的最小门极电流称为维持电流。（ ）
7. 晶闸管阳极与阴极之间的正、反向电阻越大，晶闸管的质量越好。（ ）

三、选择题（将正确答案的序号填入括号中）

1. 普通晶闸管的管心由（ ）层杂质半导体组成。
A. 1 B. 2 C. 3 D. 4
2. 单向晶闸管内部有（ ）PN 结。
A. 2个 B. 3个 C. 4个 D. 5个
3. 在普通晶闸管中，由中间 P 层引出的电极是（ ）。
A. 阳极 B. 门极 C. 阴极 D. 无法确定
4. 晶闸管导通必备的条件为（ ）。
A. 阳极加正向电压
B. 阴极加正向电压
C. 阳极加正向电压，同时在门极上加正向触发电压
D. 阳极加正向电压，同时在门极上加反向触发电压
5. 在晶闸管导通后，通过晶闸管的电流决定于（ ）。
A. 电路的负载   B. 晶闸管的电流容量
C. 晶闸管阳极和阴极之间的电压 D. 门极电压的大小

6. 对于触发导通的晶闸管，当阳极电流减小到低于维持电流时，晶闸管的状态是（   ）。

   A. 继续维持导通

   B. 转为关断

   C. 阳极、阴极间有正向电压，晶闸管能继续导通

   D. 不确定

7. 晶闸管具有（   ）特性。

   A. 单向导电　　　　　　　　B. 可控的单向导电

   C. 电流放大　　　　　　　　D. 负阻效应

8. 在用万用表 $R \times 1k$ 挡测量一只正常的晶闸管时，若将红表笔接触一只引脚，黑表笔接触另一只引脚，测得阻值较小，则红表笔接的是晶闸管的（   ）。

   A. 阳极　　　B. 阴极　　　C. 门极　　　D. 无法确定

9. 用万用表检测晶闸管的引脚极性时，应选用（   ）。

   A. $R \times 1$ 挡　　B. $R \times 100$ 挡　　C. $R \times 1k$ 挡　　D. $R \times 10$ 挡

四、综合题

1. 如何用万用表检测晶闸管的引脚及质量？

2. 晶闸管的导通条件是什么？导通后晶闸管的电流和负载上的电压由什么决定？

3. 晶闸管关断的条件是什么？如何实现？当晶闸管处于关断状态时，其两端的电压大小由什么决定？

4. 某晶闸管的型号规格为 KP200—10/D，说明型号规格代表什么意义。

5. 在图 5-1 所示的电路中，输入电压为 u_i 为正弦波，若开关 S 在 t_1 时刻闭合、t_2 时刻断开，试画出负载电压 u_L 的波形。

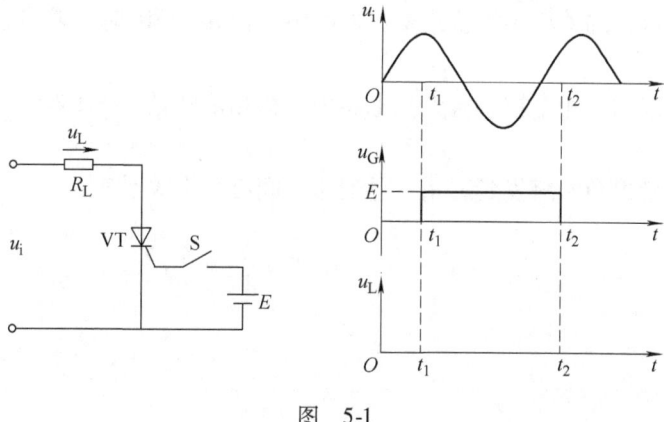

图 5-1

任务 2　220V 调光电路的制作与检修

一、填空题

1. 晶闸管整流电路与二极管整流电路的最大区别是：晶闸管整流电路的输出是_____，而二极管整流电路的输出是_____。
2. 能够提供晶闸管门极触发电压的电路称为_____。
3. 在单相半波可控整流电路中，变压器二次电压的有效值 $U_2 = 10V$，当触发延迟角 α 分别为 0°、90° 和 180° 时，负载电阻 R_L 上所得到的直流平均电压分别为_____ V、_____ V 和_____ V。
4. 电阻性负载单相半控桥式整流电路的最大导通角是_____，移相范围是_____；晶闸管阻断时承受的最大正向电压是_____，最大的反向电压是_____。
5. 对于感性负载单相半控桥式整流电路，若要求晶闸管在负半周内不导通，则可在电路中接_____。
6. 单结晶体管的三个电极分别是_____、_____和_____，分别用英文字母_____、_____和_____表示。
7. 单结晶体管导通的条件是_____，截止的条件是_____。
8. 利用单结晶体管的_____和 RC 电路的_____特点，可以组成频率可调的单结晶体管振荡电路，用来产生晶闸管的触发脉冲。

二、判断题（正确的在括号内打"√"，错误的在括号内打"×"）

1. 在单相半波可控整流电路中，触发延迟角越大，负载上得到的直流电压平均值也越大。（　　）

2. 在带电阻性负载的单相半控桥式整流电路中，当 α = 90°时，输出直流电压的平均值为 $U_d = 0.45U_2$。（　　）

3. 在带电阻性负载的单相半控桥式整流电路中，当 α = 180°时，输出直流电压的平均值为 $U_d = 0.9U_2$。（　　）

4. 在带感性负载的单相半控桥式整流电路中，移相范围是 0°～180°。（　　）

三、综合题

1. 什么是触发延迟角？触发延迟角、导通角之间有什么关系？

2. 某单相半波可控整流电路的交流电源电压 U_2 = 110V，R_L = 10Ω，触发延迟角 α = 60°，求输出电压平均值和负载中的平均电流。

3. 某带电阻性负载的单相半控桥式整流电路，若其中的一只晶闸管的阳极与阴极间被烧断，试画出晶闸管和负载两端电压的波形。

4. 在图 5-2 所示单结晶体管振荡电路中，电阻 R 的作用是什么？

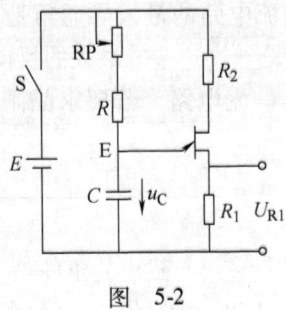

图　5-2

5. 在220V调光电路中，稳压管VS的作用是什么？

6. 在带电阻性负载的单相半控桥式整流电路中，为什么负载两端要并联续流二极管？

任务3　直流电动机调速电路的实验装接与检修

一、填空题

1. 带电阻性负载的三相半波可控整流电路的触发延迟角是从_____起算，移相范围是_____，最大导通角是_____，流过每个晶闸管的平均电流是_____，晶闸管承受的最大正向电压是_____，最大反向电压是_____。

2. 在带电阻性负载的三相全控桥式整流电路中，脉冲移相范围是_____，晶闸管的最大导通角是_____，流过每个晶闸管的平均电流是_____，晶闸管承受的最大正向电压是_____，最大反向电压是_____。

3. 在带电阻性负载的三相半波可控整流电路中，若触发脉冲出现在自然换相点前，则输出电压会出现_____现象。

4. 在带感性负载的三相半波可控整流电路中，脉冲移相范围是_____，晶闸管承受的最大正向电压是_____，最大反向电压是_____。

二、判断题（正确的在括号内打"√"，错误的在括号内打"×"）

1. 三相可控整流电路的触发延迟角从电源电压波形由负变正时起算。（　　）
2. 三相半波可控整流电路的移相范围和最大导通角都是150°。（　　）
3. 在三相半波可控整流电路中，当α在0°～30°的范围内时，输出电压连续。（　　）
4. 在带电阻性负载的三相半波可控整流电路中，当α=60°时，输出电压波形刚好维持连续。（　　）
5. 在三相全控桥式整流电路中，每只晶闸管流过的平均电流和负载的平均电流相同。（　　）
6. 在三相全控桥式整流电路中，在α≤30°时波形连续，晶闸管导通角θ=120°，所以α=30°为临界连续点。（　　）

三、综合题

1. 在带电阻性负载的三相半波可控整流电路中，若触发脉冲左移至自然换相点之前15°处，试分析电路的工作情况，画出负载两端电压的波形。

2. 当三相全控桥式整流电路采用同步信号为锯齿波的触发电路时，同步变压器的二次电压 $u_{T1} \sim u_{T6}$ 之间满足怎样的相位关系？

3. 当三相全控桥式整流电路采用同步信号为锯齿波的触发电路时，如果同步变压器的二次侧经阻容滤波变为 u_T' 后送到触发电路，设 u_T' 滞后 u_T 的电角度为 $30°$，试确定同步变压器的级别。

4. 为什么三相全控桥式整流电路必须采用宽脉冲触发或双脉冲触发？

5. 当三相全控桥式整流电路带大电感负载时，负载电阻 $R_L = 4\Omega$，要求输出电压 U_L 在 0~220V 之间变化。试求：
（1）整流变压器的二次电压。
（2）晶闸管的电压和电流。

单元6　信号产生电路

任务1　LC正弦波振荡电路的制作与检修

一、填空题

1. 正弦波振荡电路是一种带_____的_____反馈放大电路。它无需外加_____，就能把直流电源提供的能量转换成有_____和_____的正弦交流信号，并利用_____来实现振荡信号的输出。
2. 振荡电路实现自激振荡的条件有两个，即_____和_____。
3. LC正弦波振荡电路主要用来产生_____的高频振荡信号。LC正弦波振荡电路在结构上，常用的有_____、_____和_____三种。它们的共同特点是用_____电路作为选频网络。
4. 在电感三点式LC振荡器中，电感线圈三端分别与晶体管的_____、_____和_____相接，该电路工作频率一般可以达到_____。
5. 在电容三点式LC振荡器中，串联电容的三根引出线分别与晶体管的_____、_____和_____相接，该电路工作频率一般可以达到_____。

二、判断题（正确的在括号内打"√"，错误的在括号内打"×"）

1. 振荡器为了产生一定频率的正弦波，必须要有选频网络。（　　）
2. 只要具有正反馈，就能产生自激振荡。（　　）
3. 振荡器只要不接输入信号，电路就不能起振，更不能维持振荡。（　　）
4. 在LC振荡电路中，正反馈电压取自电感者称为电感三点式振荡电路。（　　）
5. 在LC振荡电路中，正反馈电压取自电容者称为电容三点式振荡电路。（　　）
6. 电感三点式振荡电路的振荡频率比电容三点式振荡电路的振荡频率高。（　　）
7. 振荡电路与放大电路的主要区别之一是：放大电路的输出信号与输入信号频率相同，而振荡电路一般不需要输入信号。（　　）

三、选择题（将正确答案的序号填入括号中）

1. 正弦波振荡器由（　　）大部分组成。
   A. 2　　　　　　B. 3　　　　　　C. 4　　　　　　D. 5
2. 振荡电路维持等幅振荡的条件是（　　）。
   A. $AF>1$　　　B. $AF=1$　　　C. $AF<1$　　　D. $AF\geq 1$
3. 为了满足振荡的相位平衡条件，反馈信号与输入信号的相位差应为（　　）。
   A. 90°　　　　　B. 180°　　　　C. 270°　　　　D. 360°
4. 正弦波振荡器的振荡频率由（　　）决定。
   A. 基本放大电路　B. 反馈网络　　　C. 选频网络　　　D. 稳幅电路
5. LC振荡器的振荡频率取决于（　　）。

A. 反馈元件的参数 　　　　　　　　B. 正反馈的强度
C. 晶体管的放大系数　　　　　　　D. 选频网络的参数

6. 在 LC 振荡器中，为容易起振而引入的反馈属于（　　）。

A. 负反馈　　　B. 正反馈　　　C. 电压反馈　　　D. 电流反馈

7. 在电感三点式 LC 振荡器中，要求（　　）。

A. L_1 和 L_2 串联　　　　　　　B. L_1 和 L_2 并联
C. L_1 和 L_2 顺向串联且紧耦合　　D. L_1 和 L_2 反向串联

8. 电容三点式正弦波振荡器属于（　　）振荡器。

A. RC　　　B. LC　　　C. RL　　　D. 石英晶体

四、综合题

1. 如果某振荡器的 $A=80$，$F=0.04$，$\varphi_A + \varphi_B = 360°$，那么该电路能产生振荡吗？为什么？

2. 正弦波振荡器由哪几部分组成？各部分的作用是什么？

3. 试判断图 6-1 中各个电路是否满足振荡的相位平衡条件。

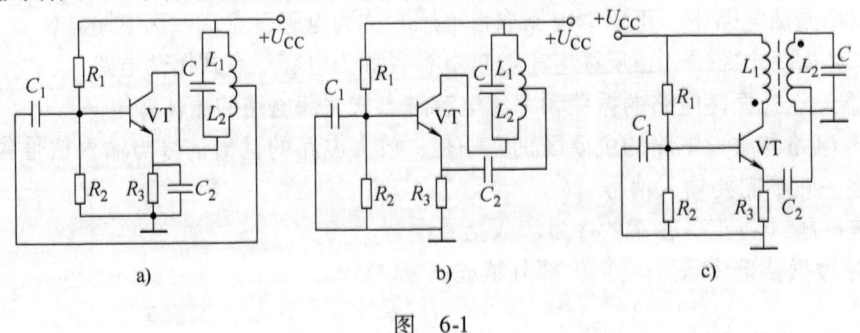

图 6-1

4. 试检查图 6-2 中各个电路的正确性，如果有错，那么请在原图的基础上把错误的连线和元器件打上"×"，再画出所需的连线和元器件。

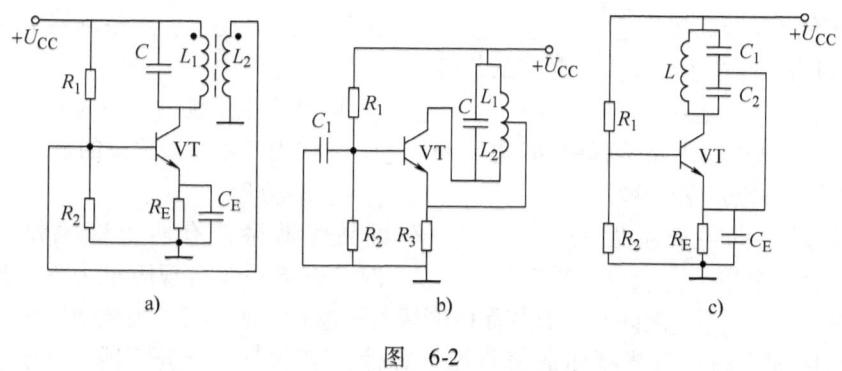

图 6-2

5. 说明图6-3所示电路的名称，并分析电阻RP_2和电容C_5在电路中有何作用。

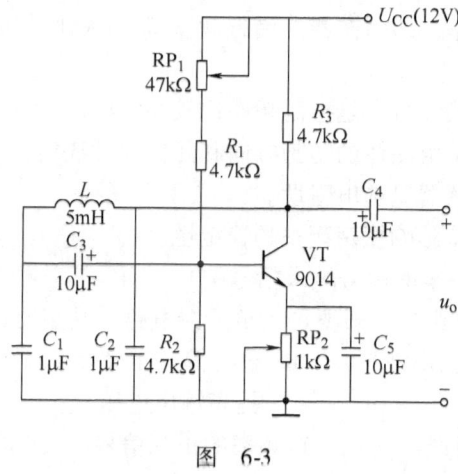

图 6-3

任务2 RC 桥式振荡电路的制作与测试

一、填空题

1. RC 正弦波振荡电路是利用_____和_____组成选频网络，一般用来产生的低频正弦波信号。

2. 石英晶体振荡的_____极高，用于产生标准时间基准信号，该信号广泛用于_____、_____和_____等各类对频率稳定要求高的电子设备中。

3. 常用的 RC 振荡器有_____和_____两种，其中_____振荡器的选频网络是 RC 串并联网络，能产生_____频率的信号。

4. RC 桥式振荡电路的反馈系数 $F=$ _____，电路产生振荡的频率为_____。

5. RC 移相式振荡电路是利用 RC 电路的_____作用产生自激振荡的。

6. RC 移相式振荡器一般用于_____、_____的场合。

7. 石英晶片的主要特性是_____。石英晶体谐振器有两个谐振频率：一个是_____，另一个是_____。当频率_____时，石英晶体呈现阻抗为零，晶体呈电阻性；当频率 f 在_____之间时，石英晶体谐振器呈感性，相当于一个电感器；当频率 f 在其余的频率区间内时，石英晶体谐振器均呈容性，相当于一个电容器。由于_____和_____非常接近，石英晶体谐振器呈感性的频率区间非常狭窄。因此，石英晶体谐振器的_____非常好。

8. 石英晶体振荡电路有_____型和_____型两种类型。

二、判断题（正确的在括号内打"√"，错误的在括号内打"×"）

1. 若要获得低频信号，则通常采用 RC 正弦波振荡器。（　　）
2. RC 桥式振荡器采用两级放大器的目的是实现同相放大。（　　）
3. 石英晶体的固有频率，即谐振器的谐振频率 f_0 的大小取决于石英晶体的材料，与晶片的几何形状和尺寸无关。（　　）
4. 石英晶体振荡器的最大特点是振荡频率比较高。（　　）
5. 石英晶体的谐振频率由晶体的切割方向和几何尺寸决定。（　　）
6. 串联型石英晶体振荡器呈纯电阻性。（　　）
7. 振荡器的负载变动将影响振荡频率的稳定性。（　　）

三、选择题（将正确答案的序号填入括号中）

1. 在 RC 正弦波振荡器中，一般要加入负反馈电路，其主要目的是（　　）。
   A. 提高稳定性，改善输出波形　　B. 稳定静态工作点
   C. 减小零点漂移　　D. 提高输出电压

2. RC 正弦波振荡器可产生（　　）频率的正弦信号。
   A. 几十兆赫以下　　B. 一百兆赫以上
   C. 几百千赫以下　　D. 几兆赫以下

3. RC 正弦波振荡器是由两部分电路组成的，即 RC 串并联选频网络和（　　）。
   A. 基本共发射极放大电路　　B. 共基极放大电路
   C. 同相比例运算电路　　D. 反相比例运算电路

4. 石英晶体振荡器的最大特点是（　　）。
   A. 振荡频率高　　B. 输出波形失真
   C. 振荡频率稳定度非常高　　D. 振荡频率低

5. 标准低频正弦波信号发生器中的振荡器通常选用（　　）。
   A. LC 正弦波振荡器　　B. RC 正弦波振荡器
   C. 石英晶体振荡器　　D. 晶体管

6. 当要求振荡频率在 5～20MHz 变化时，宜选用（　　）。
   A. RC 正弦波振荡器　　B. LC 正弦波振荡器

C. 石英晶体振荡器　　　　　　D. 晶体管

7. 石英晶体振荡器的振荡频率与下面各种因素中的（　　）有关。

A. 晶体切割尺寸，几何尺寸　　B. 电源电压波动

C. 电流波动　　　　　　　　　D. 温度变化

四、综合题

1. 在需要较低频率的振荡电路时为什么常采用 RC 振荡电路？

2. RC 振荡电路中采用什么选频网络？谐振频率是多少？

3. 判断图 6-4 所示石英晶体振荡电路能否满足振荡条件，若满足，则其振荡频率如何计算？

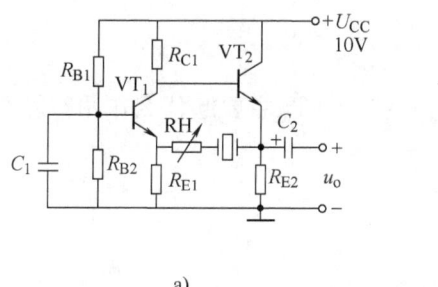
a)

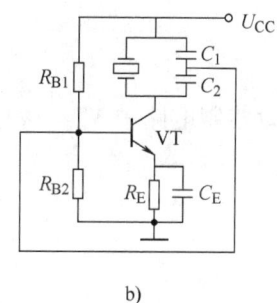
b)

图 6-4

单元7 综合应用电路

一、填空题

1. 综合应用电路是指由若干个_____组合而成的电路，以实现特定的功能。一般来说，综合应用电路包括_____、_____、_____和_____四个基本部分。

2. _____就是所谓的读图。读图能力充分体现了对所学_____的综合应用能力。电路分析的基本方法包括_____、_____和_____分析等。

3. 在进行电路分析时，首先了解_____，其次_____，然后_____，最后_____。

4. 光控双向控制电路主要由_____、_____、_____、_____和_____等组成。

二、综合题

1. 在本单元电路的检修中把 VT_6 的基极作为排故切入点，试分析原因。

2. 电动机驱动控制电路中 VT_7、VT_8、VT_9、VT_{10} 主要起什么作用？静态时它们工作在什么状态？

3. 简述光敏二极管的检测方法。

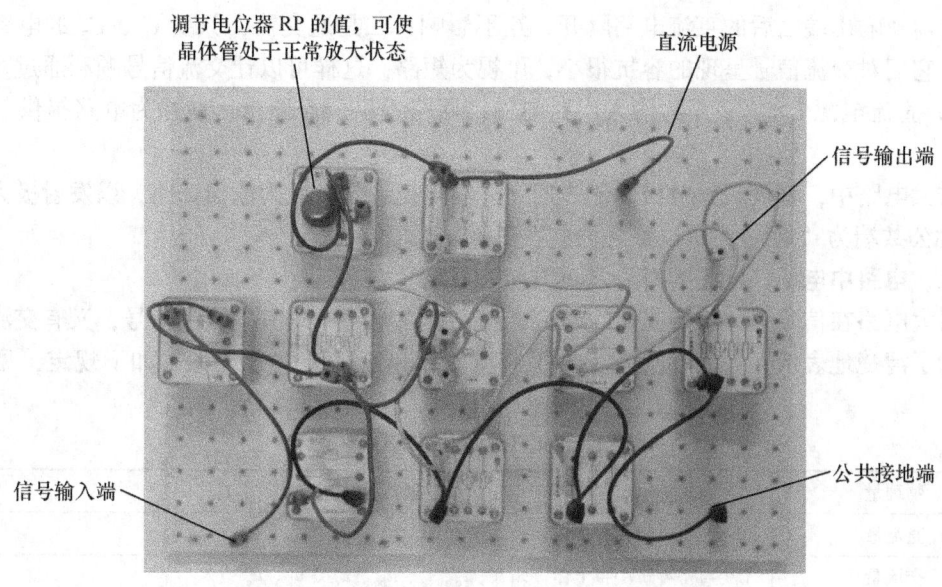

图 2-1 低频小信号放大电路的实验装接图

相关理论

一、共发射极放大电路的组成及各元器件的作用

共发射极放大电路如图 2-2a 所示。

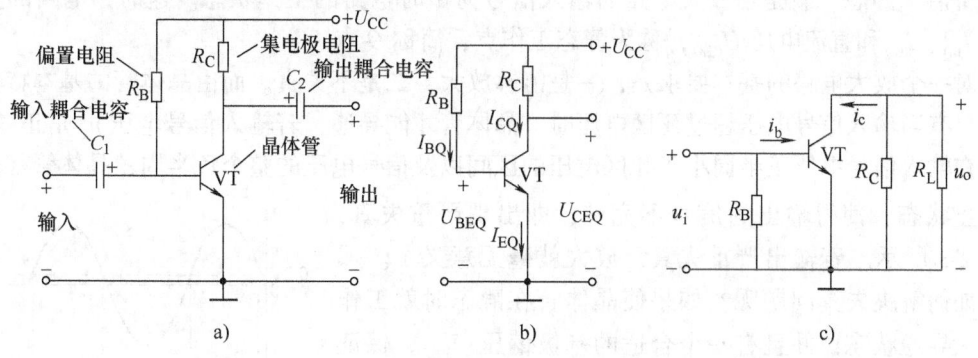

图 2-2 共发射极放大电路
a) 电路结构 b) 直流通路 c) 交流通路

共发射极放大电路各元器件的作用如下。

1) 晶体管 VT：电流放大器件，利用基极电流对集电极电流的控制作用来实现放大作用。

2) 基极偏置电阻 R_B：为晶体管提供一个合适的静态基极电流，使晶体管能够不失真地放大输入信号。

3) 集电极电阻 R_C：将晶体管的电流放大作用转换成集电极电压的放大作用，即使管压降 u_{CE} 产生变化，并作为输出电压，从而实现电压放大。

4) 耦合电容 C_1、C_2：具有"隔直通交"作用。一是隔直流，使晶体管的直流电流与输入端之前及输出端之后的直流电路隔开,互不影响;二是通交流,只要C_1、C_2的电容量足够大,它们对交流信号呈现的容抗很小,可视为短路,这样可以让交流信号顺利通过。

5) 直流电源U_{CC}:一是为输入回路与输出回路提供所需能量;二是为电路提供工作电压。

放大电路中,基极、发射极为输入回路,集电极、发射极为输出回路,以发射极为公共端(称公共端为"地"),所以称之为共发射极放大电路。

二、电路中电压、电流的符号及正方向的规定

放大电路在信号上的特点是交、直流共存,即在电路中既有直流电信号,又有交流电信号。为了清楚地表示不同的物理量,本书将电路中出现的有关电量做出如下规定,见表2-1。

表2-1 电压、电流符号的规定

物理量	表 示 符 号
直流量	用大写字母带大写下标,如I_B、I_C、I_E、U_{BE}、U_{CE}
交流量	用小写字母带小写下标,如i_b、i_c、i_e、u_{be}、u_{ce}、u_k、u_o
交直流叠加量	用小写字母带大写下标,如i_B、i_C、i_E、u_{BE}、u_{CE}

电压的正方向用"+"、"-"表示,电流的正方向用箭头表示。

三、电路的简单分析与计算

1. 放大电路静态工作点的设置

所谓"静态"就是当放大电路的输入信号为零时电路的工作状态。这时,电路的直流电流I_{BQ}、I_{CQ}和直流电压U_{CEQ},称为静态工作点,简称Q点。

对一个放大电路的基本要求是,一是能够放大,二是不失真。而由晶体管的基本特性可知,只有当输入信号电压超过死区电压时,晶体管才能导通,若输入信号电压u_i是正弦波,那么在输入信号电压正半周小于死区电压的区间以及信号电压的整个负半周,晶体管都会处于截止状态,使得输出的信号不完整,即出现严重失真,如图2-3所示。若输出严重失真,放大就毫无意义了。那么,如何解决失真问题呢?如果使晶体管在静态时就工作在放大导通状态,并且有一个合适的基极偏压U_{BEQ},保证输入信号u_i叠加在直流信号上,始终越过死区电压,那么就可以完整不失真地得到放大信号。因此,静态工作点的选取必须合适,过大将出现饱和失真,过小将出现截止失真,如图2-4所示。在实际电路中可以由直流电源U_{CC}通过基极偏置电阻R_B给晶体管提供一个直流电压U_{BEQ},改变基极偏置电阻的大小可以改变U_{BEQ}的大小,从而改变基极电流I_{BQ}、集电极电流I_{CQ}和集电极电压U_{CEQ}的大小。

2. 动态工作情况

当放大电路输入交流信号(即$u_i \neq 0$)时称为动态。放大电路中的电压、电流波形如图2-5所示。晶体管基极与发

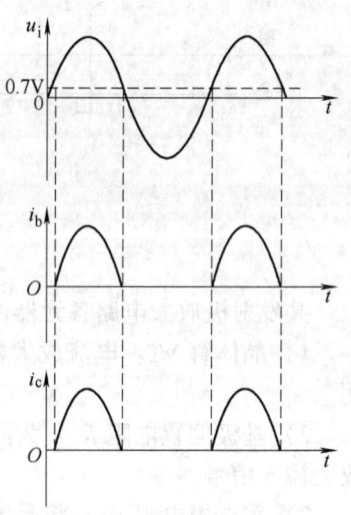

图2-3 未设静态工作点时的失真波形

射极之间的输入电压 $u_{BE} = U_{BEQ} + u_i$，基极电流 $i_B = I_{BQ} + i_b$，集电极电流 $i_C = I_{CQ} + i_c$，i_b 和 i_c 为交流分量。

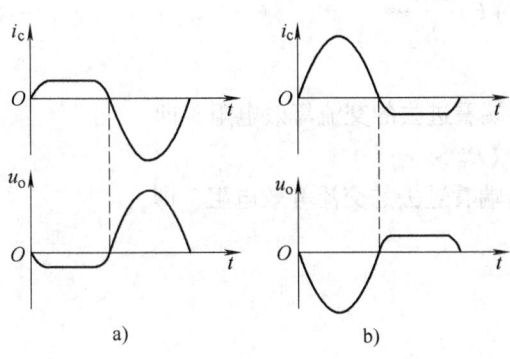

图 2-4 饱和失真与截止失真的电压波形
　　a）饱和失真　b）截止失真

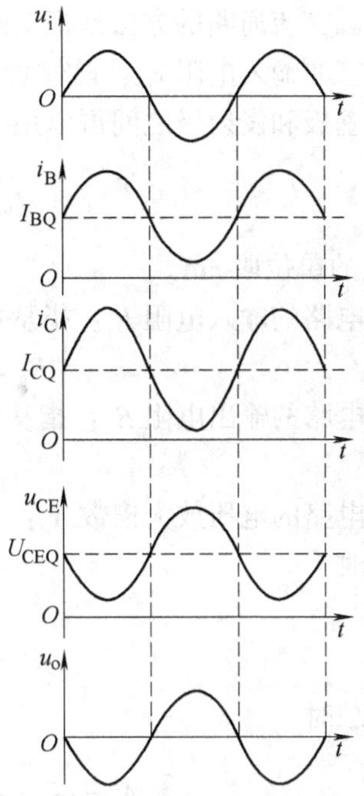

图 2-5 放大电路的电压、电流波形

集电极与发射极之间的电压 $u_{CE} = U_{CC} - i_C R_C = U_{CEQ} - i_c R_C$。

经过耦合电容后，直流分量被隔断，放大电路只输出交流电压，即 $u_o = -i_c R_C$。

由图 2-5 所示波形可以得出如下结论：在共发射极放大电路中，i_b、i_c 与 u_i 同频率、同相位，u_o 与 u_i 同频率但相位相反（相差 180°）。

3. 放大电路的近似计算

放大电路中总是同时存在直流分量和交流分量，而由于放大电路中通常都存在电抗元件，所以直流分量和交流分量的通路是不一样的。为分析方便，常将两种不同分量作用的通路分开讨论。利用公式对放大电路的相关参数进行近似计算，可以帮助分析和调整电路。

（1）静态工作点的计算　由于静态只研究直流，为分析方便，可根据直流通路（即直流信号流通的路径）进行分析。画直流通路的方法是把电路中的电容看成开路，电感看成短路，如图 2-2b 所示。由图可知：

基极电流为

$$I_{BQ} = \frac{U_{CC} - U_{BEQ}}{R_B}$$

集电极电流为

$$I_{CQ} = \beta I_{BQ}$$

集电极、发射极管压降为

$$U_{CEQ} = U_{CC} - I_{CQ} R_C$$

(2) 输入电阻、输出电阻及电压放大倍数的计算 由于输入、输出电阻及电压放大倍数反映的是交流分量的关系，为分析方便，可根据交流通路（即交流信号流通的路径）进行分析。画交流通路的方法是把电路中的电容看成短路，直流电源短路，如图 2-2c 所示。

晶体管的输入电阻 r_{be}：晶体管在微小的输入信号下工作，放大电路可等效为线性电路，晶体管的基极和发射极之间可以用一个电阻来等效，工程中常常估算其值，公式为

$$r_{be} = 300\Omega + (1+\beta)\frac{26\text{mV}}{I_{EQ}}$$

式中，I_{EQ} 的单位取 mA。

放大电路的输入电阻 R_i：指从放大电路输入端看进去的交流等效电阻，即

$$R_i = R_B // r_{be} \approx r_{be} \quad (R_B \gg r_{be})$$

放大电路的输出电阻 R_o：指从放大电路输出端看进去的交流等效电阻，即

$$R_o \approx R_C$$

放大电路的电压放大倍数 A_u：

空载时

$$A_u = \frac{u_o}{u_i} = \frac{-i_C R_C}{i_B r_{be}} = -\beta \frac{R_C}{r_{be}}$$

带负载时

$$A_u = \frac{u_o}{u_i} = \frac{-i_C R_L'}{i_B r_{be}} = -\beta \frac{R_L'}{r_{be}} \quad (R_L' = R_C // R_L)$$

四、分压式射极偏置电路

半导体材料对光、热、电场非常敏感，工作环境温度变化、元器件老化、电源电压波动等都会影响晶体管的工作状态，容易造成静态工作点发生偏移，使电路工作不稳定，甚至无法正常工作。因此，放大电路不仅要有合适的静态工作点，还必须在电路结构上采取措施来稳定静态工作点，分压式射极偏置电路就是最常见的一种电路，如图 2-6a 所示。

1. 工作原理

(1) 利用上偏置电阻 R_{B1} 和下偏置电阻 R_{B2} 组成分压器，向基极提供稳定的静态电位 U_{BQ} 由图 2-6b 可知，合理选择 R_{B1}、R_{B2} 的阻值，使 $I_1 \approx I_2 \gg I_{BQ}$，即可忽略 I_{BQ} 对 I_1 的分流，则晶体管基极直流电压由电阻 R_{B1} 和 R_{B2} 分压确定，即

$$U_{BQ} \approx \frac{R_{B2}}{R_{B1}+R_{B2}} U_{CC}$$

可见，U_{BQ} 是一个与晶体管参数无关的量，不随温度变化而变化。

一般取 $I_1 = (5 \sim 10) I_{BQ}$，$U_{BQ} = 3 \sim 5\text{V}$。

(2) 利用发射极电阻 R_E 自调整与稳定静态电流 I_{EQ} 引入电阻 R_E 的目的是产生一个正比于 I_{EQ} 的静态发射极电压 U_{EQ}，并由它调控 U_{BEQ}。只要 $U_{BQ} \gg U_{BEQ}$，则

$$I_{CQ} \approx I_{EQ} = \frac{U_{EQ}}{R_E} = \frac{U_{BQ} - U_{BEQ}}{R_E} \approx \frac{U_{BQ}}{R_E}$$

可见，I_{CQ} 也是与晶体管参数无关的量，不受温度影响。

从物理过程上看，当温度升高时，引起晶体管的 I_{CQ} 增加，I_{EQ} 和 U_{EQ} 随之增大，由于 U_{BQ} 基本不变，由 $U_{BEQ} = U_{BQ} - U_{EQ}$ 可知，U_{BEQ} 将减小，I_{BQ} 随之减小，I_{CQ} 也减小。结果，I_{CQ} 随温

度升高而增大的部分几乎被由于 I_{BQ} 减小而减小的部分抵消，使 I_{CQ} 基本恒定。稳压流程可以表示为

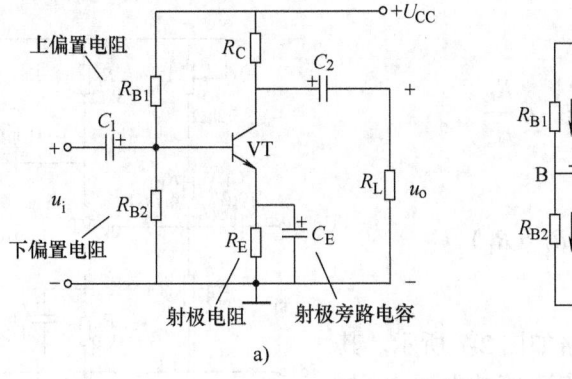

与发射极电阻 R_E 并联的电容 C_E 是旁路电容，它为交流信号提供通路，以消除接入发射极电阻 R_E 对交流信号放大能力的衰减。

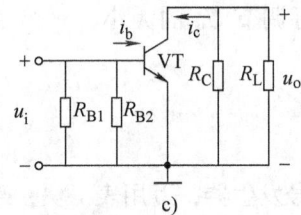

图 2-6 分压式射极偏置电路
a) 电路结构　b) 直流通路　c) 交流通路

2. 静态工作点的估算

基极偏置电压为

$$U_{BQ} \approx \frac{R_{B2}}{R_{B1}+R_{B2}} U_{CC}$$

集电极电流为

$$I_{CQ} \approx I_{EQ} = \frac{U_{BQ}-U_{BEQ}}{R_E} \approx \frac{U_{BQ}}{R_E}$$

基极电流为

$$I_{BQ} = \frac{I_{CQ}}{\beta}$$

集电极—发射极管压降为

$$U_{CEQ} \approx U_{CC} - I_{CQ}(R_C + R_E)$$

3. 输入电阻、输出电阻及电压放大倍数的计算

图 2-6c 为分压式射极偏置电路的交流通路,该交流通路与共发射极基本放大电路的交流通路相似,其中 $R_B = R_{B1} // R_{B2}$。所以,输入电阻 R_i、输出电阻 R_o 和电压放大倍数 A_u 的估算公式相同。

输入电阻 R_i:

$$R_i = R_B // r_{be} \approx r_{be} \quad (R_B \gg r_{be})$$

输出电阻 R_o:

$$R_o \approx R_C$$

电压放大倍数 A_u:

空载时

$$A_u = \frac{u_o}{u_i} = \frac{-i_c R_C}{i_b r_{be}} = -\beta \frac{R_C}{r_{be}}$$

带负载时

$$A_u = -\beta \frac{R_L'}{r_{be}} \quad (R_L' = R_C // R_L)$$

五、实验电路

分压式射极偏置实验电路如图 2-7 所示。其基极电位 U_B 由 R_{B1} 和 RP 的串联等效电阻 R_B 与 R_{B2} 分压决定,通过调节 RP,可调节 U_B 的大小,即可调节静态工作点。

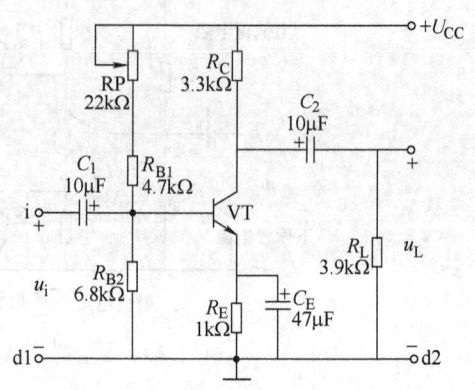

图 2-7 分压式射极偏置实验电路

任务准备

1. 直流稳压电源、函数信号发生器,万用表 1 块,毫伏表 1 台,示波器 1 台。
2. 分压式射极偏置实验电路的元器件明细表见表 2-2。

表 2-2 分压式射极偏置实验电路的元器件明细表

序号	名 称	规格	数量
1	晶体管 VT	3DG6	1
2	碳膜电阻器 R_{B1}	4.7kΩ	1
3	碳膜电阻器 R_{B2}	6.8kΩ	1
4	碳膜电阻器 R_E	1kΩ	1
5	碳膜电阻器 R_C	3.3kΩ	1
6	碳膜电阻器 R_L	3.9kΩ	1
7	微调电位器 RP	22kΩ	1
8	电解电容器 C_1、C_2	10μF/10V	2
9	电解电容器 C_E	47μF/10V	1

任务实施

一、电路装接与调试

1. 元器件检测

（1）电阻器 用万用表相应挡位测量选用的电阻，确认阻值的大小，分类固定存放，以方便使用。

（2）电位器 用万用表测量其标称值，并检测其质量的好坏。

（3）电容器 确认电解电容器的极性。测量电容器时，要选择合适的挡位，本电路中的电容器为10μF和47μF，可用$R \times 1k$挡，观察其充放电现象、指针摆动情况以及电容器是否漏电或性能变差。

（4）晶体管 识别其类型与引脚的排列，并用万用表检测其质量的好坏。

> **小知识** 正确检测电路使用的元器件，查清和确认参数并做好标记，分类存放，即使是新的元器件，也要经过相应的仪表检测后才可使用。因为如果安装完以后才发现元器件损坏，将会带来很多麻烦。在元器件检测中也应当特别注意各种仪器、工具、材料和器件的摆放应有序，场地要整洁干净。进行电子产品装接和检测工作时，养成良好的习惯将会减少许多麻烦。

（1）电阻的测量 用万用表相应挡位，测量选用的电阻，确认电阻的大小，要注意电阻的材质、类型和功率。

（2）电位器的测量 首先要看转轴转动是否平滑、开关是否灵活（带开关电位器）；选择万用表相应挡位，测量电位器阻值是否为标称阻值；当转动旋转轴时，万用表指针应当平滑增大或减小，若出现指针断续或跳动现象，说明该电位器存在活动触点接触不良和阻值变化不均匀等问题。

（3）电容器的测量 要选择合适的电阻挡位，1μF以下的电容器用$R \times 10k$挡，几十微法的电容器用$R \times 1k$挡，几百微法的电容用$R \times 100$挡。观察其充放电现象，电容器两引脚分别接万用表红、黑表笔，在刚接触的瞬间，万用表指针即向右偏转较大幅度，然后逐渐向左回转，直到停在某一位置。指针摆动小，说明容量小或容量退化，如果指针不能回到电阻无穷大位置，则说明电容器漏电或性能变差，不能再使用。对于皮法级的小电容器，用万用表只能测量其通断状态和是否有漏电，观察不到充放电现象及容量大小。精确测量电容器的大小应当使用电容测量仪。

电解电容器有正负之分，使用前应先正确识别其正负极性。一般长引脚为正极，短引脚为负极。另外，从外壳上也可判断，标有"－"号的一端为负极，另一端为正极。测量时，万用表黑表笔接电解电容器正极，红表笔接负极。

2. 电路装接

按图2-7所示分压式射极偏置实验电路装接，装接完成后的电路如图2-1所示。

3. 电路调试

电路装接完毕，自检无误后，接入电源进行电路调试。

1）调节直流稳压电源的输出电压为5V，将该电压作为电路电源U_{CC}，并连到装接好的放大电路上。用红导线连接正极到放大电路的U_{CC}，用黑导线连接负极到放大电路的d2点。

2）调节低频信号发生器，使频率为1kHz，电压为10mV，将该信号作为放大器的输入信号，用红导线连接正极到放大电路的i点，用黑导线连接负极到放大电路的d1点。

3）将双踪示波器Y轴输入电缆分别与放大电路的输入、输出端连接，调整相应开关，使输入、输出波形稳定显示（1~3个周期）。

4）最佳静态工作点的调整。缓慢增大放大电路的输入电压 u_i，观察放大电路的输出电压 u_o 在示波器上的波形，当波形出现失真时，调整电位器 RP 使波形恢复正常。然后再增大 u_i，重复上述步骤，直到正、负峰值都出现轻微失真为止，这时放大器的工作点即为最佳工作点。缓慢减小 u_i，使正、负峰值出现的轻微失真刚好消失，这时的输出电压 u_o 即为该放大器的最大不失真输出电压。

二、电路检修

（1）无信号输出故障

1）首先排除信号源、示波器、探头与连接线的故障。

2）测量放大电路直流供电电压，若不正常，则检查直流供电电源或连线。

3）测量晶体管 VT 各电极的工作点电压，由测量到的电压值来判断故障部位。

（2）输出信号产生非线性失真故障　测量晶体管 VT 各电极的工作点电压，判断晶体管是否工作在放大区，一般可通过调整偏置电阻的阻值或更换晶体管来解决；利用示波器观察放大器的输出波形来判断波形失真原因，主要检查电容器是否漏电等。

三、电路测试

1. 观察输出电压波形，测量电压放大倍数 A_u

最佳静态工作点调整完毕，用毫伏表测量此时的输入电压 U_i 和输出电压 U_o；用示波器观察输出电压与输入电压的峰-峰值，输入、输出电压波形的频率、相位及幅度关系，将数据填入表2-3 中。

表 2-3　输入、输出电压的波形及数据

	输入电压	输出电压	放大倍数 A_u
电压波形			空载时
			接入负载时
电压有效值			
峰-峰值			

通过测试，可发现分压式射极偏置放大电路输入电压与输出电压频率相同、相位相反，带负载时的电压放大倍数比空载时的电压放大倍数小。因为其放大倍数的计算公式为 $A_u = -\beta \dfrac{R_L'}{r_{be}}$，其中 $R_L' = R_C // R_L$，当接入负载 R_L 以后，R_L' 变小，因此带负载时的电压放大倍数要比空载时小。

2. 静态工作点的测量

断开信号发生器，并将电路输入端用短路元件连接。用万用表测量晶体管各极电位 U_{EQ}、U_{BQ} 及 U_{CQ}，并计算出 $I_{CQ}\left(I_{CQ} \approx \dfrac{U_{EQ}}{R_{EQ}}\right)$，填入表 2-4 中。

表 2-4 放大电路的静态工作点

U_{EQ}/V	U_{BQ}/V	U_{CQ}/V	I_{CQ}/mA

通过测试，可以发现当 NPN 型晶体管处于放大工作状态时，其基极电位 U_{BQ} 高于发射极电位 U_{EQ}，而集电极电位 U_{CQ} 又高于基极电位 U_{BQ}，即有 $U_{CQ} > U_{BQ} > U_{EQ}$。此时，相当于给发射结加上正向偏置电压，集电结加反向电压，满足了 NPN 型晶体管处于放大工作状态时的外部条件。一般是通过调整基极偏置电阻来实现。

3. 观察基极偏置电阻对放大电路输出电压波形的影响

再次接入输入信号，调节电位器 RP，用示波器观察基极上偏置电阻过大或过小时导致电压波形失真的情况，并在表 2-5 中记录下波形的变化情况。

表 2-5 放大电路输出电压的波形

	不失真	截止失真（RP 过大）	饱和失真（RP 过小）
输出电压波形			

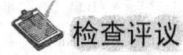
检查评议

评分标准见表 2-6。

表 2-6 评分标准

考核项目	考核要求	评分标准	配分	扣分	得分
电路装接	在规定时间内独立完成电路装接，电路接线正确，布局合理	1. 电路装接后与电路原理图一致，一处不符合扣 10 分 2. 元器件布置不合理，接线关系不清晰，一处扣 5 分 3. 规定时间内未完成电路扣 10 分	40		
仪器仪表使用测试	正确使用仪器仪表	1. 仪器仪表使用不正确，每次扣 5 分 2. 仪器仪表损坏，扣 20 分 3. 测量数据错误，误差过大，一处扣 5 分	50		
安全文明实验	遵守实验室管理要求，保持实验环境整洁	1. 发生安全事故扣总分 10 分 2. 违反管理要求视情况扣 5~10 分	10		
合计			100		
时间		90min			

注意事项

1. 在开始使用直流电源和信号源时，要将输出电压调至最低，待接好线后，逐步将电压调至规定值。

2. 示波器探头的接地端与示波器机壳及插头的接地端是相通的，因此示波器的插座应经隔离变压器供电,否则应将示波器插头的接地端除去。

3. 要掌握示波器频率、幅值显示的数值与各种调节开关和旋钮的关系,以保证实验过程中顺利测试与分析。

知识拓展

波形失真与静态工作点的关系

放大电路的静态工作点设置得是否合适,是放大电路能否正常工作的重要条件。实验中调整静态工作点,可以观察到示波器上输出信号主要有两种失真波形:输出信号波形负半周被部分削平,这一现象叫"饱和失真";输出信号的正半周被部分削平,这一现象叫"截止失真"。

一、产生失真的原因

1. 饱和失真

产生饱和失真的原因是因为静态工作点偏高。如图 2-8 所示 Q' 点,当 $I'_{BQ}(I'_{CQ})$ 偏高时,输入信号有一部分进入晶体管的饱和工作区,集电极电流 i_c 进入饱和区的部分被削平,使输出信号 u_o 的负半周被削平($u'_o = U_{CC} - I'_C R_C$)。

2. 截止失真

产生截止失真的原因是因为静态工作点偏低。如图 2-8 所示 Q'' 点,当 $I''_{BQ}(I''_{CQ})$ 偏低时,输入信号有一部分进入晶体管的截止工作区,即集电极电流 i_c 进入截止区的部分被削平,使输出信号 u_o 的正半周被削平($u''_o = U_{CC} - I''_C R_C$)。

二、消除失真的方法

1)消除饱和失真的方法是增大 R_B,以减小 I_{BQ},使静态工作点适当下移。

2)消除截止失真的方法是减小 R_B,以增大 I_{BQ},使静态工作点适当上移。

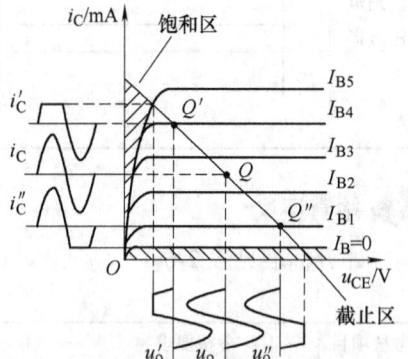

图 2-8 波形失真与静态工作点的关系

为使输出信号电压最大且不失真,必须使静态工作点在晶体管线性区域内变化,要使静态工作点有较大的动态范围,通常将静态工作点设置在晶体管输出特性曲线的中间附近,如图 2-8 所示 Q 点。

任务2 小功率晶体管音频放大电路的制作与检修

学习目标

知识目标:
1. 了解多级放大器的4种耦合方式。
2. 了解负反馈电路的知识。
3. 掌握射极输出器的结构、反馈类型及用途。

技能目标：
1. 掌握电子元器件焊接的基本工艺。
2. 掌握多级放大电路的制作与检修方法。

素质目标：
养成学生独立思考和动手操作的习惯，培养学生团结协作的精神。

 工作任务

生活中很多电子设备都有一个共同的组成部分，即音频输出。通过晶体管构成的音频放大器，将输入的音频信号放大。低失真、高效率是对音频放大器的要求。根据应用的不同，音频放大器的功率大小差异很大，从耳机的毫瓦级到家用和商用音响系统的数百瓦以上。本任务主要是制作与检修小功率晶体管音频放大电路。小功率晶体管音频放大电路的装配图如图 2-9 所示。

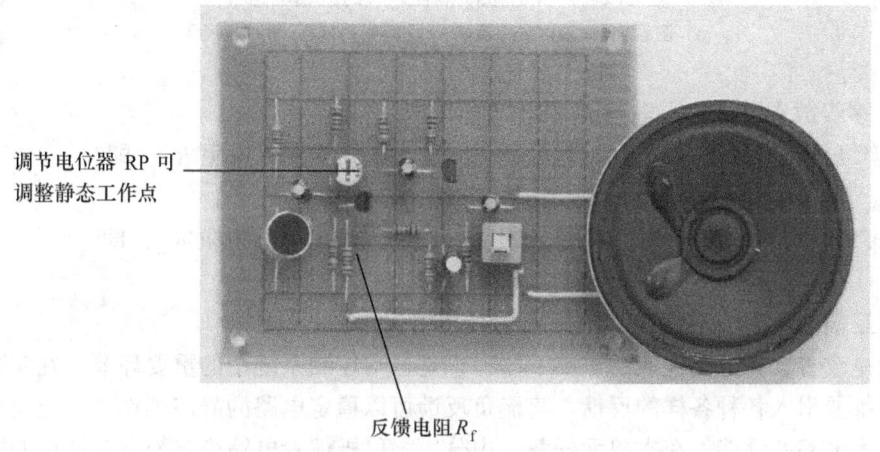

图 2-9 小功率晶体管音频放大电路的装配图

相关理论

一、多级放大器

在实际应用中，常常需要把一个微弱的电信号放大几千倍或几万倍甚至更大，这仅靠单管放大电路是不够的，通常需要把若干个单管放大电路连接起来，将信号逐级放大，这就形成了多级放大器。其中，每个单管放大电路为多级放大器中的一级。

1. 级间耦合方式

各级放大电路之间的连接方式叫做"耦合"。耦合元器件用于连接两个单级放大器，其主要作用是将前级放大器输出信号无损耗地传输到后级放大器中。根据作用于放大器信号的频率和放大器制作要求的不同，可选择阻容耦合、变压器耦合、直接耦合和光耦合 4 种。各种耦合应用电路如图 2-10 所示。

2. 多级放大器的近似估算

（1）多级放大器的电压放大倍数

$$A_u = A_{u1} A_{u2} \cdots A_{un}$$

式中，A_{u1}、A_{u2}和A_{un}分别为第 1 级电压放大倍数、第 2 级电压放大倍数和第 n 级电压放大倍数。

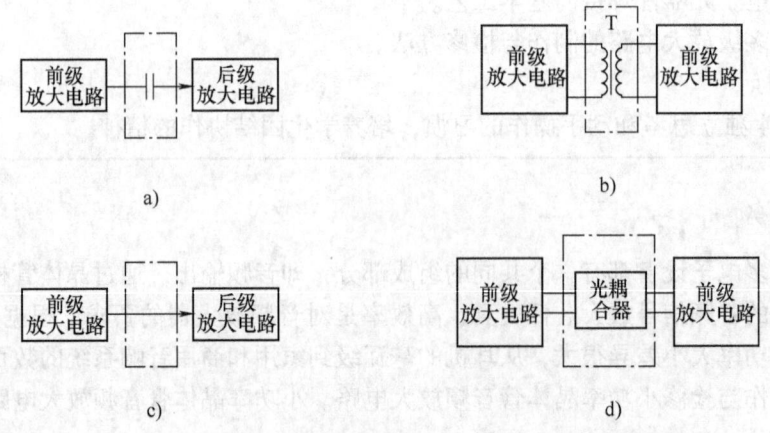

图 2-10　4 种级间耦合方式的应用电路
a）阻容耦合　b）变压器耦合　c）直接耦合　d）光耦合

（2）多级放大器的输入电阻R_i和输出电阻R_o

1）多级放大器的输入电阻R_i就是第一级放大电路的输入电阻R_{i1}，即

$$R_i = R_{i1}$$

2）多级放大器的输出电阻R_o等于最后一级放大器的输出电阻R_{on}，即

$$R_o = R_{on}$$

二、反馈的应用

反馈是改善放大电路性能的重要手段，也是自动控制系统中的重要环节，在实际应用电路中几乎都要引入各种各样的反馈。直流负反馈可以稳定电路的静态工作点，交流负反馈可以改善放大电路的性能。在本单元任务 1 中分压式射极偏置电路稳定静态工作点的措施就是为电路引入直流负反馈，如图 2-6 所示，大大提高了电路的稳定性。

1. 反馈的定义

放大器中的反馈是指把放大器输出信号（电压或电流）的一部分或全部，通过一定的电路，按照某种方式送回到输入端，并与输入信号（电压或电流）叠加，从而改变放大器性能的一种方法。引入反馈后的放大电路称为反馈放大电路，它由基本放大电路和反馈网络两部分组成，其结构框图如图 2-11 所示。图中，"⊗"表示比较环节，输入信号与反馈信号在此叠加成基本放大电路的净输入量（i_B 或 u_{BE}），加到基本放大电路的输入端，而反馈信号则由基本放大电路的输出端取出，经过反馈网络返回至输入端。为了把放大器的输出信号送回输入端，通常使用电阻、电容、电感等组成反馈网络。

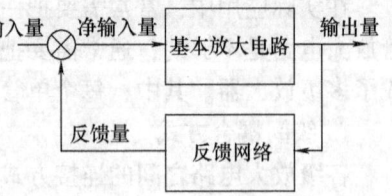

图 2-11　反馈放大电路的结构框图

反馈元件联系着放大电路的输出与输入，因此能否从电路中找到反馈元件就是判断电路有无反馈的依据。

2. 反馈的种类和判断方法

根据分析的角度不同,反馈可分为多种类型:按反馈信号对输入信号的作用不同,可分为正反馈和负反馈;按反馈从输出端取得信号的方式不同,可分为电压反馈和电流反馈;按反馈在输入端的连接方式不同,可分为串联反馈和并联反馈;按经过反馈网络的反馈信号不同,可分为直流反馈和交流反馈。

(1) 正反馈和负反馈 反馈信号与输入信号叠加后,使净输入信号增强的反馈是正反馈,使净输入信号削弱的反馈是负反馈。在放大电路中引入负反馈可改善放大器各方面的性能,正反馈则主要应用在振荡电路中。

正反馈和负反馈的判断通常采用瞬时极性法,具体方法如下:

1) 假设输入信号电压的瞬时极性对地为"+"。

2) 根据放大电路各电极的相位关系,逐级标出各相关点的电压瞬时极性,反馈信号的极性即为输出信号的极性。

3) 将反馈信号的极性与输入信号的极性进行比较,使净输入信号增强的为正反馈,反之为负反馈。

在图 2-12 所示电路中,用瞬时极性法可以判别电路中有两个负反馈回路。

(2) 电压反馈和电流反馈 根据反馈从输出端取得信号的方式不同,可分为电压反馈和电流反馈,如图 2-13 所示。若反馈信号取自放大电路输出负载两端的电压 u_o,称为电压反馈。若反馈信号取自放大电路输出电流 i_o,称为电流反馈。电压负反馈具有稳定输出电压的作用,电流负反馈具有稳定输出电流的作用。

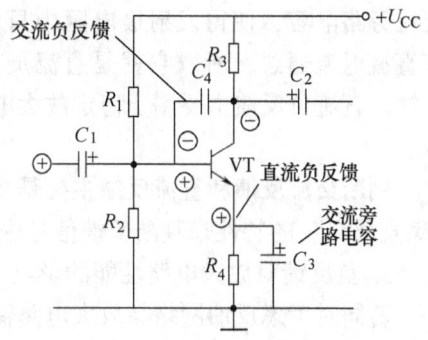

图 2-12 反馈极性的判别

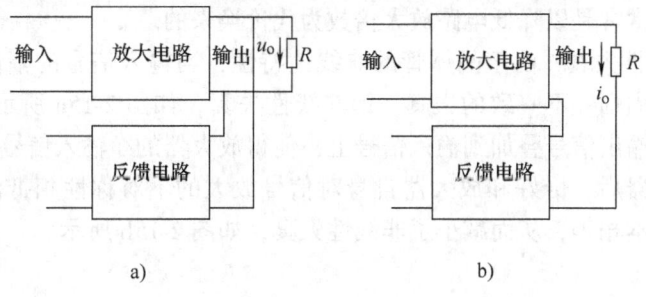

a)   b)

图 2-13 反馈信号在输出端的采样方式
a) 电压反馈 b) 电流反馈

电压反馈和电流反馈的判断方法是看反馈电路在输出回路的连接方法,若反馈电路接在电压输出端为电压反馈,不接在电压输出端为电流反馈。

(3) 串联反馈和并联反馈 根据反馈在输入端连接方式不同,可分为串联反馈和并联反馈,如图 2-14 所示。若反馈电路与信号源相串联的是串联反馈。串联反馈中的反馈信号以电压形式作用于输入信号。若反馈电路与信号源相并联的是并联反馈。并联反馈中的反馈信号以电流形式作用于输入信号。

串联反馈和并联反馈可以从反馈网络在输入端的连接方式来判别,若输入信号与反馈信号在输入回路中的不同端接入,为串联反馈;若两者在同一端接入则为并联反馈。图2-14为反馈信号与输入端的两种连接方式。

(4) 交流反馈和直流反馈 放大电路中通常存在交、直流两种信号,若反馈信号中只有直流成分,则称为直流反馈。若反馈信号中只有交流成分,则称为交流反馈。若反馈信号中既有直流成分,又有交流成分,则称为交直流反馈。在分压式射极偏置放大电路中,因为发射极电阻两端接有交流旁路电容,使得发射极电阻中只有直流电流通过,所以它就是直流负反馈。直流负反馈主要用于稳定放大电路的静态工作点。交流负反馈可以改善放大电路的性能。

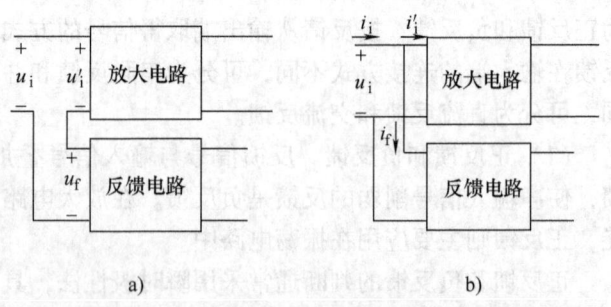

图2-14 反馈信号在输入端的连接方式
a) 串联反馈 b) 并联反馈

判断交流反馈和直流反馈主要是看反馈电路中是否存在电容,若有电容,则可根据电容"隔直通交"的特性来判断反馈信号中交直流分量从输出端到输入端的流通情况。

3. 负反馈对放大电路性能的影响

若同时考虑反馈网络与放大电路输出端和输入端的连接方式,交流负反馈可以分为电压串联负反馈、电压并联负反馈、电流串联负反馈、电流并联负反馈4种组态。放大电路中引入交流负反馈后,其性能会得到多方面的改善。

(1) 放大倍数的稳定性提高 温度变化、负载变化、更换晶体管等都会引起电压放大倍数A_u的变化,使电路工作状态不稳定。如果引入负反馈,则能减少这种变化。应当指出,放大倍数的稳定性常常是以降低电路放大倍数为代价换来的。

(2) 减小非线性失真 由于晶体管的非线性特性,当输入信号的幅值较大时,输出信号会出现正、负半周幅度不一致的失真,即非线性失真,如图2-15a所示。引入负反馈后,反馈网络将失真的输出信号叠加到输入信号上,使得放大器的净输入信号预失真。这种不对称的信号加到放大器后,恰好和放大器自身对信号放大的不对称性相抵消,使输出信号的正、负半周幅度基本相等,从而减小了非线性失真,如图2-15b所示。

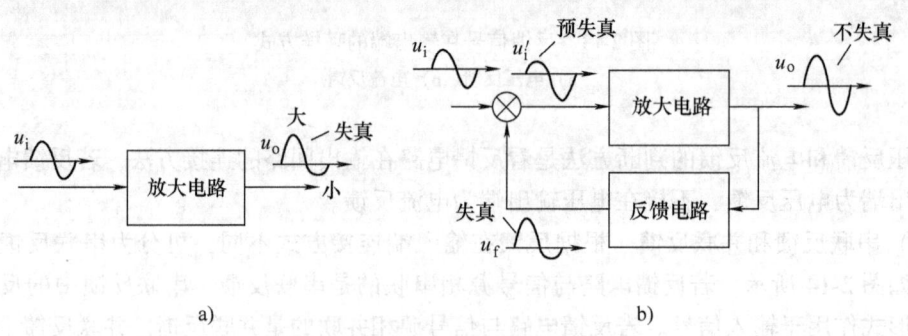

图2-15 负反馈减小非线性失真
a) 非线性失真 b) 减小非线性失真

应当注意的是,引入负反馈只能改善放大电路所引起的非线性失真,不能消除输入信号本身原有的失真。

(3) 影响输入、输出电阻　负反馈对放大器输入、输出电阻的影响,与反馈电路在输入端和输出端的连接方式有关。串联负反馈使输入电阻增大,并联负反馈使输入电阻减小;电压负反馈使输出电阻减小,电流负反馈使输出电阻增大。

此外,在放大电路引入负反馈后,还能提高电路的抗干扰能力、展宽频带宽度等。

三、射极输出器

1. 电路组成

射极输出器如图 2-16 所示。由于输出信号是从发射极取出的,故称该电路为"射极输出器"。发射极电阻 R_E 是联系输出和输入的公共支路,是反馈元件;它在输出回路的电压输出端,称为电压反馈;在输入回路接着晶体管 VT 的发射极,与基极输入信号接在不同端,又称为串联反馈;利用瞬时极性法判断为负反馈。各电位瞬时极性标注如图 2-16 所示。因此,R_E 为电路引入了"电压串联负反馈"。

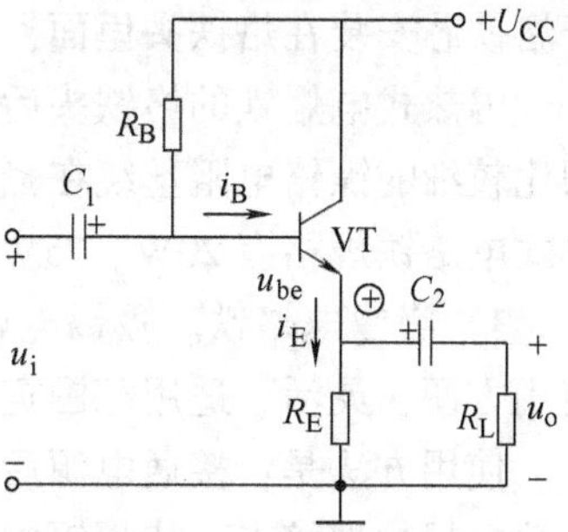

2. 射极输出器的特点

1) 从输入回路可得,输入电压与输出电压的关系为

$$u_i = u_{be} + u_o \approx u_o$$

故

$$u_o = u_i - u_{be} \approx u_i$$

由上式可知,射极输出器的输出电压总是略小于输入电压。这说明射极输出器的电压放大倍数近似为 1(略小于 1),即它没有电压放大作用,但仍具有电流放大作用。

2) 根据晶体管各电极的相位关系,可知输出电压与输入电压相位相同。

3) R_E 为电路引入的电压串联负反馈影响了输入、输出电阻。射极输出器的输入电阻很大,输出电阻很小。

图 2-16　射极输出器

四、应用电路

小功率晶体管音频放大电路如图 2-17 所示。它是一个两级放大电路,由分压式射极偏置放大电路和射极输出器组成。电路中引入了负反馈,其中,VT_1 的发射极电阻 R_5、R_8 引入直流电流串联负反馈,起到稳定第一级静态工作点的作用;VT_1 的发射极电阻 R_5 引入交流电流串联负反馈,提高输入电阻;电阻 R_f 将第二级放大的输出信号反馈到第一级的输入回路,为级间交流电压并联负反馈,改善了放大电路的性能。

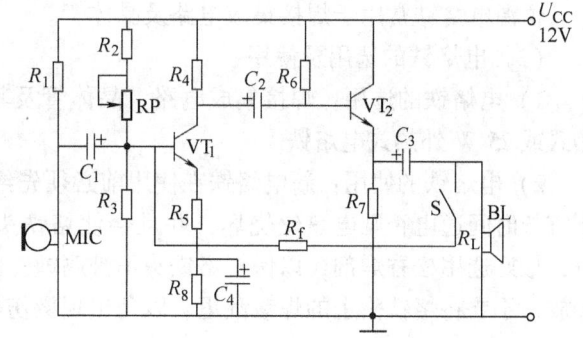

图 2-17　小功率晶体管音频放大电路

五、焊接的基本操作工艺

随着现代科技的调整发展和电子产业的需求,焊接方法已从传统的手工焊接逐步向智能化的自动焊机转变,焊接质量、工作效率都得到了很大的提高,大大减轻了操作工人的劳动强度。尽管如此,手工焊接技术在小批量生产、研制开发产品及维修过程中仍然发挥着自动

焊机不可替代的重要作用。

1. 焊接工具

（1）电烙铁的种类　电烙铁分外热式电烙铁、内热式电烙铁、吸锡电烙铁和恒温电烙铁。

1）外热式电烙铁。外热式电烙铁由烙铁头、烙铁芯、木柄、电源引线和插头等部分组成。烙铁头安装在烙铁芯里面，所以称为外热式电烙铁。

常用的外热式电烙铁的烙铁头是用纯铜制成的。烙铁芯是将电热丝平行地绕制在一根空心瓷管上，中间用云母片绝缘而成的，并引出两根导线与电源相接。常用的外热式电烙铁规格有25W、45W、75W和100W。不同功率的电烙铁，其烙铁芯的阻值不同。

2）内热式电烙铁。内热式电烙铁由手柄、连接杆、弹簧夹、烙铁芯和烙铁头组成。由于烙铁芯安装在烙铁头里面，因而发热快，热利用率高。

内热式电烙铁的烙铁头后端是空心的，套接在连接杆上，并用弹簧夹固定。其烙铁芯是用比较细的镍铬电阻丝绕在瓷管上制成的。不同功率的电烙铁，其阻值是不同的。常用的内热式电烙铁规格有20W、25W、50W等。

3）吸锡电烙铁。吸锡电烙铁是将活塞式吸锡器与电烙铁融为一体的拆焊工具。它具有使用方便、灵活、适用范围宽等特点，但不足之处是每次只能对一个焊接点进行拆焊。

使用方法是：接通电源后，先预热3~5min，然后将活塞柄推下并卡住，把吸头前端对准欲拆焊的焊接点，待焊锡熔化后按下按钮，活塞自动上升，焊锡即被吸进气筒内。每次使用完毕，推动活塞3~4次，以清除吸管内残留的焊锡，使吸头与吸管畅通，便于下次使用。

4）恒温电烙铁。恒温电烙铁的烙铁头内装有带磁铁的温度控制器，通过控制通电时间而实现温度控制。电烙铁通电时，温度上升，当达到预定温度时，强磁体传感器磁性消失，使磁心触点断开，电烙铁断电；当温度下降至低于某一值（强磁体传感器的居里点）时，强磁体便恢复磁性，并吸动磁心开关中的永久磁铁，使控制开关的触点接通，电烙铁接通电源。如此循环往复，便能达到恒温目的。

恒温电烙铁常用于焊接集成电路及晶体管。

（2）电烙铁的选用及使用

1）电烙铁的选用：焊接集成电路、晶体管及其他受热易损元器件时，应选用20W内热式或25W外热式电烙铁。

2）电烙铁的使用：新电烙铁在使用前必须先给电烙铁镀上一层焊锡；电烙铁不使用时不宜长时间通电否则电热丝烧坏，并且会使烙铁头被烧死而不能"吃锡"；电烙铁在焊接时，最好选用松香焊剂，以保护烙铁头不被腐蚀；电烙铁不用时应放在烙铁架上，且要轻拿轻放，不要将烙铁头上的焊锡乱甩，以免出现烫伤事故。

2. 钎料与焊剂

（1）钎料　钎料是指易熔的金属及其合金，其作用是将被焊物连接在一起。

钎料按组成可分为锡铅钎料、银钎料、负钎料；按熔点可分为硬钎料（熔点在450℃以上）和软钎料（熔点在450℃以下）。

在电子产品装配中，一般选用锡铅系列钎料，即焊锡，其规格有4mm、3mm、2mm和1.5mm等。

（2）焊剂　在焊接时，为了能使被焊件与钎料焊接牢靠，就必须去除焊件表面的氧化物及杂质，常用的方法有机械方法和化学方法。机械方法是用带砂纸的小刀将氧化层去掉；化学方法是借助于焊剂清除。焊剂还能起阻止焊件在加热过程中被氧化以及加速加热过程的作用。

电子产品焊接中常用的焊剂有松香和松香酒精。松香酒精焊剂是用无水乙醇溶解纯松香配制而成，其优点是没有腐蚀性，具有高绝缘性能和长期的稳定性及耐湿性。焊接后松香焊剂容易清洗，并形成覆盖焊接点的膜层，使焊接点不被氧化腐蚀。

3. 其他工具

1) 尖嘴钳：适用于夹持小型金属零件或弯曲元器件的引线及剥导线的绝缘层，不宜用于敲打物体或夹持螺母。

2) 斜口钳：用于焊后剪导线或管件的线头，也可以用于剥导线的绝缘层。

3) 镊子：用于夹持较细的导线或小元器件，也用于弯曲元器件引线和夹持元器件焊接。

4. 焊接的基本条件

1) 保持清洁的焊接表面。

2) 选择合适的焊锡和助焊剂。

3) 焊接时要有一定的焊接温度。

4) 焊接的时间要适当。

5. 焊接前的准备

(1) 元器件整形　电子元器件在印制电路板上的安装方式有立式和卧式两种。加工时不能将引脚齐根弯折，以免损坏元器件。常见的元器件引脚成形尺寸如图 2-18 所示。

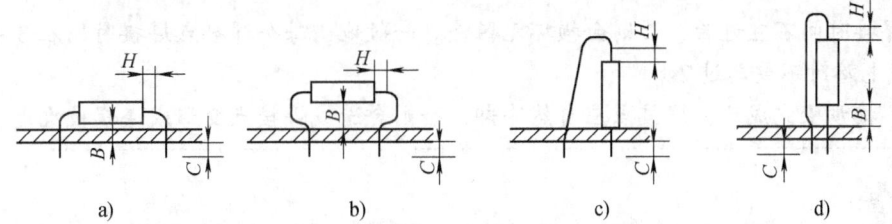

图 2-18　元器件引脚成形尺寸（$H \geqslant 2$，$C \geqslant 2$）

a) 直角紧卧式（$B \leqslant 0.5$）　b) 折弯浮卧式（$2 \leqslant B \leqslant 4$）　c) 垂直安装式　d) 垂直浮式（$2 \leqslant B \leqslant 4$）

(2) 搪锡　元器件引脚长期在空气中会产生一层氧化膜（少数有无银或金镀层的除外），影响焊接质量。所以，大部分元器件的引脚在焊接前必须先搪锡。

6. 焊接的基本步骤

电子产品焊接通常采用五步焊接法，即准备→送电烙铁加热→送焊锡→移焊锡→移电烙铁，具体如图 2-19 所示。

7. 对焊接的要求

焊接的质量直接影响到电子产品的可靠性和质量，因此焊接时必须做到以下几点要求：

(1) 焊接点的机械强度要满足需要　为了保证足够的机械强度，焊接时，一般采用把被焊元器件的引线端子打弯后再焊接的方法，但不能用过多的钎料堆积，以免造成虚焊或焊接点之间短路。

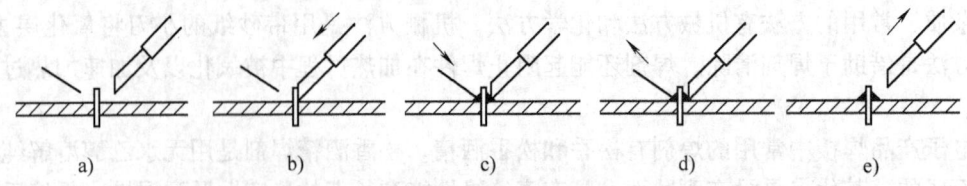

图 2-19 五步焊接操作法
a）准备 b）送电烙铁加热电烙铁头和连接点要有一定的接触面和压力 c）送焊锡
d）移焊锡 e）移电烙铁焊接点中有青烟冒出时移电烙铁

（2）焊接可靠，导电性能良好 为了保证良好的导电性能，焊接时必须防止虚焊。虚焊现象通常有两种，如图 2-20 所示。

（3）焊接点表面要光滑、清洁 为使焊接点美观、光滑、整齐，不但要有熟练的焊接技能，还要选择合适的钎料和焊剂，以免出现表面粗糙、拉尖等现象。另外，电烙铁的温度也要保持适当，否则会造成敷铜爆皮甚至烫坏元器件现象。

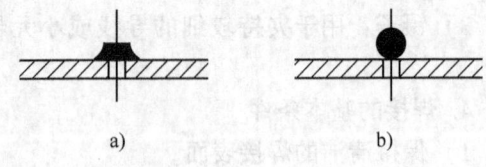

图 2-20 虚焊现象
a）引线浸润不好 b）与印制电路板浸润不好

> **小知识** 1. 电烙铁应按轴向 45°方向撤离，否则会出现拉尖、烙铁头吸锡及烙铁头不挂锡等现象。
> 2. 送锡量要合适。锡量过多，容易造成焊接点上焊锡堆积及短路；锡量过少时容易造成焊接不牢，使焊件脱落。
> 3. 焊接时间不宜过长，否则会损坏元器件。一般地，每个焊接点焊接时间在 3～5s，焊接集成电路时不要超过 2s。
> 4. 焊接步骤完成后，焊接点应自然冷却，否则会造成焊接点变形或焊锡被吹走。

任务准备

1. 万用表、示波器、低频信号发生器、稳压电源。
2. 电烙铁、松香、焊锡、镊子、尖嘴钳、剪线钳等常用电子电路组装工具。
3. 小功率晶体管音频放大电路的元器件明细表见表 2-7。

表 2-7 小功率晶体管音频放大电路的元器件明细表

序号	名称	规格	数量	序号	名称	规格	数量
1	晶体管 VT_1、VT_2	9014	2	9	碳膜电阻器 R_f	2kΩ	1
2	碳膜电阻器 R_1	3.3kΩ	1	10	微调电位器 RP	680kΩ	1
3	碳膜电阻器 R_2	51kΩ	1	11	电解电容器 C_1、C_2、C_3	10μF/10V	3
4	碳膜电阻器 R_3	24kΩ	1	12	电解电容器 C_4	47μF/10V	1
5	碳膜电阻器 R_4	5.1kΩ	1	13	MIC		1
6	碳膜电阻器 R_5、R_6	100kΩ	2	14	扬声器 BL	5W/8Ω	1
7	碳膜电阻器 R_7	300kΩ	1	15	开关 S	按钮	1
8	碳膜电阻器 R_8	1.8kΩ	1				

任务实施

一、电路制作与调试

1. 元器件检测

（1）色环电阻器　主要识别其标称阻值，并用万用表相应挡位测量选用的电阻器，确认阻值的大小，分类固定存放，以方便使用。

（2）电容器　确认电解电容器的极性。测量电容器时，要选择合适的挡位，本电路中的电容为 $10\mu F$ 和 $47\mu F$，可用 $R\times 1k$ 挡，观察其充放电现象、指针摆动情况，以及电容器是否漏电或性能变差。

（3）晶体管　识别其类型与引脚的排列，并用万用表检测其质量的好坏。

（4）按钮　检测其动合、动断触点及其质量的好坏。

（5）电位器　用万用表测量其标称值，并检测其质量的好坏。

（6）扬声器　识别其正负极并检测质量好坏。

（7）驻极体传声器　识别其正负极并检测质量好坏。

小知识　1. 驻极体传声器的检测

（1）正、负极性　与外壳相连端为接地端，另一端为漏极端。

（2）质量检测　将万用表拨至 $R\times 1k$ 挡，把黑表笔接在漏极点上，红表笔接在接地点上，并用嘴吹传声器的同时观察万用表指针变化情况。若指针无变化，则传声器失效；若指针摆动，则传声器工作正常，摆动幅度越大，说明传声器的灵敏度越高。

2. 扬声器的检测

（1）正、负极性　音圈引出线的接线端上直接标有"＋"、"－"极性。

（2）质量检测　将万用表置 $R\times 1$ 挡，当两表笔分别接触扬声器音圈引出线的两个接线端时，能听到明显的"咯格"声响，表明音圈正常；声音越响，扬声器的灵敏度越高。由于扬声器的额定阻抗通常为直流阻抗的 1.2 倍左右，因此可以通过测量扬声器的直流阻抗与扬声器的额定阻抗除以 1.2 的值作比较。若被测扬声器的直流阻抗过小，则说明音圈局部有短路现象；若被测扬声器的直流阻抗为零，则音圈完全短路；若被测扬声器无声，但直流阻抗属正常范围，则音圈可能因变形而被卡死；若被测扬声器无声且万用表指针无偏转，则很有可能是扬声器音圈引出线开路或音圈已烧断。

---

2. 绘制装配草图

按图 2-17 所示小功率晶体管音频放大电路原理图设计、绘制装配草图。要求按电路原理图的连接关系布线；元器件布线要均匀，结构要紧凑；连接导线要平、直；导线不能相互交叉，确需交叉的导线应在元器件体下穿过。

3. 引脚加工成形

按工艺要求对元器件的引脚进行成形加工。注意不要反复折弯元器件的引脚，以免折断报废。

4. 电路制作

按照装配草图进行电路制作。工艺要求是：电阻器采用水平安装方式，电阻体紧贴电路板，色标法电阻器的色环标志顺序方向一致；电容器采用垂直安装方式，注意正、负极性；

晶体管采用垂直安装方式，注意引脚极性；微调电位器紧贴电路板安装，不能歪斜；布线要正确，焊接要可靠，表面要光亮，无漏焊、虚焊、短路现象。小功率晶体管音频放大电路的装配图如图2-9所示。

5. 电路调试

电路制作完成后应进行自检，正确无误后才能进行通电调试。

1）调节直流稳压电源使输出电压为12V，将该电压作为电路电源U_{CC}，并连接到组装好的电路板上。

2）调节低频信号发生器，频率为1kHz，电压为20mV，该信号作为放大电路的输入信号，接到电路板的输入端。

3）将双踪示波器Y轴输入电缆分别和放大电路的输入、输出端连接，调整相应开关，使输入、输出波形稳定显示（1～3个周期）。

4）最佳静态工作点的调整。逐渐增大低频信号发生器的输出电压，观察放大电路输出电压在示波器上的波形，当波形出现失真时，调整电位器RP，使波形恢复正常。然后再增大信号发生器的输出电压，重复上述步骤，直到正、负峰值都出现轻微失真时，这时放大电路的静态工作点即为最佳静态工作点。缓慢减小信号发生器的输出电压，使正、负峰值出现的轻微失真刚好消失，这时输出电压为最大不失真输出电压。

5）若电路工作正常，对着扬声器吹气、说话或拍手，扬声器会发声。

二、电路检修

1）静态工作点调试中，若$U_{CE1}=12V$，说明R_4、R_5、R_6、R_8接线正常，VT_1截止，检查R_2、RP支路，找出断路点；若$U_{CE1}=0$，则可能R_4或R_5、R_8支路有断路。

2）电路接入信号源后，扬声器不响，可能C_3、C_2或C_1接线不正确。

三、电路测试

1. 电压放大倍数A_u的测量

最佳静态工作点调整完毕，用毫伏表测量此时的输入电压U_i和输出电压U_o，则电压放大倍数$A_u = \dfrac{U_o}{U_i} = $ _____。

2. 静态工作点的测量

断开信号发生器在电路的连接，并将电路输入端用短路元件连接。用万用表测量VT_1和VT_2各极电位，并计算出$I_{CQ}\left(I_{CQ}=\dfrac{U_{EQ}}{R_{EQ}}\right)$，填入表2-8中。

表2-8 多级放大电路的静态工作点

晶体管	U_{EQ}/V	U_{BQ}/V	U_{CQ}/V	I_{CQ}/mA
VT_1				
VT_2				

3. 观察无电压并联负反馈时放大电路的性能

把电路接成两级阻容耦合放大电路。断开负载电阻R_L和反馈电阻R_f，输入端接入频率为 1kHz、电压为 20 mV 的正弦波信号,用示波器观察放大器第一级和第二级的输出电压波形。

4. 观察引入电压并联负反馈时放大电路的性能

连接负载电阻 R_L 和反馈电阻 R_f,输入端接入频率为 1kHz,电压为 20mV 的正弦波信号,用示波器观察放大器第一级和第二级的输出电压波形,注意与无负载电阻 R_L 和反馈电阻 R_f 时输出电压的波形比较。

通过观察,可发现当输入信号幅值较大,电路无电压并联负反馈时,输出电压波形出现了非线性失真,而引入电压并联负反馈后,输出电压波形的非线性失真减小。

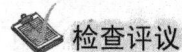
检查评议

评分标准见表 2-9。

表 2-9 评 分 标 准

考核项目	考核要求	评 分 标 准	配分	扣分	得分
电路安装	电路安装正确,焊接质量可靠,焊接技术符合工艺要求	1. 电路安装正确、完整,一处不符合扣 10 分 2. 元器件布局合理,主次分明,导线平直、无交叉,一处不符合,扣 5 分 3. 元器件垂直安装、排列整齐、标记方向一致,插装符合工艺要求,一处不符合,扣 1 分	25		
		1. 焊接点粗糙、拉尖、有焊接残渣,各扣 1 分 2. 虚焊、有气孔、漏焊、松动各扣 1 分 3. 引脚留头大于 1mm、焊剂不干净扣 1 分 4. 元器件标称值不直观扣 1 分	15		
		元器件完好,无损坏,坏件每只扣 2 分	6		
		工具使用不正确,每次扣 1 分	4		
通电调试	在规定的时间内,利用仪器仪表调试后,进行通电试验	1. 通电调试一次不成功扣 10 分,两次调试不成功扣 15 分 2. 调试过程中元器件损坏,每只扣 5 分	20		
仪器仪表使用	正确使用仪器仪表测量	1. 仪器仪表使用不正确,每次扣 5 分 2. 仪器仪表损坏,扣 20 分 3. 测量数据错误,误差过大,一处扣 5 分	20		
安全、文明生产	遵守安全生产规程,保持实习环境整洁	1. 发生安全事故扣 10 分 2. 违反文明生产要求视情况扣 5～10 分	10		
合计			100		
时间		180min			

注意事项

1. 开始使用直流电源和信号源时,要将输出电压调至最低,待接好线后,逐步将电压调至规定值。

2. 示波器探头的接地端与示波器机壳及插头的接地端是相通的,因此示波器的插座应经隔离变压器供电,否则应将示波器插头的接地端除去。

3. 要掌握示波器的使用方法,明确示波器上显示的波形频率、幅值数值单位与各种调节开关和旋钮的关系。

知识拓展

常见焊接点缺陷分析见表2-10。

表2-10 常见焊接点缺陷分析

形状	名称	现象	原因
	钎料过多	钎料面呈凸圆形状	主要是焊锡丝加热的时间过长引起的,这种焊接点造成焊锡浪费并可能包含缺陷
	钎料过少	焊接面积小于焊盘的80%,焊锡未形成平滑的过渡面	主要是焊锡丝加热的时间过短、焊接时间过短或焊接面局部氧化造成的,这种焊接点机械强度不足,受振动或冲击时容易脱落
	松动	外观粗糙、导线或元器件引线可移动	主要是焊锡未凝固前引线移动或焊接面氧化未处理引起的,这种焊接点会导致导通不良或不导通
	拉尖	焊接点出现尖端或毛刺	主要是加热时间过长、焊接时间过长、烙铁头移开的方法不当造成的,这种焊接点外观不佳,容易造成桥接拱起短路
	松香焊	焊接点中夹有松香渣	主要是助焊剂失效或过多、焊接时间过短、加热不均匀造成的,这种焊接点导致机械强度下降、导通不良
	不对称	焊锡未流满焊盘	主要是加热不足、焊锡的流淌性差,这种焊接点导致机械强度低、导通不良
	桥接	焊锡将相邻两焊盘连接在一起	主要是焊锡过多、焊接时间过长、烙铁头移开的角度错误,这种焊接点导致电路短路
	虚焊	焊锡与元器件或与焊盘铜箔之间有明显的界线,焊锡向界线凹陷	主要是加热不充分、焊盘和元器件引线氧化层未清理干净或钎料凝固时焊接处晃动引起的,这种焊接点导致电路时通时断
	印制导线和焊盘翘起	焊盘的铜箔从印制电路板上脱落或翘起	主要是焊接时间过长、焊接温度过高、焊盘铜箔氧化未去除,这种焊接点导致电路断开

任务3 功率放大器的制作与检修

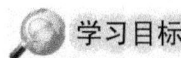

知识目标：
1. 了解功率放大器的主要任务和分类，以及 OTL 和 OCL 电路的特点及工作原理。
2. 了解交越失真的概念，掌握交越失真产生的原因及解决方法。

技能目标：
1. 掌握电子产品焊接工艺。
2. 掌握功率放大器的制作与检修方法。

素质目标：
养成学生独立思考和动手操作的习惯，培养学生相互帮助、互相学习的精神。

 工作任务

在电子系统中，模拟信号被放大后，往往要去推动一个实际的负载，如使扬声器发声、继电器动作、仪表指针偏转、数据或图像显示等，推动一个实际负载需要的功率较大。能输出较大功率的放大电路称为功率放大器。本次任务的主要目的是在学习功率放大器基本知识的基础上，熟悉功率放大器的制作过程，了解功率放大器的检修方法。图 2-21 所示为 OTL 功率放大电路的装配图。

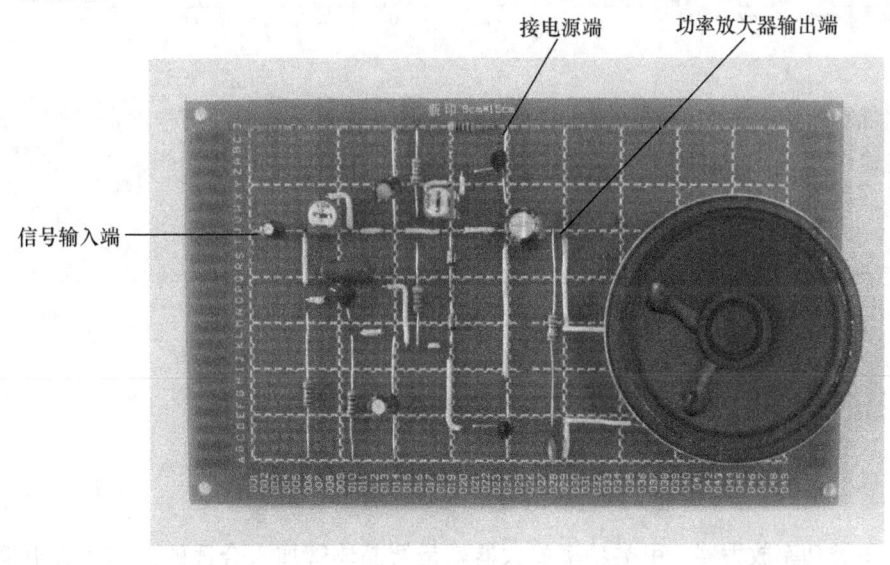

图 2-21　OTL 功率放大电路的装配图

相关理论

一、功率放大器的特点和种类

1. 功率放大器的特点

与电压放大电路相比较,功率放大器具有以下基本特点:

(1) 足够大的输出功率 功率放大器提供给负载的信号功率称为输出功率。为了获得足够大的输出功率,要求晶体管工作在接近极限应用状态,即晶体管集电极电流最大时接近 I_{CM},管压降最大时接近 U_{CEO},耗散功率接近 P_{CM}。

(2) 转换效率高 功率放大器的最大输出功率与直流电源所提供的功率之比称为转换效率。电源提供的功率等于电源输出电流平均值与电压之积。因此,在一定的输出功率下,减小直流电源的功耗,就可以提高电路的转换效率。

(3) 非线性失真小 由于功率放大电路中晶体管工作在大信号状态,电压和电流的变化幅度大,容易产生非线性失真,必须采取相应的措施减小失真。

(4) 晶体管良好的散热与保护 功率放大器工作在大电压和大电流状态,晶体管的集电结要消耗较大的功率,使结温和管壳温度升高,为了降低温度,提高耗散功率,应采取相应的散热措施,如加装散热器、良好的通风、强制风冷等。

2. 功率放大器的种类

根据电路中晶体管静态工作点的位置不同,功率放大器可分成甲类、乙类和甲乙类三种。如图 2-22 为各类功放集电极电流的波形。

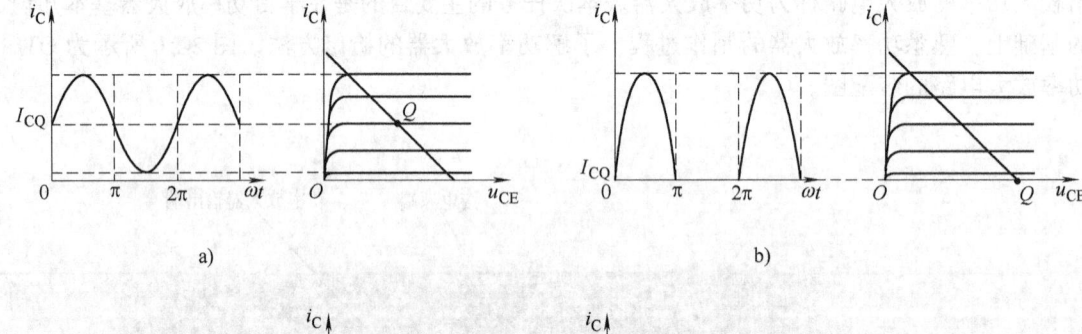

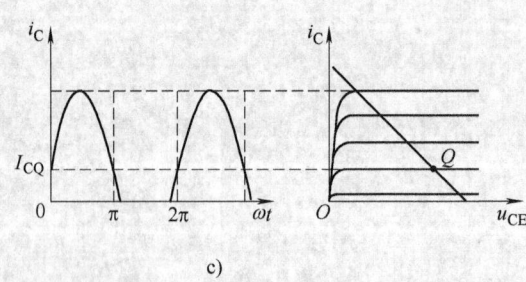

图 2-22 三类功率放大器集电极电流的波形
a) 甲类功率放大器 b) 乙类功率放大器 c) 甲乙类功率放大器

(1) 甲类功率放大器 甲类功率放大器就是给晶体管加入合适的静态偏置电流,一般设在放大区的中间,以便信号的正、负半周有相同的线性范围,如图 2-22a 所示。这种电路的优点是在输入信号的整个周期内晶体管都处于导通状态,输出信号失真较小(前面讨论的电压放大器都工作在这种状态),缺点是信号的正、负半周用同一只晶体管放大,使放大器的输出功率受到限制,即一般情况下,为避免失真,甲类功率放大器的输出功率不可能做得很大;并且,放大电路中不论有无输入信号,始终有较大的静态工作电流,使得晶体管对直流电源的消耗比较大,电路能量转换效率低。

(2) 乙类功率放大器 乙类功率放大器就是不给晶体管加静态偏置电流,如图 2-22b 所示。由于这时晶体管的静态电流 $I_{CQ}=0$,晶体管对直流电源无消耗,所以能量转换效率高。电路的缺点是只能对输入信号的半个周期进行放大,非线性失真大,所以乙类功率放大器必须采用两只性能对称的晶体管分别放大信号的正半周和负半周,然后在负载上将正、负半周信号合成一个完整的周期信号。

(3) 甲乙类功率放大器 甲乙类功率放大器是给晶体管加入很小的静态偏置电流,如图 2-22c 所示。这样就使输入信号叠加在很小的静态偏置电流上,即晶体管处于微导通状态,从而可以有效克服乙类放大电路在晶体管截止区的失真问题,且能量转换效率也较高,具有输出功率大和省电的优点,被广泛应用于音频功率放大电路中,特别是它便于集成化,在集成功率放大电路中也得到了广泛应用。

二、乙类互补对称功率放大电路

1. 双电源供电的互补对称功放电路(OCL 电路)

双电源乙类互补对称功率放大电路如图 2-23 所示。VT_1 和 VT_2 分别为 NPN 型和 PNP 型管,两管参数对称,接成射极输出形式,由于输出电阻很小,所以能与低阻负载很好地匹配。

当输入信号 $u_i=0$ 时,两晶体管都工作在截止状态,此时 I_{BQ}、I_{CQ}、I_{EQ} 均为零,负载上无电流通过,输出电压 $u_o=0$。

忽略晶体管发射结的死区电压,则当输入信号 u_i 处于正半周时,晶体管 VT_1 导通,VT_2 截止,正电源供电,负载中有电流 i_1 流过,电流方向如图 2-23 中实线所示;而当输入信号 u_i 处于负半周时,VT_1 截止,VT_2 导通,负电源供电,负载中电流 i_2 方向如图 2-23 中虚线所示。

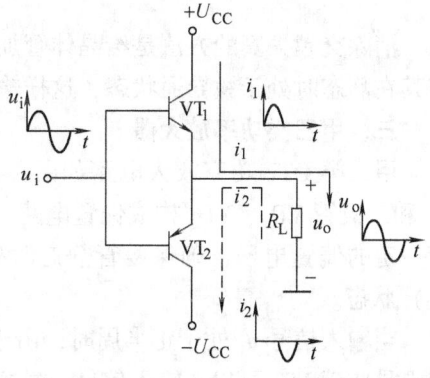

图 2-23 OCL 电路

双电源互补对称功率放大电路实现了在静态时管子电流为零,不消耗直流电源;而在有信号时,VT_1 和 VT_2 交替导通,使负载上得到正、负半周完整的输出信号波形。由于静态时两管的发射极是零电位,所以负载可直接连接,不需要耦合电容,故也称该电路为 OCL(无输出电容器,Output Capacitorless)电路。

2. 单电源供电的互补对称功放电路(OTL 电路)

OCL 电路需要双电源供电,使用起来有时会感到不便。如果用一个大容量的电容 C 充当 OCL 电路中的负电源来供电,就构成单电源供电的互补对称功放电路,如图 2-24 所示,通常又称该电路为 OTL(无输出变压器,Output Transformerless)电路。

当输入信号 $u_i=0$ 时,由于电路结构对称,且两管均无静态偏置,所以两管均处于截止状态,负载上无电流通过,输出电压 $u_o=0$。

忽略晶体管发射结的死区电压，当输入信号 u_i 处于正半周时，晶体管 VT_1 导通，VT_2 截止，电源 U_{CC} 通过 VT_1 向负载 R_L 供电，同时还向电容 C_2 充电，电流 i_1 的方向如图 2-24 中实线所示；当输入信号 u_i 处于负半周时，VT_1 截止，VT_2 导通，此时电容 C_2 上的电压（$U_{C2} = U_{CC}/2$）通过 VT_2 放电，电流 i_2 的方向与 i_1 方向相反，如图 2-24 中虚线所示。VT_1、VT_2 交替导通，负载 R_L 获得正、负半周完整的输出信号波形，实现信号的功率放大。

3. 交越失真及其消除

由于晶体管发射结死区电压的存在，在乙类功率放大电路中，当输入信号在过零点附近的正、负半波交接处小于死区电压时，晶体管 VT_1 和 VT_2 都处于截止状态，使得输出电压为零，出现了失真，该失真称为交越失真，其波形如图 2-25 所示。

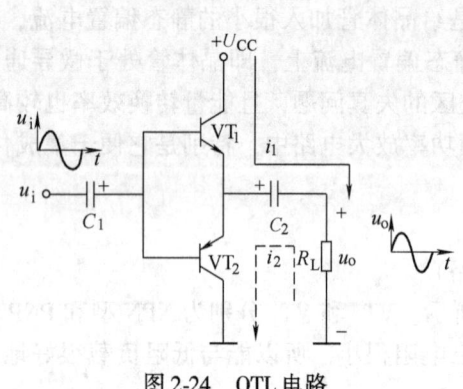

图 2-24 OTL 电路

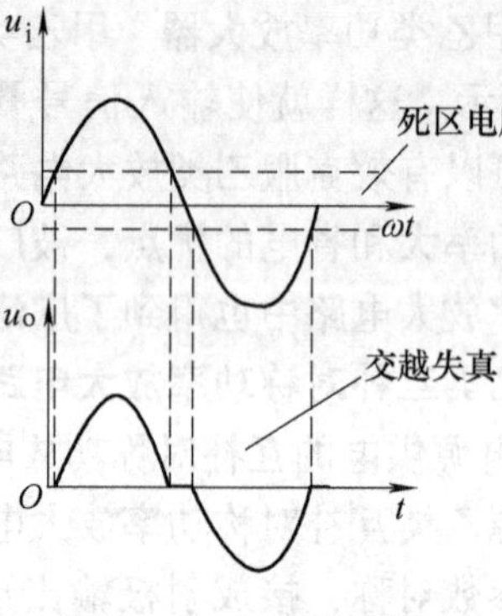

图 2-25 交越失真波形

消除交越失真的方法是给晶体管加上很小的基极偏置电压，即采用甲乙类功率放大器，使其在静态时处于微导通状态，这样输入信号一旦加入，晶体管立即进入线性放大区。

三、甲乙类功率放大器

甲乙类 OTL 功率放大电路如图 2-26 所示。电阻 R_1、R_2 和二极管 VD_1、VD_2 构成偏置电路，供给 VT_1、VT_2 两管一定的偏置电压，确保两管静态时处于微导通（甲乙类）状态。

当输入信号 u_i 处于正半周时，由于 VD_1 供给的偏压，使得晶体管 VT_1 可以在输入信号一过零点就导通，VT_2 截止，电源 U_{CC} 通过 VT_1 向负载 R_L 供电，同时还向电容 C_2 充电；当输入信号 u_i 处于负半周时，VT_1 截止，VT_2 在输入信号过零点后立刻导通，此时电容 C_2 上的电压（$U_{C2} = U_{CC}/2$）通过 VT_2 和负载 R_L 放电。VT_1、VT_2 交替导通，负载 R_L 获得正、负半周完整的无失真的输出信号波形，实现信号的功率放大。

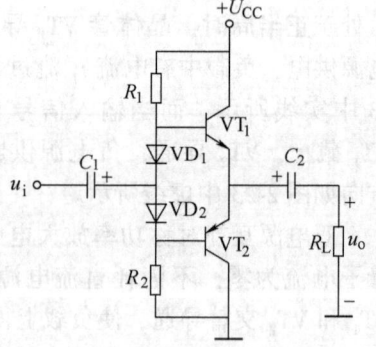

图 2-26 甲乙类 OTL 功率放大电路

四、应用电路

实用的 OTL 功率放大电路如图 2-27 所示，主要由电压放大电路、功率放大电路、负载（扬声器）组成，其原理框图如图 2-28 所示。

由晶体管 VT_1 组成的分压式射极偏置电路是电压放大电路，用以给功率放大电路提供足够的推动信号电压。

由晶体管 VT_2、VT_3 组成甲乙类 OTL 功率放大电路，VD_1、VD_2 和 RP_2 串接在 VT_2、VT_3 的基极间，提供一个合适的偏置电压，使 VT_2、VT_3 静态时处于甲乙类工作状态，以消除交越失真，同时二极管 VD_1、VD_2 两端的正向电压降随着温度的升高而降低，能起到温度补偿作用；VT_2、VT_3 的基极两端并联电阻 R_4，可以防止因 VD_1、VD_2 和 RP_2 中任意一个元器件出现开路，使电流剧增而烧坏功率放大管等元器件。

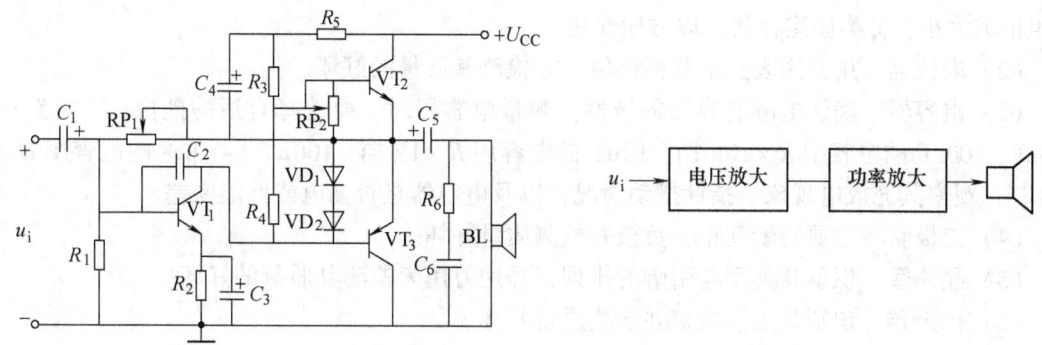

图 2-27 实用的 OTL 功率放大电路　　　　图 2-28 OTL 功率放大电路的原理框图

由 R_5、C_4 组成自举电路，以增大输出信号的动态范围，提高放大器的不失真功率。C_5 是输出耦合电容。

由 R_6、C_6 组成高频旁路电路，用以改善电路的音质。

当输入信号为负半周时，经 VT_1 反相放大后使 VT_2 导通，VT_3 截止，VT_2 的发射极电流对电容 C_5 充电，并使负载 B（扬声器）获得经放大的交流信号；当输入信号为正半周时，经 VT_1 反相放大后使 VT_3 导通，VT_2 截止，电容 C_5 经 VT_3 对 B 放电，使负载获得正半周交流输出信号。VT_2、VT_3 两管交替工作，在负载上得到完整的输出信号，完成功率放大。

任务准备

1. 万用表、低频信号发生器、双踪示波器、稳压电源。
2. 电烙铁、松香、焊锡、镊子、尖嘴钳、剪线钳等常用电子电路组装工具。
3. OTL 功率放大电路的元器件明细表见表 2-11。

表 2-11　OTL 功率放大电路的元器件明细表

序号	名称	规格	数量	序号	名称	规格	数量
1	碳膜电阻器 R_1	5.1kΩ	1	11	电解电容器 C_3、C_4	100μF/16V	2
2	碳膜电阻器 R_2	200Ω	1	12	电解电容器 C_5	470μF/16V	1
3	碳膜电阻器 R_3	2.2kΩ	1	13	涤纶电容器 C_6	100nF	1
4	碳膜电阻器 R_4	4.7kΩ	1	14	晶体管 VT_1	9014	1
5	碳膜电阻器 R_5	470Ω	1	15	晶体管 VT_2	9013	1
6	碳膜电阻器 R_6	10Ω	1	16	晶体管 VT_3	9012	1
7	微调电位器 RP_1	100kΩ	1	17	二极管 VD_1	1N4148	1
8	微调电位器 RP_2	4.7kΩ	1	18	二极管 VD_2	1N4148	1
9	电解电容器 C_1	10μF/16V	1	19	扬声器 BL	5W/8Ω	1
10	涤纶电容器 C_2	200pF	1	20	万能电路板		1

 **任务实施**

一、电路制作与调试

1. 元器件检测

（1）色环电阻器　主要识别其标称阻值，并用万用表相应挡位测量选用的电阻器，确认阻值的大小，分类固定存放，以方便使用。

（2）电位器　用万用表测量其标称值，并检测其质量的好坏。

（3）电容器　确认电解电容器的极性。测量电容器时，要选择合适的挡位，本电路中 200pF、100nF 的电容用 $R \times 10k$ 挡，$10\mu F$ 的电容用 $R \times 1k$ 挡，$100\mu F$、$470\mu F$ 的电容用 $R \times 100$ 挡；观察其充放电现象、指针摆动情况，以及电容器是否漏电或性能变差。

（4）二极管　主要判断其正、负极并检测质量好坏。

（5）晶体管　识别其类型与引脚的排列，并用万用表检测其质量的好坏。

（6）扬声器　识别其正、负极并检测质量好坏。

2. 绘制装配草图

按图 2-27 所示 OTL 功率放大电路原理图设计、绘制装配草图。要求按电路原理图的连接关系布线；元器件布线要均匀，结构要紧凑；连接导线要平、直；导线不能相互交叉，确需交叉的导线应在元器件体下穿过。

3. 引脚加工成形

按工艺要求对元器件的引脚进行成形加工。注意不要反复折弯元器件的引脚，以免折断报废。

4. 电路制作

按照装配草图进行电路制作。工艺要求是：电阻器采用水平安装方式，电阻体紧贴电路板，色标法电阻器的色环标志顺序方向一致；电容器采用垂直安装方式，注意正负极性；晶体管采用垂直安装方式，注意引脚极性；微调电位器紧贴电路板安装，不能歪斜；布线要正确，焊接要可靠，表面要光亮，无漏焊、虚焊、短路现象。OTL 功率放大电路的装配图如图 2-21 所示。

5. 电路调试

电路制作完成后应进行自检，正确无误后才能接入电源进行调试。

（1）静态调试

1）将电位器 RP_1 置阻值中间位置，电位器 RP_2 置阻值最小位置，输入端用短路元件短接，使输入信号为零。

2）接通直流电源（12V），将万用表置直流电流 50mA 挡，串接于 VT_2 集电极，调节 RP_2 使万用表读数为 8mA。将万用表置直流电压 10V 挡，测量中点电压（VT_2、VT_3 发射极对地电压），调节 RP_1 使中点电压为 6V（$U_{CC}/2$）。

（2）动态调试　用镊子碰触电容器 C_1 的负极（放大信号输入端），听扬声器是否随镊子的碰触发出"咕咕"声，或用音频信号送入放大器，试听扬声器发出的声音。

二、电路检修

（1）无声　首先用万用表检查扬声器是否损坏，可用万用表 $R \times 1k$ 挡，红表笔接地，黑表笔先点触扬声器，此时扬声器应发出"喀啦"、"喀拉"的声音，如无此声，那么故障在扬声器；如有声，再检查其他相关部分。

(2) 输出波形失真　首先检测 VT_2、VT_3 电流及中点电压，分别调整电位器 RP_1、RP_2，若中点电压仍低，原因可能为 VT_1 或 VT_3 的 C、E 极漏电，或 VT_2 损坏，或 R_3、R_4 变大；若中点电压仍高，原因可能为 VT_1、VT_3、VD_1、VD_2 损坏，或 RP_1、RP_2、R_2 变大。

三、电路测试

1) 测量晶体管 VT_1、VT_2、VT_3 三个电极的对地电压，并将测量结果记录在表 2-12 中。

表 2-12　晶体管各极电压测量记录

晶体管	U_B/V	U_E/V	U_C/V
VT_1			
VT_2			
VT_3			

2) 波形测试。将低频信号发生器"频率"置 1kHz，输出信号电压为 10mV，并将输出端与低频功率放大电路输入端相连接；将双踪示波器 Y 轴输入电缆分别与功率放大电路输入、输出端相连接；观察输入、输出波形，调节示波器相关旋钮，使输入信号电压和输出信号电压波形稳定显示（1~3 个周期）。

逐步增加低频信号发生器的输出电压，调节电路使输出波形最大且不失真，测量输入、输出的电压值，则电压放大倍数 $A_u = \dfrac{U_o}{U_i} = \underline{\qquad}$。

3) 短接 VD_1 和 VD_2 的基极，观察输出波形。

当 VD_1 和 VD_2 的基极短接后，VT_2 和 VT_3 发射结的正向偏置电压不存在，VT_2 和 VT_3 不能处于微导通状态，输出波形会出现交越失真现象，此时功率放大器工作在乙类工作状态。

检查评议

评分标准见表 2-13。

表 2-13　评 分 标 准

考核项目	考核要求	评 分 标 准	配分	扣分	得分
电路安装	电路安装正确，焊接质量可靠，焊接技术符合工艺要求	1. 电路安装正确、完整，一处不符合扣 10 分 2. 元器件布局合理、主次分明，导线平直、无交叉，一处不符合，扣 5 分 3. 元器件垂直安装、排列整齐、标记方向一致，插装符合工艺要求，一处不符合，扣 1 分	25		
		1. 焊接点粗糙、拉尖、有焊接残渣，各扣 1 分 2. 虚焊、有气孔、漏焊、松动各扣 1 分 3. 引脚留头大于 1mm、焊剂不干净扣 1 分 4. 元器件标称值不直观扣 1 分	15		
		元器件完好，无损坏，坏件每只扣 2 分	6		
		工具使用不正确，每次扣 1 分	4		

(续)

考核项目	考核要求	评分标准	配分	扣分	得分
通电调试	在规定的时间内,利用仪器仪表调试后,进行通电试验	1. 通电调试一次不成功扣10分,二次调试不成功扣15分 2. 调试过程中,元器件损坏,每只扣5分	20		
仪器仪表使用	正确使用仪器仪表测量	1. 仪器仪表使用不正确,每次扣5分 2. 仪器仪表损坏,扣20分 3. 测量数据错误,误差过大,一处扣5分	20		
安全、文明生产	遵守安全生产规程,保持实习环境整洁	1. 发生安全事故扣10分 2. 违反文明生产要求视情况扣5~10分	10		
合计			100		
时间		270min			

注意事项

1. 由于线路比较复杂,导线间的分布电容很容易造成干扰。因此,对各元器件的布局要尽量与电路一致,而且导线尽量短,减少交叉,特别是要避免平行走线。
2. 信号输入最好使用屏蔽线,并确保屏蔽层接地。
3. 示波器电源要经过隔离变压器供电。
4. 不要使扬声器发生短路。

知识拓展

集成功率放大器

随着集成电路技术的不断发展,集成功率放大器产品越来越多,由于集成功率放大器具有输出功率大、频率特性好、非线性失真小、外围元器件少、成本低、使用方便等特点,因而广泛应用在收音机、录音机及直流伺服系统中。大多数集成功率放大器及其外围电路有其共同规律,学习典型的集成功率放大电路,对于应用新型集成功率放大器是有益的。

LM386 是美国国家半导体公司生产的音频功率放大器,属于 OTL 功率放大器。它的输入端以地为参考点,同时输出端被自动偏置到电源电压的 1/2,在 6V 电源电压的作用下,它的静态功耗仅为 24mV,使得 LM386 特别适用于用电池供电的场合。LM386 为 8 脚双列直插塑料封装结构,其引脚排列如图 2-29 所示。

图 2-30 为 LM386 集成功率放大器典型应用电路。输入信号 u_i 由同相输入端输入;引脚 1、8 端外接 C_1 和 R_1,用来调节电路的电压增益;R_2 和 C_3 并联在负载两

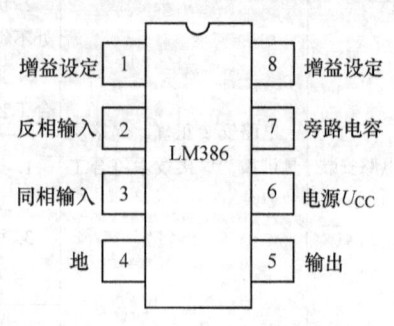

图 2-29 LM386 引脚排列

端，主要用于改善频率响应、防止电路自激；C_2 为旁路电容，C_5 为输出耦合电容；C_4 为去耦电容，用以滤除电源中的高频交流成分；调节 RP 可改变扬声器的音量。

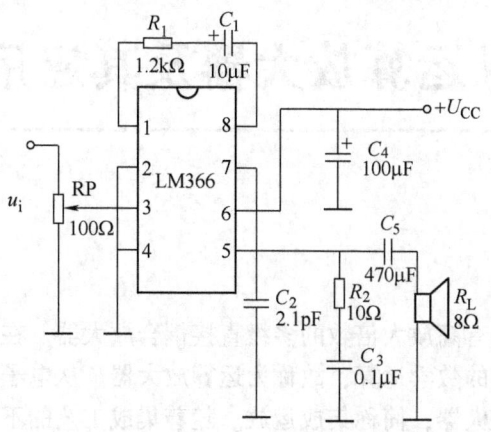

图 2-30　LM386 的应用电路

单元3　集成运算放大器及其应用电路

运算放大器是一种具有高放大倍数的多级直接耦合放大器。在发展初期,运算放大器主要用于模拟电子计算机中的数学运算,故称为运算放大器。从电子技术的发展到集成电路的出现,形成了集成运算放大器,简称集成运放。随着集成工艺的不断发展,集成运放的技术指标也在不断提高,而且应用范围也越来越广泛,集成运放除了用于数学运算,还广泛应用于仪器仪表等电子设备及自动化系统中。本单元的主要任务是在分析集成运放基本电路的基础上,进行实用电路的实验装接、电路制作和调试检修。

任务1　比例运算应用电路的实验装接与检修

学习目标

知识目标:
1. 了解集成运放的组成及各部分的作用。
2. 掌握理想集成运放的条件及其工作在线性区的特点。
3. 掌握比例运算电路、加法运算电路、减法运算电路及微积分电路的结构、分析方法及电路特点。

技能目标:
掌握比例运放电路的实验装接与检修方法。

素质目标:
养成学生独立思考和动手操作的习惯,培养学生相互学习的精神。

工作任务

比例运算电路(简称比例运放)、加法运算电路及微积分电路是集成运放的线性应用电路,它们也是直流调速系统中的重要组成单元。集成运放的外形如图3-1所示。本任务在介绍集成运放的组成及线性应用电路的基础上,介绍比例运放电路的实验装接方法,将理论知识与实际电路相结合,提高学生识读电子电路的能力及实验能力。

单元 3　集成运算放大器及其应用电路

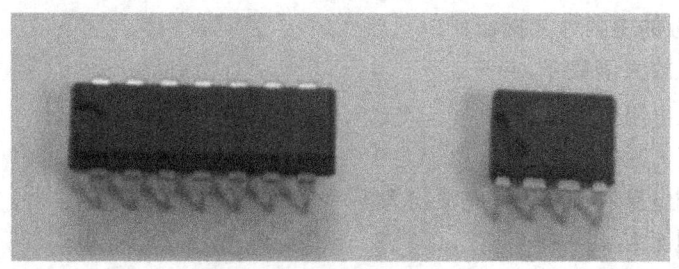

图 3-1　集成运放的外形

> 相关理论

一、集成运放的基本结构与符号

1. 集成运放的基本结构

集成运放的种类很多，电路各不相同，但其内部结构相似，通常都由四部分组成，即输入级、中间级、输出级和偏置电路。图 3-2 所示为集成运放的内部结构框图。

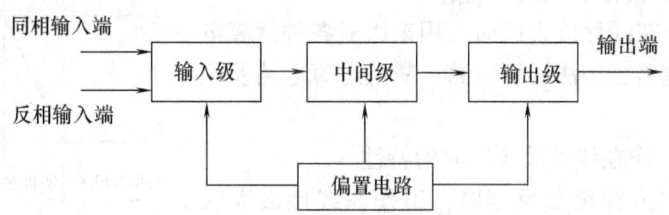

图 3-2　集成运放的内部结构框图

（1）输入级　输入级是集成运放最关键的一级，其直接影响集成运放的性能，要求输入级电阻尽可能高，静态电流尽量小。

（2）中间级　中间级是电路中起放大作用的主要电路，要求中间级有足够大的电压放大倍数，一般可达千倍以上。

（3）输出级　输出级直接与负载相接，为功率放大级。一般要求输出级具有输出电压线性范围宽、输出电阻小、失真小等特点，通常采用互补对称输出电路。

（4）偏置电路　偏置电路决定整个电路的直流工作状态，用于为以上各级提供合适的静态工作点。

2. 集成运放的符号

集成运放的图形符号如图 3-3 所示。它有两个输入端，其中"＋"号为同相输入端，表示集成运放的输出信号与该输入端所加信号极性相同；"－"号为反相输入端，表示集成运放的输出信号与该输入端所加信号极性相反。"▷"表示信号的传输方向，"∞"表示理想开环电压放大倍数为无穷大。

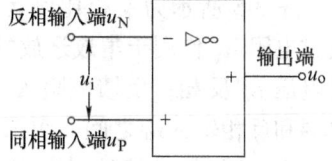

图 3-3　集成运放的图形符号

实际的集成运放除了上述三个接线端子以外，还有正负电源端、调零端、相位补偿端等。

二、理想运放的主要性能指标

1）开环电压放大倍数 $A_{UO} \to \infty$。
2）开环输入电阻 $r_{id} \to \infty$。
3）输出电阻 $r_O \to 0$。
4）输入失调电压、输入失调电流均为零。
5）共模抑制比 $K_{CMRR} \to \infty$。

三、集成运放的基本特性

1. 集成运放的电压传输特性

集成运放的输出电压随输入电压的变化而变化的特性称为电压传输特性，通常用电压传输特性曲线来表示，如图 3-4 所示。由特性曲线可以看出，集成运放分线性放大区域和非线性饱和区域两部分。在线性放大区，输出电压 u_o 随输入电压 u_i 的变化而变化，曲线的斜率为集成运放的电压放大倍数；在非线性饱和区，输出电压只有两种情况，正向饱和电压 $+U_{om}$ 和负向饱和电压 $-U_{om}$。

集成运放工作在线性放大区时，用来组成各种运算电路，如比例运算电路、加法运算电路、减法运算电路及微分、积分电路等。

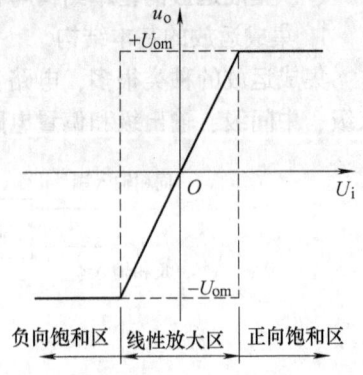

图 3-4 集成运放的电压传输特性

2. 理想运放工作在线性放大区时的特性

理想运放在引入深度负反馈时，工作在线性放大状态，其特性如下：

（1）虚短 由于理想集成运放的开环电压放大倍数 $A_{UO} \to \infty$，且 $A_{UO} = \dfrac{u_o}{u_i} = \dfrac{u_o}{u_N - u_P}$，所以 $u_N - u_P = 0$，即 $u_N = u_P$。同相输入端与反相输入端的电位相等，称之为"虚短"。

（2）虚断 由于集成运放的开环输入电阻 $r_{id} \to \infty$，且 $r_{id} = \dfrac{u_i}{i_i}$（$i_i$ 为同相及反相输入端的电流），所以 $i_i = 0$，即集成运放两个输入端的电流均为零，称之为"虚断"。

四、运算电路

1. 反相比例运算电路

图 3-5 所示为反相比例运算电路。输入电压 u_i 通过电阻 R_1 作用于集成运放的反相输入端，故与输出电压 u_o 反相；反馈电阻 R_f 跨接在集成运放的输出端和反相输入端之间，引入电压并联负反馈；同相输入端通过 R_2 接地，R_2 称为平衡电阻，以保证集成运放的对称性，$R_2 = R_1 /\!/ R_f$。

电路分析如下：
因为虚短，所以 $u_N = u_P$。
又因为虚断，则

$$u_N = u_P = i_i R_2 = 0 \tag{3-1}$$

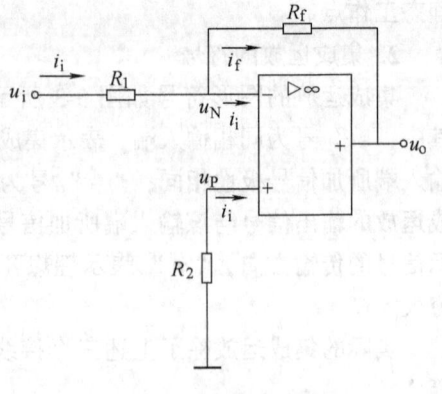

图 3-5 反相比例运算电路

$i_1 = i_f$，即

$$\frac{u_i - u_N}{R_1} = \frac{u_N - u_o}{R_f} \tag{3-2}$$

将式（3-1）代入式（3-2），并整理得

$$u_o = -\frac{R_f}{R_1} u_i$$

闭环电压放大倍数为

$$A_{uf} = \frac{u_o}{u_i} = -\frac{R_f}{R_1} \tag{3-3}$$

式中，"−"表示输出电压与输入电压极性相反。

式（3-3）中，当 $R_f = R_1$ 时，$u_o = -u_i$，电路构成反相器，其图形符号如图3-6所示。

2. 同相比例运算电路

同相比例运算电路如图3-7所示。与反相比例运算电路所不同的是，其输入信号通过电阻 R_2 接至同相端，而反相端则通过电阻 R_1 接地，电路构成电压串联负反馈，R_2 称为平衡电阻。

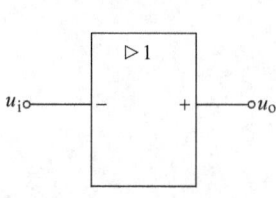

图3-6 反相器的图形符号

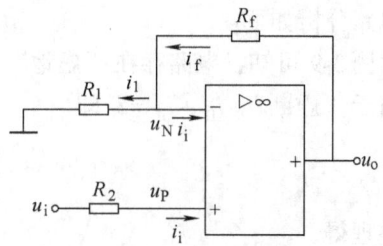

图3-7 同相比例运算电路

电路分析如下：

因为虚短，所以 $u_N = u_P$。

又因为虚断，则

$$u_N = u_P = u_i - i_i R_2 = u_i \text{（电路不存在"虚地"现象）} \tag{3-4}$$

$i_1 = i_f$，即

$$\frac{u_N}{R_1} = \frac{u_o - u_N}{R_f} \tag{3-5}$$

将式（3-4）代入式（3-5），整理得

$$u_o = \left(1 + \frac{R_f}{R_1}\right) u_i \tag{3-6}$$

闭环电压放大倍数为

$$A_{uf} = \frac{u_o}{u_i} = 1 + \frac{R_f}{R_1} \tag{3-7}$$

由式（3-6）可知，同相比例运算电路的输出电压与输入电压同相位。当 $R_f = 0$ 时，$u_o = u_i$，电路成为电压跟随器。其图形符号如图3-8所示。电压跟随器常用做阻抗变换器或缓

冲器。

3. 加法器

加法器可分为同相输入加法器和反相输入加法器。它是在反相比例运算电路或同相比例运算电路的基础上，增加几条输入支路而形成的电路。由于同相输入加法器有较高的共模输入电压，实际中大多采用反相输入加法器，如图3-9所示。

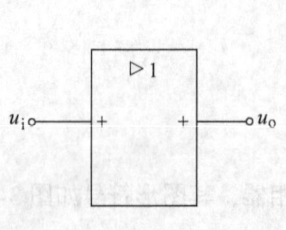

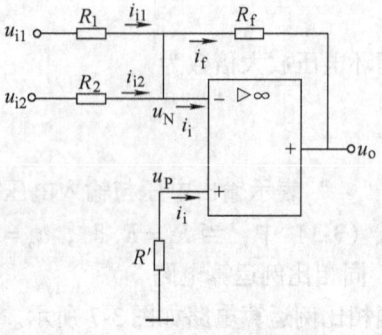

图 3-8　电压跟随器的图形符号　　　　图 3-9　反相输入加法器

电路分析如下：

由图 3-9 可知，电路存在"虚地"现象，则 $u_N = 0$。

由于"虚断"，$i_{i1} + i_{i2} = i_f$ 即

$$\frac{u_{i1}}{R_1} + \frac{u_{i2}}{R_2} = -\frac{u_o}{R_f}$$

整理得

$$u_o = -\left(\frac{R_f}{R_1}u_{i1} + \frac{R_f}{R_2}u_{i2}\right)$$

当 $R_1 = R_2 = R$ 时，有

$$u_o = -\frac{R_f}{R}(u_{i1} + u_{i2}) \tag{3-8}$$

式（3-8）表明，输出电压与输入电压之和成正比例，但极性相反。当 $R_f = R$ 时，$u_o = -(u_{i1} + u_{i2})$，输出电压等于输入电压之和，极性相反。

反相输入的加法器可以对多个信号进行加法运算。

4. 减法器

与加法器不同的是，减法器是把两个输入信号分别通过电阻 R_1、R_2 加在集成运放的反相端和同相端，电路引入负反馈。其电路结构如图 3-10 所示。为保持集成运放的输入端平衡，使 $R_1 = R_2 = R$，$R_f = R'$。

由叠加原理可得

$$u_o = \left(1 + \frac{R_f}{R_1}\right)\frac{R'}{R' + R_2}u_{i2} + \left(-\frac{R_f}{R_1}u_{i1}\right)$$

当 $R_1 = R_2 = R$，$R_f = R'$ 时，有

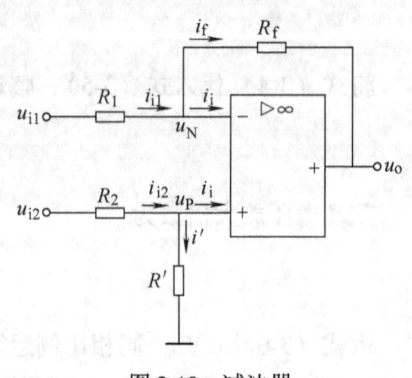

图 3-10　减法器

$$u_o = -\frac{R_f}{R}(u_{i1} - u_{i2}) \tag{3-9}$$

或

$$u_o = \frac{R_f}{R}(u_{i2} - u_{i1}) \tag{3-10}$$

式（3-10）表明，输出电压与两个输入电压之差成正比例。当 $R_f = R$ 时，$u_o = u_{i2} - u_{i1}$，实现了两个输入信号的减法运算。

5. 积分运算电路

积分运算电路又称为积分器，其电路结构如图 3-11a 所示，反馈元件为电容 C。由图可知，电路存在"虚地"现象，$u_N = u_P = 0$，那么 $u_o = u_C$，$u_i = i_1 R$。

又因为"虚短"，$i_1 = i_C$，于是

$$u_o = u_C = -\frac{1}{C}\int i_C \mathrm{d}t = -\frac{1}{RC}\int u_i \mathrm{d}t \tag{3-11}$$

即输出电压与输入电压成积分关系，且极性相反。

当 u_i 为常量 E 时，有

$$u_o = -\frac{E}{RC}t \tag{3-12}$$

式（3-12）表明，输出电压随时间线性增长，其电压波形如图 3-11b 所示。

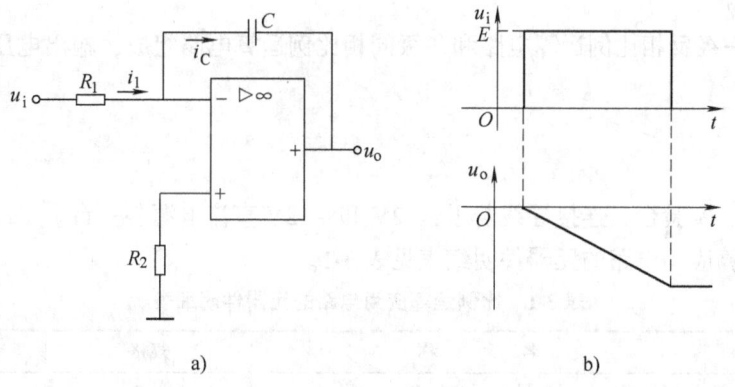

图 3-11　积分运算电路
a）电路结构　b）电压波形

积分运算电路可以实现延时、定时和产生各种波形。

6. 微分运算电路

微分运算电路是积分运算电路的逆运算，将电容 C 与电阻 R_1 位置互换就构成了微分电路，如图 3-12 所示。

由图可知，电路存在"虚地"现象，$u_N = u_P = 0$，那么

$$u_o = u_{R1} = -i_f R_1 \tag{3-13}$$

又因为"虚短"，$i_f = i_C = C\dfrac{\mathrm{d}u_i}{\mathrm{d}t}$，代入式（3-13）得

$$u_o = u_{R1} = -R_1 C \frac{du_i}{dt} \tag{3-14}$$

式（3-14）表明输出电压与输入电压对时间的微分成正比例，且极性相反。
微分运算电路也可实现延时、定时，还可以加速动态电路的瞬态响应。

五、应用电路

1. 电路结构

比例运算应用电路如图 3-13 所示。

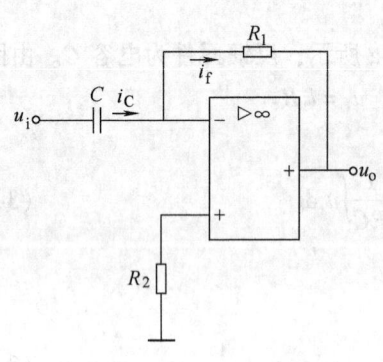
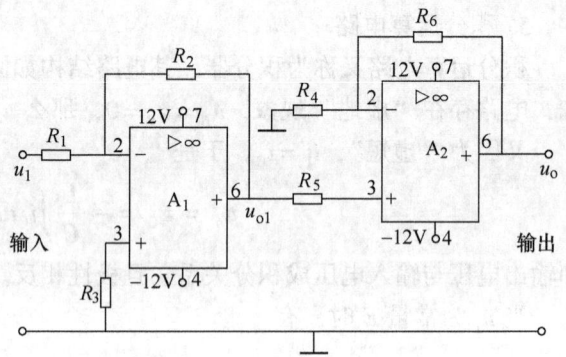

图 3-12　微分运算电路　　　　　　　图 3-13　比例运算应用电路

2. 电路分析

该电路由一级反相比例运算电路和一级同相比例运算电路组成，输出电压与输入电压的极性相反。

任务准备

1. 示波器、实验台，连接导线若干，12V 和 –12V 直流电源各一台。
2. 比例运算应用电路的元器件明细表见表 3-1。

表 3-1　比例运算应用电路的元器件明细表

序号	名　　称	规格	数量
1	电阻 R_1、R_3、R_4	1kΩ	3
2	电阻 R_2	10kΩ	1
3	电阻 R_5	750Ω	1
4	电阻 R_6	5.1kΩ	1
5	集成运放	LM741	2
6	集成电路底座	8pin	2

任务实施

一、电路装接与调试

1. 元器件检测

（1）色环电阻器　主要识别其标称阻值，并用万用表相应挡位测量选用的电阻器，确认阻值的大小，分类固定存放，以方便使用。

（2）确定LM741集成运放各引脚的名称。

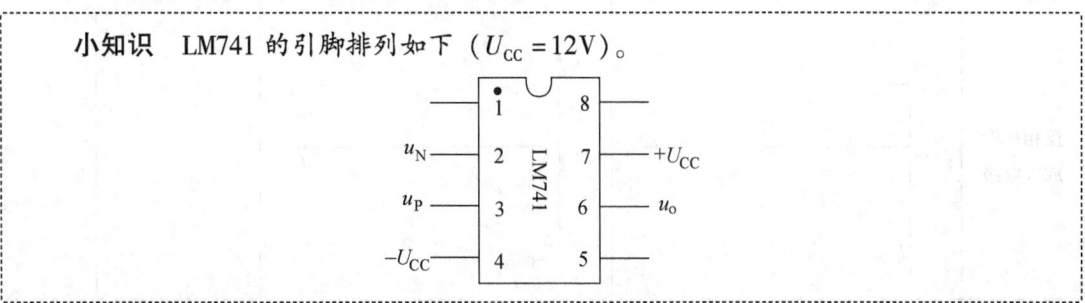

2. 绘制装接草图

按图3-13所示比例运算应用电路原理图设计、绘制装接草图。要求按电路原理图的连接关系布线；元器件分布要均匀，结构要紧凑；连接导线尽可能不要相互交叉。

3. 电路装接

按照装接草图进行装接。工艺要求是：

①按顺序在实验板上插接元器件。一般先插接集成块的管座，再按顺序从左至右、从上至下插接电阻。

②根据装接草图，按从左至右、从上至下的顺序连接导线。接线要可靠，无漏接、虚接、短路现象，并引出电源接线端、公共地端及输入、输出信号接线端。

4. 电路调试

电路装接完成后应进行自检，正确无误后方能插接集成运放，接通直流电源及输入信号进行调试。

二、电路检修

1）直观检查电路中的导线是否松动；有无漏接、错接元器件；集成电路的引脚顺序是否正确；有无发热元器件等。

2）断开电源，根据电路原理图，按从左至右、从上至下的顺序用万用表依次检查元器件的连接情况。

3）检修输出端无信号故障。产生这一现象的原因可能有电源及输入信号端虚接、正负电源接反、A_1至R_5的接线漏接等。

4）检修输出信号固定不变故障。产生这一现象的原因可能是同相输入端与反相输入端接反。

根据故障现象，找出故障点，并加以排除。

三、电路测试

1）将低频信号发生器的频率置于1kHz，输出电压为50mV，并将其输出端与比例运算应用电路的输入端连接。

2）将双踪示波器的输入端分别接至应用电路的输入和输出端。

3）接通电源，调整示波器使输入、输出电压波形稳定显示（一般显示2~3个周期）。

4）读取输入、输出电压波形的峰-峰值U_{P-P}，计算每级的电压放大倍数，将结果填入表3-2中。

5）观察输入、输出波形的相位变化情况，将结果填入表3-2中。

表 3-2 实验测量记录

测量电路	输入电压	输出电压	电压放大倍数	相位差
反相比例放大电路	u_i O t $U_{P-P}:$	u_{o1} O t $U_{P-P}:$		
同相比例放大电路	u_{o1} O t $U_{P-P}:$	u_o O t $U_{P-P}:$		
电路合成	u_i O t $U_{P-P}:$	u_o O t $U_{P-P}:$		

检查评议

评分标准见表 3-3。

表 3-3 评 分 标 准

考核项目	考核要求	评 分 标 准	配分	扣分	得分
电路装接	在规定时间内独立完成电路装接，电路接线正确，布局合理	1. 电路装接与电路原理图一致，一处不符合扣 10 分 2. 元器件布置不合理，接线关系不清晰，一处扣 5 分 3. 规定时间内未完成电路扣 10 分	40		
仪器仪表使用测试	正确使用仪器仪表	1. 仪器仪表使用不正确，每次扣 5 分 2. 仪器仪表损坏，扣 20 分 3. 测量数据错误，误差过大，一处扣 5 分	50		
安全、文明实验	遵守实验室管理要求，保持实验环境整洁	1. 发生安全事故扣总分 10 分 2. 违反管理要求视情况扣 5~10 分	10		
合计			100		
时间		90min			

📖 知识拓展

差动放大电路

一、直流放大器的零点漂移

在图 3-14 所示电路中,当输入信号 $U_i=0$ 时,电路输出电压 $U_o=7V$。当环境温度发生变化时,会引起晶体管的参数(如电流放大倍数 β 等)发生变化,如温度升高时,β 增大,第一级放大电路的 I_{CQ1} 产生 ΔI_{CQ1} 的变化量,相应的集电极电压也产生一个 ΔU_{CEQ1} 的变化量。此变化量耦合至第二级,经放大后,输出电压偏离了 7V 的起始值。这种在 $U_i=0$ 时,输出电压偏离初始值的现象称为零点漂移,简称零漂。

产生零漂的原因有电源电压的波动、元器件老化引起电路参数的变化、环境温度的变化等。其中最主要的原因是环境温度的变化。

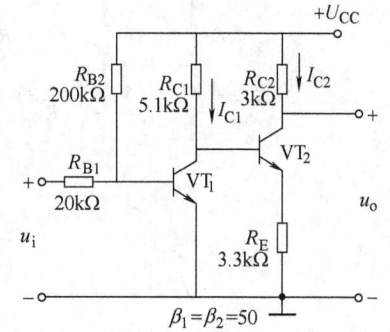

图 3-14 两级直流放大电路

在多级直接耦合放大电路中,漂移电压(尤其是第一级)经过多级放大后,很容易与有用信号相混淆,使电路无法正常工作。所以,直流放大电路的第一级通常采用差动放大电路,用来抑制零点漂移。

二、差动放大电路

1. 差动放大电路的组成

图 3-15 是一种基本的差动放大电路,由两个对称的单管共发射极放大电路组成,并采用双电源供电,输出电压 $u_o=u_{o1}-u_{o2}$。

2. 工作原理

(1) 共模输入 当输入信号 $U_{i1}=U_{i2}$ 时,由于电路结构对称,输出电压 $u_o=u_{o1}-u_{o2}=0$,故称大小相等、极性相同的两个输入信号为共模信号。环境温度发生变化时,两个晶体管的集电极电流产生相同的变化($\Delta I_{CQ1}=\Delta I_{CQ2}$),集电极电压的变化也相同($\Delta U_{CQ1}=\Delta U_{CQ2}$),输出电压 $U_o=\Delta U_{CQ1}-\Delta U_{CQ2}$。这说明差动放大电路对共模输入信号无放大作用,其共模电压放大倍数 $A_c=0$。

温度变化所引起的集电极电流变化就是一个共模信号,每个单管放大电路都会产生零漂,但由于差动放大电路具有对称性,可以有效地对其进行抑制。但是,实际的差动放大电路很难做到完全对称,设置电位器 RP 的目的就是为了调整电路的对称性。

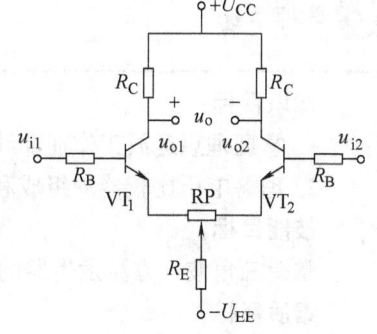

图 3-15 基本的差动放大电路

在图 3-15 所示电路中,R_E 用来稳定放大电路的静态工作点,但是它的存在会使放大电路的有效输入信号减小,造成电压放大倍数的降低。为了补偿 R_E 两端的直流压降,电路中设置了负电源($-U_{EE}$)。R_E 的值越大,放大电路静态工作点的稳定效果越好,但相应的 U_{EE} 的值也要提高。为了解决这一问题,常采用恒流源来代替 R_E。具有恒流源的差动放大电路如图 3-16 所示。

（2）差模输入 若输入信号 $U_{i1} = -U_{i2}$，即两个输入信号大小相等、极性相反，称之为差模信号，如图 3-17 所示。由于电路结构对称，$u_{c1} = -u_{c2}$，输出电压 $u_o = u_{c1} - u_{c2} = 2u_{c1}$。这就说明差动放大电路对差模输入信号具有放大作用，其差模电压放大倍数用 A_d 表示。

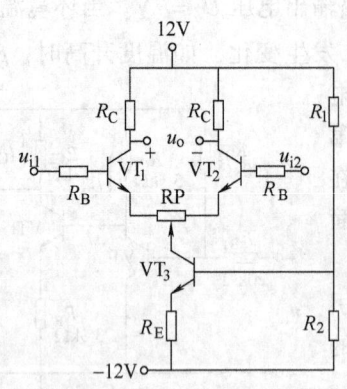

图 3-16 具有恒流源的差动放大电路

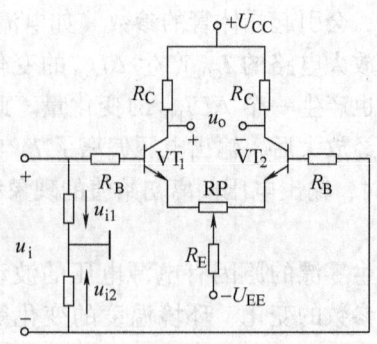

图 3-17 差模输入的差动放大电路

（3）共模抑制比 K_{CMRR} 共模抑制比是衡量差动放大电路对共模信号抑制能力大小的一个性能指标，其值为差模电压放大倍数与共模电压放大倍数的比值，即 $K_{CMRR} = A_d/A_c$。K_{CMRR} 越大，差动放大电路对共模信号的抵制能力越强。

任务 2 三角波—方波发生器的制作与检修

学习目标

> **知识目标：**
> 1. 掌握理想运放工作在非线性区的特点。
> 2. 理解电压比较器的组成和工作原理。
>
> **技能目标：**
> 掌握三角波—方波发生器的制作与检修方法。
>
> **素质目标：**
> 养成学生独立思考和动手操作的习惯，培养学生互相学习、相互帮助的精神。

工作任务

集成运放工作在非线性区域时，可以组成电压比较电路。电压比较电路又称为电压比较器，它是函数发生器电路中不可缺少的组成部分。本任务在介绍集成运放非线性应用电路相关理论的基础上，介绍集成运放实用电路——三角波—方波发生器的制作及检修方法，提高学生识读及安装电子电路的能力。三角波—方波发生器的装配图如图 3-18 所示。

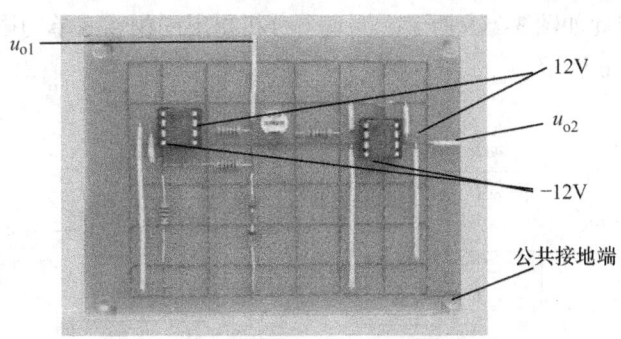

图 3-18 三角波—方波发生器的装配图

相关理论

一、理想运放工作在非线性区时的特点

理想运放在开环或引入正反馈时，工作在非线性状态。其特性有以下两点：

1）虚短不成立，但具有比较功能。当 $u_N > u_P$ 时，$u_o = -U_{Om}$；当 $u_N < u_P$ 时，$u_o = +U_{Om}$。

2）虚断仍然成立，即 $i_N = i_P = i_i = 0$。

利用理想运放的上述两个特点，可以组成电压比较电路，即电压比较器。按电路结构的不同，电压比较器可以分为单门限电压比较器和双门限电压比较器。

二、单门限电压比较器

1. 过零电压比较器

反相输入和同相输入过零电压比较器的电路结构，如图 3-19a 和图 3-20a 所示。由电路可知，运放处于开环状态，图 3-19a 所示电路中，当 $u_i > 0$ 时，$u_o = -U_{om}$；当 $u_i < 0$ 时，$u_o = +U_{om}$，其电压传输特性曲线如图 3-19b 所示。同理可分析得出同相输入过零电压比较器的电压传输特性曲线，如图 3-20b 所示。

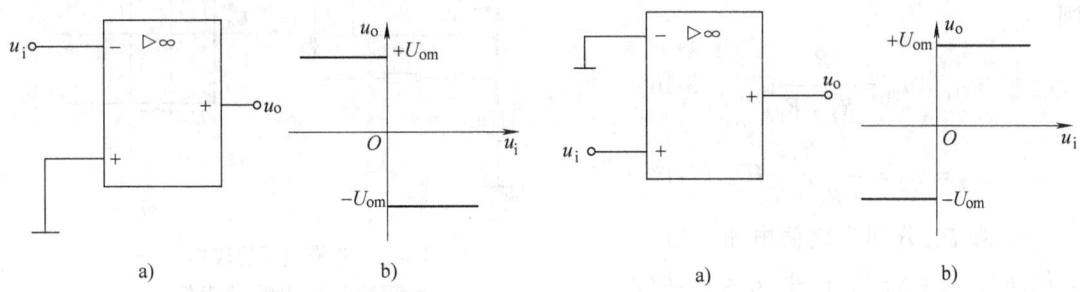

图 3-19 反相输入过零电压比较器　　　　图 3-20 同相输入过零电压比较器
　　a）电路结构　b）电压传输特性　　　　　　a）电路结构　b）电压传输特性

2. 比较电压为 U_R 的电压比较器

反相输入和同相输入单门限电压比较器的电路结构，如图 3-21a 和图 3-22a 所示。图 3-21a 为反相输入单门限比较器，当输入电压 $u_i > U_R$ 时，$u_o = -U_{om}$；当 $u_i < U_R$ 时，$u_o =$

$+U_{om}$，其电压传输特性如图 3-21b 所示。同理可分析得出同相输入单门限电压比较器的电压传输特性，如图 3-22b 所示。

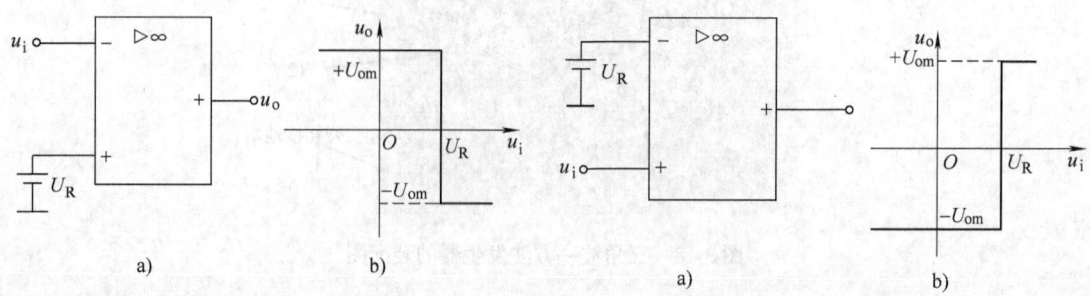

图 3-21　反相输入单门限电压比较器
a）电路结构　b）电压传输特性

图 3-22　同相输入单门限电压比较器
a）电路结构　b）电压传输特性

U_R 为阈值电压，它是输出电压在 $+U_{om}$ 与 $-U_{om}$ 之间跃变时的输入电压临界值，也称为门槛电压。

三、迟滞电压比较器

单门限电压比较器十分灵敏，输入电压在阈值电压附近的任何微小变化（来源于输入信号或外部干扰），都会引起输出电压的跃变，所以其抗干扰能力差。迟滞电压比较器（又称为双门限电压比较器，也称为施密特触发器）具有滞回特性，因而也就具有一定的抗干扰能力。从反相输入端输入的迟滞电压比较器如图 3-23a 所示。迟滞电压比较器中引入了正反馈。

因为"虚断"，所以 $u_i = u_N$，且

$$u_P = \frac{R_2}{R_2 + R_f} u_o \quad (3-15)$$

则

$$U_{h1} = u_{P1} = \frac{R_2}{R_2 + R_f} U_{om} \quad (3-16)$$

$$U_{h2} = u_{P2} = -\frac{R_2}{R_2 + R_f} U_{om} \quad (3-17)$$

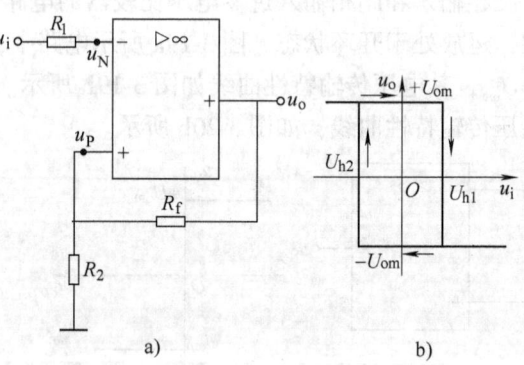

U_{h1} 和 U_{h2} 分别为阈值电压，当 $u_i > U_{h1}$ 时，$u_o = -U_{om}$；当 $u_i < U_{h2}$ 时，$u_o = +U_{om}$，其电压传输特性曲线如图 3-23b 所示。

图 3-23　迟滞电压比较器
a）电路结构　b）电压传输特性

由以上分析可知，迟滞电压比较器的输入信号在一定范围内发生变化时，其输出信号不变，提高了电路的抗干扰能力。

> **想一想**　迟滞电压比较器的输出电压幅值不变时，怎样调整阈值电压？

四、三角波—方波发生器

三角波—方波发生器的电路结构如图 3-24 所示。

电路原理是：将积分器的输出与迟滞电压比较器相连接，并通过电阻 R_1 形成正反馈闭环系统。比较器形成的方波经积分可得到三角波，三角波又触发比较器自动翻转形成方波，从而构成三角波—方波发生器。由于采用了由运放组成的积分电路，因此可实现恒流充电，使三角波的线性大大改善。

调节电阻 RP 的大小，就可以改变输出波形的频率。

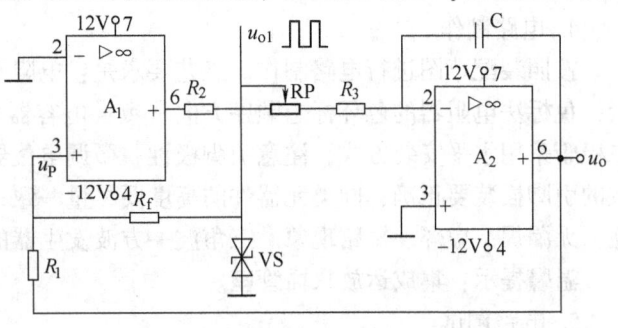

图 3-24　三角波—方波发生器的电路结构

任务准备

1. 万用表、示波器。
2. 常用电子电路组装工具、焊锡、助焊剂、多股软导线若干。
3. 三角波—方波发生器的元器件明细表见表 3-4。

表 3-4　三角波—方波发生器的元器件明细表

序号	名　称	规　格	数量	序号	名　称	规　格	数量
1	集成运放 A_1、A_2	LM741	2	5	稳压二极管 VZ	2DW7	2
2	电阻 R_1	10kΩ	1	6	电容器 C	0.022μF	1
3	电阻 R_2、R_3、R_f	20kΩ	3	7	电源	12V、-12V	各1
4	电位器 RP	20kΩ	1	8	集成电路底座	与 LM741 配套	2

任务实施

一、电路制作与调试

1. 元器件检测

（1）色环电阻器　主要识别其标称阻值，并用万用表相应挡位测量选用的电阻器，确认阻值的大小，分类固定存放，以方便使用。

（2）电容器　确认电容器的极性。测量电容器时，要选择合适的挡位，本电路中的电容器为 0.022μF，可用 $R \times 10k$ 挡或以下挡测试电容器，观察其充放电现象、指针摆动情况。其稳定后的阻值可用来判断电容器是否漏电或性能变差。

（3）电位器　用万用表测量其标称值，并检测其质量的好坏，保证阻值均匀调节。

（4）稳压二极管　主要判断其正、负极并检测质量好坏。

（5）集成运放　确认集成运放各引脚的名称。

2. 绘制装配草图

按图 3-24 所示的三角波—方波发生器电路原理图设计、绘制装配草图。要求按电路原理图的连接关系及电路板的结构布线。元器件布线要均匀，结构要紧凑；连接导线要平、直；导线不能相互交叉，确需交叉的导线应在元器件体下穿过。

3. 引脚加工成形

按工艺要求对元器件的引脚进行成形加工。注意不要反复折弯元器件引脚，以免折断报废。

4. 电路制作

按照装配草图进行电路制作。工艺要求是：电阻器采用水平安装方式，电阻体紧贴电路板，色标法电阻器的色环标志顺序方向一致；电容器采用垂直安装方式，注意正、负极性；二极管采用水平安装方式，注意引脚极性；微调电位器紧贴电路板安装，不能歪斜；集成运放的引脚插装要正确；同类元器件的高度要尽量一致；布线要正确，焊接要可靠，表面要光亮，无漏焊、虚焊、短路现象。三角波—方波发生器的装配图如图3-18所示。

温馨提示：集成运放只插管座。

5. 电路调试

电路制作完成后，首先认真检查是否有漏焊、错焊及短路现象；按电路图检查电路连接是否正确；检查无误后，将集成电路安装在管座上，接通电源，用示波器测量输出端的波形，调节可调电阻，观察波形的变化情况。

二、电路的检修

1）调试中如果无输出波形：

①检查集成电路是否接反。

②电源极性是否正确。

③R_1与u_o的反馈线是否连接。

④其他元器件是否错接、漏接或损坏。

2）如果输出波形频率不可调，检查电阻 RP 的接线是否正确。

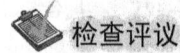
检查评议

评分标准见表3-5。

表3-5 评 分 标 准

主要内容	考核要求	评分标准	配分	扣分	得分
电路制作	焊接质量可靠，焊接技术符合工艺要求	1. 元器件布局不合理扣5分 2. 焊接点粗糙、拉尖、有焊接残渣，各扣1分 3. 虚焊、有气孔、漏焊、松动各扣1分 4. 引线过长、焊剂不干净扣1分 5. 元器件标称值不直观扣1分 6. 破坏元器件，每只扣2分 7. 工具使用不正确，每次扣1分	40		
通电调试	在规定的时间内，利用仪器仪表调试后，进行通电试验	1. 通电调试一次不成功扣10分，二次调试不成功扣15分 2. 调试过程中，元器件损坏，每只扣5分	30		
仪器仪表使用	正确使用仪器仪表	1. 仪器仪表使用不正确，每次扣5分 2. 仪器仪表损坏，扣20分	20		
安全文明生产	遵守安全生产规程，保持实习环境整洁	1. 发生安全事故，扣10分 2. 违反文明生产要求视情况扣5~10分	10		
合计			100		
时间		240min			

单元 3　集成运算放大器及其应用电路

注意事项

电路在制作过程中，容易出现以下问题：
1. 集成电路接反。在插件时，要求底座方向要正确。
2. R_1 与 u_o 的反馈线及 A_2 的同相接地端漏接。
3. 集成电路被烧坏。在电路制作中，一定要确保元器件参数正确，接线无误，避免漏接、错接、虚焊及短路等现象。

任务 3　函数信号发生器的制作与检修

学习目标

技能目标：
掌握函数信号发生器的制作与检修方法。
素质目标：
养成学生独立思考和动手操作的习惯，培养学生相互学习的精神。

工作任务

函数信号发生器是集成运放的综合应用电路，它既能输出矩形波和三角波、又能输出正弦波。其装配图如图 3-25 所示。

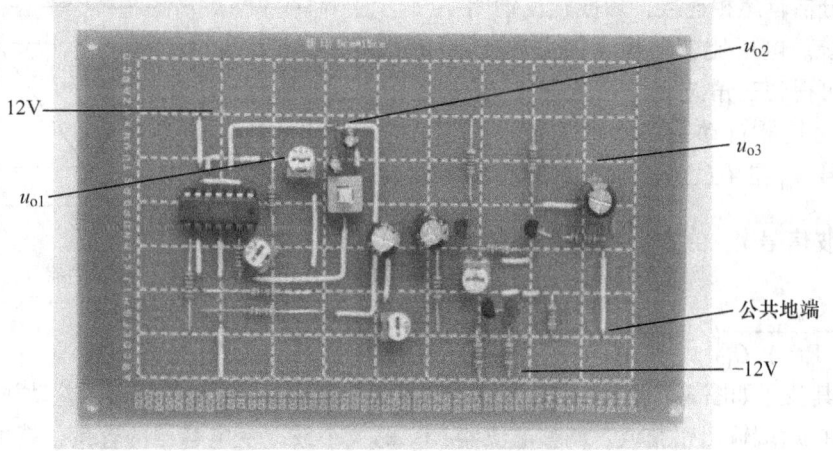

图 3-25　函数信号发生器的装配图

相关理论

一、函数信号发生器的结构
函数信号发生器的结构原理图，如图 3-26 所示。

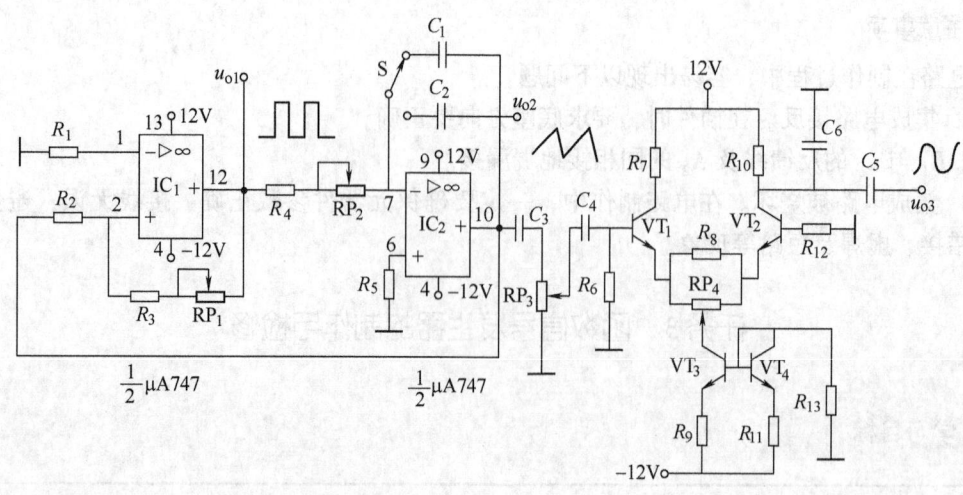

图 3-26 函数信号发生器的结构原理图

二、电路原理

电路中，μA747 内部由两个集成运放 IC_1 和 IC_2 组成。IC_1 通过反馈电阻 R_2、R_3、RP_1 接成迟滞电压比较器，其阈值电压 $u_h = \dfrac{R_2}{R_2 + R_3 + RP_1} u_{o1} + \dfrac{R_3 + RP_1}{R_2 + R_3 + RP_1} u_{o2}$，$IC_2$ 通过电阻 R_4、电容 C_1 或 C_2 接成积分器。将迟滞电压比较器与积分器首尾相连接，形成正反馈闭环控制系统。电压比较器输出的方波 u_{o1} 经积分器可得到三角波 u_{o2}，三角波 u_{o2} 又触发电压比较器自动翻转形成方波 u_{o1}。当方波信号 u_{o1} 在 $+U_{om}$ 和 $-U_{om}$ 之间变化时，三角波信号 u_{o2} 在 $-\dfrac{U_{om}}{(R_4 + RP_2) C_1} t_1$ 与 $+\dfrac{U_{om}}{(R_4 + RP_2) C_1} t_1$ 间线性变化，其中

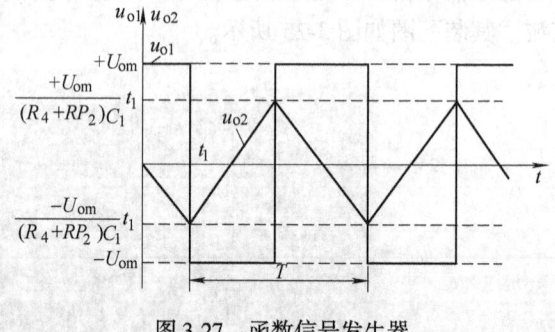

图 3-27 函数信号发生器中 u_{o1}、u_{o2} 的波形

$t_1 = T/4$。其波形如图 3-27 所示。10 号端的三角波经两级 RC 电路的整形、差动放大及 C_6 的滤波后，在 u_{o3} 端输出正弦波。调整电位器 RP_2 的大小或改变电容器的容量，就可改变输出波形的周期。

任务准备

1. 万用表、示波器。
2. 12V、-12V 直流电源各一台。
3. 常用电子电路组装工具、焊锡、助焊剂、多股软导线若干。
4. 函数信号发生器的元器件明细表见表 3-6。

单元3 集成运算放大器及其应用电路

表 3-6 函数信号发生器的元器件明细表

序 号	名 称	规 格	数 量
1	电阻 R_1、R_2、R_5	10kΩ/0.25W	3
2	电阻 R_3、R_7、R_{10}	20kΩ/0.25W	3
3	电阻 R_4	5.1kΩ/0.25W	1
4	电阻 R_6、R_{12}	6.8kΩ/0.25W	2
5	电阻 R_8	100Ω/0.25W	1
6	电阻 R_9、R_{11}	2kΩ/0.25W	2
7	电阻 R_{13}	8kΩ/0.25W	1
8	可调电位器 RP_1、RP_2	47kΩ/(0.25~0.5)W	2
9	可调电位器 RP_3	100kΩ/(0.25~0.5)W	1
10	可调电位器 RP_4	100Ω/(0.25~0.5)W	1
11	电解电容器 C_1	10μF/25V	1
12	电容 C_2	1μF/63V	1
13	电解电容器 C_3、C_4、C_5	470μF/25V	3
14	电容 C_6	0.1μF/63V	1
15	集成运放及管座	μA747	各1
16	晶体管 VT_1、VT_2、VT_3、VT_4	9013	4

 任务实施

一、电路制作与调试

1. 元器件检测

（1）色环电阻器　主要识别其标称阻值，并用万用表相应挡位测量选用的电阻器，确认阻值的大小，分类固定存放，以方便使用。

（2）电容器　确认电容器的极性及质量。测量电容器时，要选择合适的挡位，本电路中的电容器 $C_1 \sim C_5$ 为电解电容器，且容量大于或等于 1μF，可用万用表的 $R \times 1k$ 挡或 $R \times 100$ 挡检测其极性。电容器 C_6 为 0.1μF，可用 $R \times 10k$ 挡或以下挡测试电容器，观察其充放电现象、指针摆动情况，其稳定后的阻值可用来判断电容器是否漏电或性能变差。

（3）晶体管　识别其类型与引脚的排列，并用万用表检测其质量的好坏。

（4）电位器　用万用表测量其标称值，并检测其质量的好坏，保证阻值连续可调。

（5）集成运放　确认集成运放各引脚的名称。

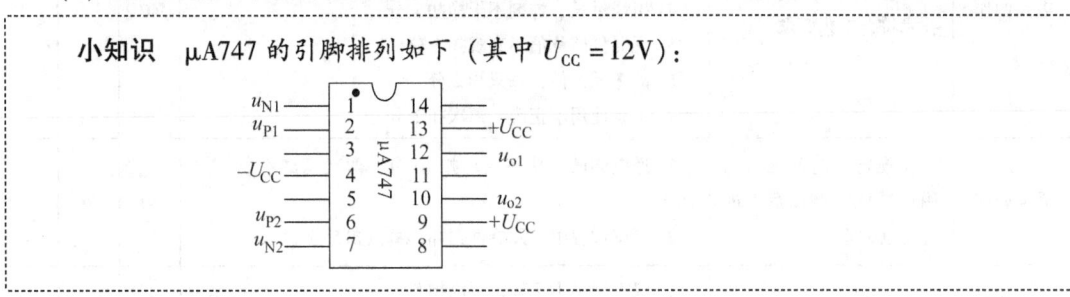

2. 绘制装配草图

按图 3-26 所示函数信号发生器电路原理图设计、绘制装配草图。要求按电路原理图的

连接关系及电路板的结构布线；元器件布线要均匀，结构要紧凑；连接导线要平、直；导线不能相互交叉，确需交叉的导线应在元器件下面穿过。

3. 引脚加工成形

按工艺要求对元器件的引脚进行成形加工。注意不要反复折弯元器件引脚，以免折断报废。

4. 电路制作

按照装配草图进行电路制作。工艺要求为：电阻器采用水平安装方式，电阻体紧贴电路板，色标法电阻器的色环标志顺序方向一致；电容器采用垂直安装方式，注意正、负极性；晶体管采用垂直安装方式，注意引脚极性；微调电位器紧贴电路板安装，不能歪斜；集成运放的引脚插装要正确；同类元器件的高度要尽量一致；布线要正确，焊接要可靠，表面要光亮，无漏焊、虚焊、短路现象。函数信号发生器的装配图如图 3-25 所示。

5. 电路调试

电路制作完成后，首先认真检查是否有漏焊、错焊及短路现象；按电路图检查电路连接是否正确；检查无误后，将集成电路安装在管座上，接通电源，用示波器测量输出端 u_{o1}、u_{o2} 的波形，调节电位器 RP_2，观察波形的变化情况。u_{o1}、u_{o2} 的波形正常后，连接 C_3 与电位器 RP_3，用示波器检测输出端的波形。

二、电路的检修

1）电路无输出波形：

①检查集成电路是否接反。

②电源极性是否正确。

③R_2 与 u_{o2} 的反馈线是否连接。

④其他元器件是否错接、漏接或损坏。

2）输出波形频率不可调，检查电阻 RP 接线是否正确。

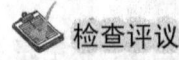

检查评议

评分标准见表 3-7。

表 3-7 评 分 标 准

主要内容	考核要求	评分标准	配分	扣分	得分
电路制作	焊接质量可靠，焊接技术符合工艺要求	1. 元器件布局不合理扣 5 分 2. 焊接点粗糙、拉尖、有焊接残渣，各扣 1 分 3. 虚焊、有气孔、漏焊、松动各扣 1 分 4. 引线过长、焊剂不干净扣 1 分 5. 元器件标称值不直观扣 1 分 6. 破坏元器件，每只扣 2 分 7. 工具使用不正确，每次扣 1 分	40		
通电调试	在规定的时间内，利用仪器仪表调试后，进行通电试验	1. 通电调试一次不成功扣 10 分，两次调试不成功扣 15 分 2. 调试过程中，元器件损坏，每只扣 5 分	30		
仪表使用	正确使用仪表	1. 仪表使用不正确，每次扣 5 分 2. 仪表损坏，扣 20 分	20		

(续)

主要内容	考核要求	评分标准	配分	扣分	得分
安全文明生产	遵守安全生产规程，保持实习环境整洁	1. 发生安全事故，扣10分 2. 违反文明生产要求视情况扣5~10分	10		
合计			100		
时间		480min			

注意事项

电路制作过程中，经常出现以下问题：

1. R_2 与 10 号端的导线漏接。
2. R_1、R_5、RP_3、R_6、R_{12}、R_{13} 的接地线间有断路点。
3. μA747 中的 9 号或 13 号的正电源漏接等。

以上问题在画接线图时一定要特别标注，焊接时提醒自己注意。

单元 4 整流与稳压电路

电子设备中通常需要稳定的直流电源。大多数功率较小的直流电源是将工频交流电经过整流、滤波和稳压后获得的。直流稳压电源的结构框图如图 4-1 所示。其中，整流电路用来将交流电变转成脉动的直流电；滤波电路用来滤除整流后脉动电压中的交流成分，使之成为较平滑的直流电；稳压电路的作用是当输入交流电源电压波动、负载或温度发生变化时，维持输出直流电压的稳定。

本单元主要介绍整流、滤波和稳压电路的组成与工作原理；重点介绍单相整流电路的组成与工作原理，并联型稳压电路的实验装接与波形测试方法，直流稳压电源的制作、调试与检修方法。

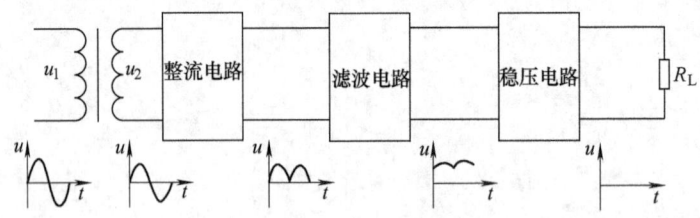

图 4-1 直流稳压电源的结构框图

任务 1 单相整流电路的实验装接与测试

 学习目标

知识目标：
掌握单相整流电路的组成、工作原理及简单计算，并能正确选择整流二极管。
技能目标：
掌握单相整流电路的实验装接与测试方法。
素质目标：
使学生养成独立思考和动手操作的习惯，培养学生团结协作的精神。

单元 4　整流与稳压电路

工作任务

电子电路中通常需要直流电源供电。获得直流电最经济简便的方法是利用直流稳压电源将电力系统供给的 220V 交流电经过变压、整流、滤波、稳压后转换成稳定的直流电。小功率直流电源通常采用单相交流电转换。利用二极管的单向导电性，将单相交流电变成脉动直流电的电路，称为单相整流电路。常用的二极管单相整流电路可分为单相半波整流电路和单相桥式整流电路。本任务在介绍整流电路工作原理的基础上，介绍整流电路的实验装接步骤和波形测试方法。图 4-2 为单相整流电路的实验装接图。

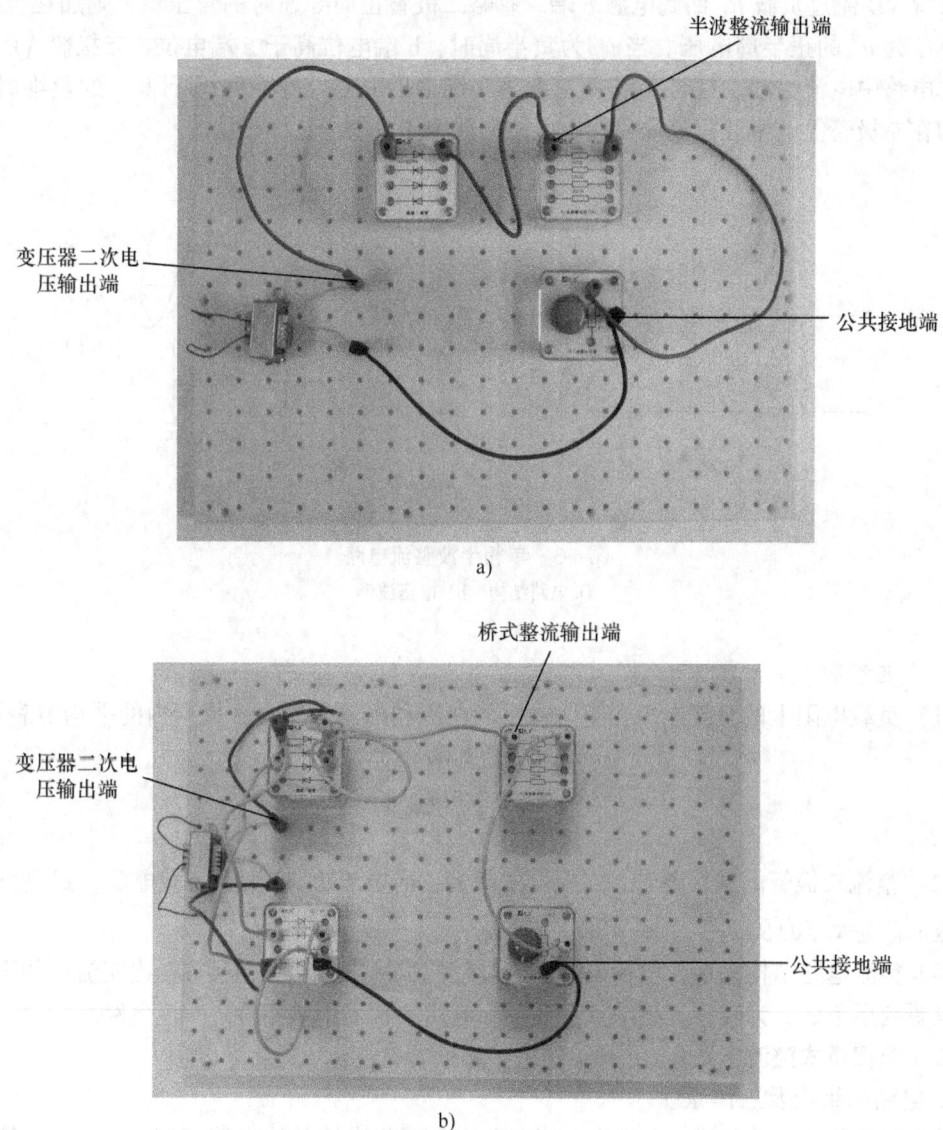

图 4-2　单相整流电路的实验装接图
a) 单相半波整流电路　b) 单相桥式整流电路

相关理论

一、单相半波整流电路

1. 电路的组成及工作原理

单相半波整流电路如图 4-3a 所示。变压器的作用是把电网电压 u_1（交流 220V，50Hz）转换成所需要的交流电压 u_2，二次电压的有效值为 U_2，VD 是整流二极管，R_L 是直流负载电阻。

当 u_2 为正半周时，电源 a 端电位高于 b 端电位，二极管 VD 正向导通，电流自电源 a 端经二极管 VD 流过负载 R_L 回到电源 b 端。忽略二极管正向导通时的管压降，则加在负载 R_L 上的电压为 u_2 的正半周电压。当 u_2 为负半周时，b 端电位高于 a 端电位，二极管 VD 反向截止，电路中电流为零。这时，R_L 两端电压（即输出电压）等于零，所以 u_2 的负半周电压全部加在二极管上。半波整流电路的电压波形如图 4-3b 所示。

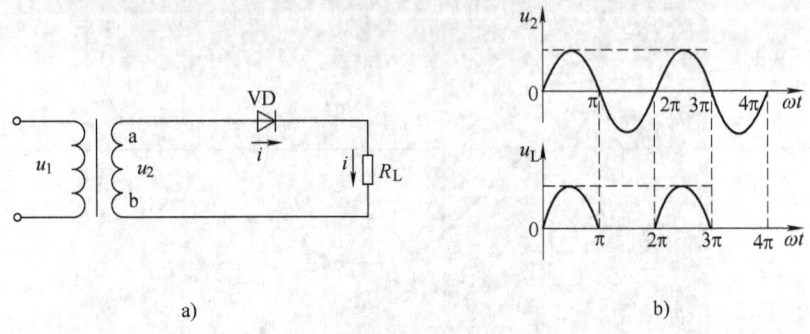

图 4-3 单相半波整流电路
a) 电路结构 b) 电压波形

2. 主要参数

（1）负载电阻上的直流电压 整流输出的电压和电流是用一个周期内的平均值表示的，即

$$U_L = 0.45 U_2 \tag{4-1}$$

$$I_L = U_L / R_L \tag{4-2}$$

（2）整流二极管的选用要求 二极管的最大正向电流 I_{RM} 应大于负载电流，最高反向工作电压 U_{RM} 应大于 $\sqrt{2} U_2$。

半波整流电路结构简单，但输出直流分量较低，输出脉动大，且只输出交流电的半个周期，电源利用率低。为克服上述缺点，在实际应用中常采用单相桥式整流电路。

二、单相桥式整流电路

1. 电路的组成及工作原理

单相桥式整流电路如图 4-4 所示。其电源变压器与半波整流电路相同，4 个二极管作为整流器件，接成电桥的形式，故称为桥式整流电路。其中，VD_1、VD_2 的负极接在一起，作为输出直流电压的正极性端；同时，VD_3、VD_4 的正极接在一起，作为输出直流电压的负极性端。电桥的另外两端之间加入待整流的交流电压。

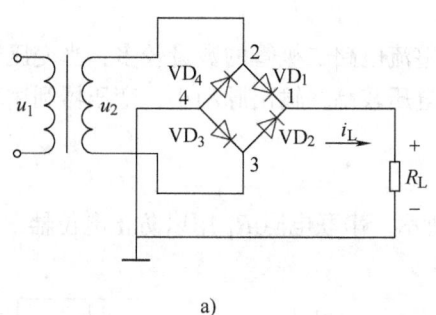 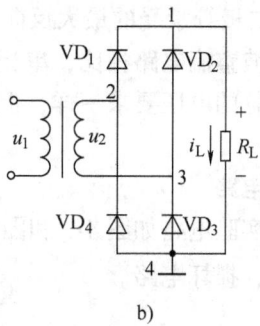

图 4-4 单相桥式整流电路
a) 电路结构　b) 习惯画法

当 u_2 为正半周时，VD_1、VD_3 正向导通，而 VD_2、VD_4 反向截止，电流由 2 端正极出发，经 VD_1、R_L、VD_3 回到 3 端负极，如图 4-5a 所示。这时负载电压 u_L 与 u_2 正半周相同，即 $u_L = u_2$，$i_L = i_{L1}$。当 u_2 为负半周时，VD_2、VD_4 正向导通，而 VD_1、VD_3 反向截止，电流由 3 端正极出发，经 VD_2、R_L、VD_4 回到 2 端负极，如图 4-5b 所示。这时负载电压 u_L 与 u_2 大小相同、方向相反，即 $u_L = -u_2$，$i_L = i_{L2}$。单相桥式整流电路的电压波形如图 4-6 所示。在单相桥式整流电路中，在输入交流电压的正、负半周，都有同一方向的电流流过 R_L，4 只二极管两两轮流导通，在负载上得到全波脉动的直流电压和电流。这种整流电路属于一种全波整流电路。

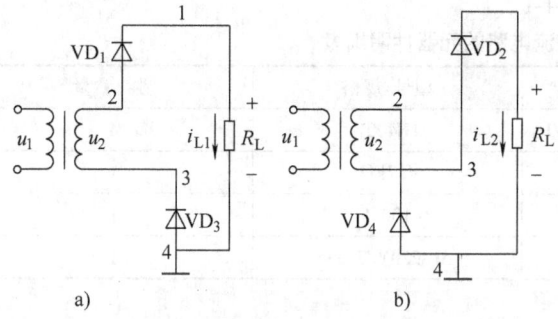 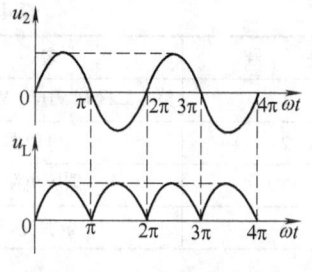

图 4-5 单相桥式整流电路电流通路
a) u_2 正半周的情况　b) u_2 负半周的情况

图 4-6 单相桥式整流电路的电压波形

2. 主要参数

（1）负载电阻上的直流电压、电流

$$U_L = 0.9 U_2 \tag{4-3}$$

$$I_L = U_L / R_L \tag{4-4}$$

（2）整流二极管的选用要求

$$I_R = \frac{1}{2} I_L \tag{4-5}$$

$$U_{RM} = \sqrt{2} U_2 \tag{4-6}$$

式中　I_R——流过二极管的平均电流；

U_{RM}——二极管承受的最大反向电压。

与单相半波整流电路相比,单相桥式整流电路二极管的数量较多,当变压器二次电压相同时,对二极管的电压要求一样,但输出电压较高,输出脉动小,变压器利用率高,所以应用广泛。

三、实验电路

单相整流实验电路如图4-7和图4-8所示。串联电阻R_1用以防止电位器RP调节过程中造成负载短路,损坏电路。

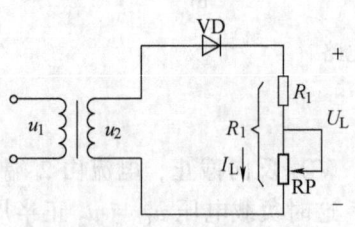

图4-7 单相半波整流实验电路

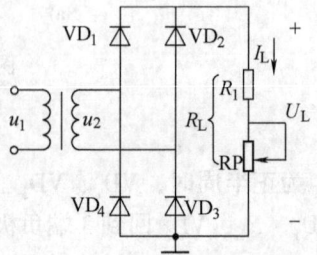

图4-8 单相桥式整流实验电路

任务准备

1. 万用表、双踪示波器、220V交流电源、实验台。
2. 单相整流电路的元器件明细表见表4-1。

表4-1 单相整流电路的元器件明细表

序 号	名 称	型号/规格	数 量
1	整流二极管 VD_1、VD_2、VD_3、VD_4	1N4001	4
2	电位器 RP	4.7kΩ	1
3	碳膜电阻器 R_1	100Ω	1
4	电源变压器 T	AC 220V/7.5V	1

 任务实施

一、电路的装接与调试

1. 元器件的检测

(1)色环电阻器 主要识别其标称阻值,并用万用表相应挡位测量选用的电阻器,确认其阻值大小。

(2)电位器 用万用表测量其标称值并检测其质量好坏。

(3)二极管 主要判断其正、负极并检测其质量好坏。

(4)电源变压器 用万用表电阻挡检测其一、二次绕组有无短路和开路,查看其外观有无绝缘损伤和导体裸露情况。

> **小知识** 电源变压器的检测:判别变压器的质量时可以从两方面考虑,即开路和短路。开路检查用万用表电阻挡很容易完成,可将万用表置于$R×1$挡,分别测量变压器

各绕组的阻值,一般一次绕组的阻值为几十欧姆到几百欧姆,二次绕组的阻值为几欧姆到几十欧姆。变压器功率越大,使用的导线越粗,阻值越小;变压器功率越小,使用的导线越细,阻值越大。如果测量中电阻为零,那么说明此绕组有短路现象;如果阻值无穷大,那么说明有开路故障。但需要注意的是测试时应切断变压器与其他元器件的连接。

2. 电路的装接

分别按图 4-7 和图 4-8 所示电路装接,单相整流电路的实验装接图如图 4-2 所示。

3. 电路的调试

电路装接完毕,自检无误后,可接入电源进行电路调试。

二、电路的测试

1)使用万用表分别测量单相半波整流电路和单相桥式整流电路的输入、输出电压,将结果记录在表 4-2 中。

表 4-2 整流电路的输入、输出电压

整流电路形式	输入电压		输出电压	
	万用表挡位	U_2/V	万用表挡位	U_L/V
半波整流电路				
桥式整流电路				

通过测量数据可发现,单相半波整流电路中 $U_L = 0.45U_2$,单相桥式整流电路中 $U_L = 0.9U_2$。

2)使用示波器分别检测单相半波整流电路、单相桥式整流电路的输入和输出电压波形,将结果记录在表 4-3 中。

表 4-3 整流电路电压波形的检测记录

整流电路形式	输入电压波形	输出电压波形
半波整流电路	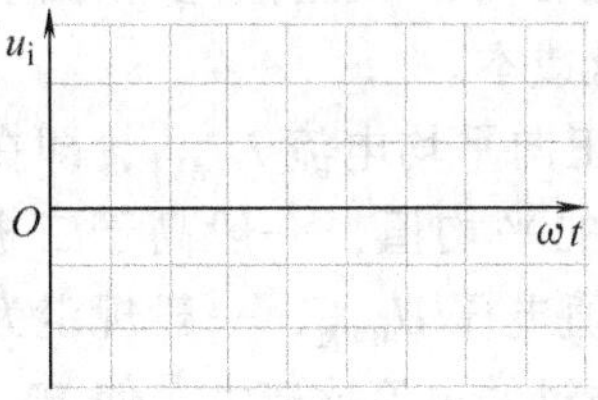 $U_{P-P}=$ $T=$	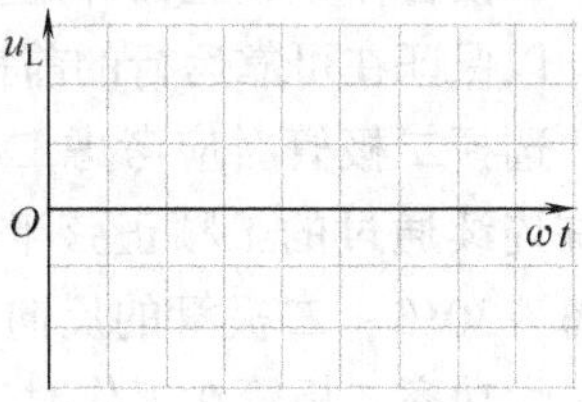 $U_{P-P}=$ $T=$
桥式整流电路	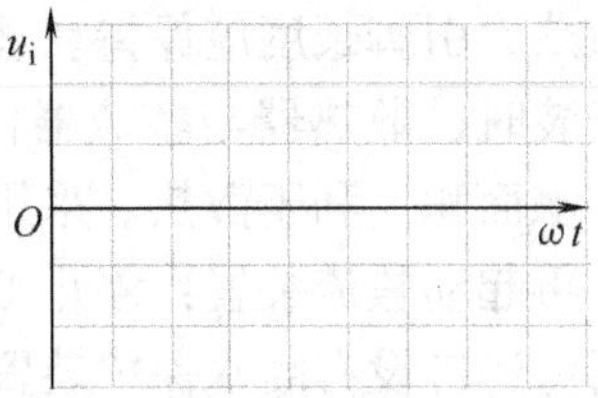 $U_{P-P}=$ $T=$	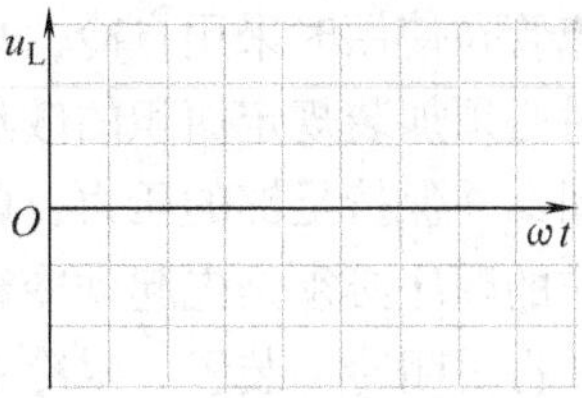 $U_{P-P}=$ $T=$

由检测波形可以看到,整流电路将交流电转换成脉动的直流电。

检查评议

评分标准见表4-4。

表4-4 评分标准

考核项目	考核要求	评分标准	配分	扣分	得分
电路的装接	在规定时间内独立完成电路的装接；电路接线正确，布局合理	1. 电路装接与电路原理图一致，一处不符合扣10分 2. 元器件布置不合理，接线关系不清晰，一处扣5分 3. 在规定时间内未完成电路的装接，扣10分	40		
仪器、仪表的使用	正确使用仪器、仪表	1. 仪器、仪表使用不正确，每次扣5分 2. 仪器、仪表损坏，扣20分 3. 测量数据错误，误差过大，一处扣5分	50		
安全文明实习	遵守实验室管理要求，保持实验环境整洁	1. 发生安全事故，扣10分 2. 违反管理要求，视情况扣5~10分	10		
合计			100		
时间		90min			

注意事项

1. 负载电阻 R_L 中串联 100Ω 电阻，用以防止电位器调至最低时造成短路。

2. 桥式整流电路必须在经检查连接正确后，尤其在确定二极管极性连接正确后，方可通电实验。

知识拓展

整流器件的合理选择和使用

二极管作为整流器件是整流装置的核心和主体，要根据不同的整流方式和负载大小来选择，以保证在可靠运行的前提下降低成本。

选择二极管时应考虑二极管的正向平均电流 $I_{F(AV)}$，即在规定环境和标准散热条件下，允许连续通过的工频正弦半波电流的平均值，一般高于二极管在整流电路中平均电流的10%~30%；二极管的反向工作峰值电压 U_{RWM}，一般规定为二极管反向击穿电压的1/2。

大功率二极管在工作时，往往通过的电流比较大，使PN结的温度高，必须按产品说明书中有关散热、冷却的要求使用。其冷却方式有自冷、风冷和水冷。一般塑料封装的小电流整流管在使用时采用自冷，靠引脚散热，引脚长度应保持在规定值以上。大电流整流管在工作时必须加装规定面积的散热器，安装时，散热器与整流器件之间的接触面要平整、光洁、紧固，并保持足够的压力，以加大接触面积，利于散热。采用风冷或水冷的整流器件，开始工作的顺序必须是先起动冷却装置，再起动整流装置；停止工作的顺序是先切断整流电路电源，再关闭冷却装置。水冷的整流器件还应设有断水保护装置，以免停水时整流器件因温度过高而烧毁。

任务 2　并联型稳压电路的实验装接与检修

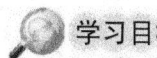 学习目标

> **知识目标：**
> 掌握并联型稳压电源的组成及工作原理。
> **技能目标：**
> 掌握并联型稳压电路的实验装接与检修方法。
> **素质目标：**
> 使学生养成独立思考和动手操作的习惯，培养学生团结协作的精神。

 工作任务

整流后得到的脉动直流电含有较大的交流分量。这种不平滑的直流电只能在电镀设备、电焊设备、蓄电池等要求不高的设备中使用，不能达到大多数电子电路和设备的要求，还应进一步接入滤波、稳压电路。本任务在介绍并联型稳压电路工作原理的基础上，介绍并联型稳压电路的装接与检修方法。图 4-9 为并联型稳压电路的实验装接图。

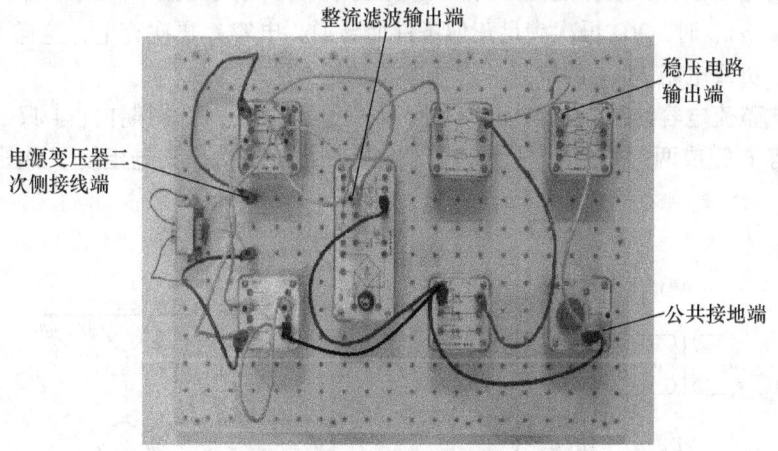

图 4-9　并联型稳压电路的实验装接图

相关理论

一、电容滤波电路

1. 电路的组成

单相半波整流电容滤波电路如图 4-10a 所示，该电路在负载上并联一个大容量的电解电容器。

2. 工作原理

设接通电源前，电容 C 两端的电压为零。当 u_2 为正半周时，整流二极管 VD 导通，u_2

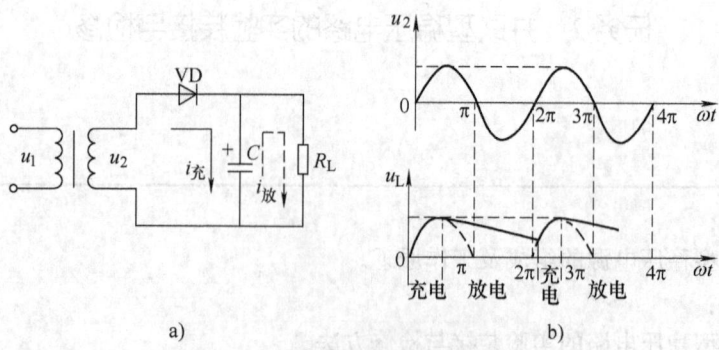

图 4-10 单相半波整流电容滤波电路
a) 电路结构   b) 电压波形

通过 VD 向电容 C 充电，忽略二极管正向电阻，则充电很快，u_C 基本和 u_2 同步变化（忽略 VD 的正向压降）。当 u_2 达到峰值时，电容 C 两端的电压也近似达到最大值。此后 u_2 按正弦规律由峰值开始下降，而电容两端电压因不能突变，仍保持较高电压。这时，因 $u_2 < u_C$ 而使整流二极管 VD 截止，电容 C 向负载电阻 R_L 放电，由于放电时间常数 τ（等于 $R_L C$）相对较大，故放电速度较慢。在 u_2 为负半周后，整流二极管 VD 仍处于截止状态，电容 C 继续放电，输出电压按指数规律逐渐下降。当 u_2 的下一个周期的正半周到来时，电容 C 仍在放电，直到 $u_2 > u_C$ 时，VD 再次满足正偏条件而导通，电容 C 再次充电，这样不断重复第一周期的过程。负载电阻 R_L 上的电压波形如图 4-10b 所示。

单相桥式整流电容滤波电路如图 4-11 所示。由于 u_2 在一个周期内，4 只二极管两两轮流导通，电容 C 完成两次充放电，使得输出电压 u_L 更加平滑，其电压波形如图 4-11b 所示。

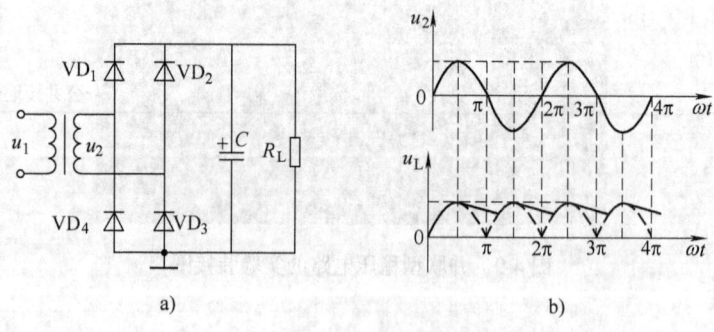

图 4-11 单相桥式整流电容滤波电路
a) 电路结构   b) 电压波形

3. 有关参数

（1）输出电压的平均值 U_L

1）半波整流电容滤波电路

$$U_L = (1 \sim 1.1) U_2 \tag{4-7}$$

2）桥式整流电容滤波电路

$$U_L \approx 1.2U_2$$

想一想 分析图 4-10a 和图 4-11a 中,当负载开路时输出电压的大小。

(2) 二极管的选取　接入电容滤波后,二极管的导通时间变短,特别是在接通电源瞬间会产生很大的浪涌电流。在选择二极管时其额定电流应满足

$$I_F \geq 3U_L/2R_L$$

(3) 滤波电容的选取　为了得到平滑的负载电压,滤波电容器常按下式选取。

$$C \geq (3 \sim 5)T/2R_L \tag{4-8}$$

式中　T——交流电源电压的周期。

电容滤波电路简单,输出直流电压高,脉动小,但带负载能力较差,适用于负载电流较小且负载变动不大的场合作为小功率直流电源。

二、电感滤波电路

1. 电路的组成

图 4-12 为单相桥式整流电感滤波电路。该电路由电感线圈 L 与负载电阻 R_L 串联组成。

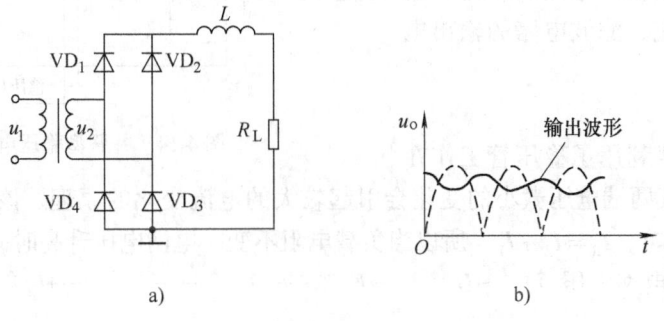

图 4-12　单相桥式整流电感滤波电路
a) 电路结构　b) 电压波形

2. 工作原理

由于通过电感的电流不能突变,因此当通过电感线圈的电流增大时,电感线圈产生的自感电动势与电流方向相反,阻止电流增加,同时将一部分电能转化成磁能存储在电感中;当通过电感线圈的电流减小时,自感电动势与电流方向相同,阻止电流减小,同时电感线圈释放出存储的能量,以补偿电流的减小。因此,经过电感滤波后,脉动减小,波形变得比较平滑,如图 4-12b 所示。

电感滤波电路输出电压的平均值 $U_L = 0.9U_2$。

电感滤波电路适用于一些大功率整流设备和负载电流变化较大的场合。

当单独使用电容或电感进行滤波而效果仍不理想时,可采用复式滤波电路。电容和电感是基本的滤波元件,利用它们对直流量和交流量呈现不同电抗的特点,合理地将它们接入电路就可以达到滤波的目的。常见的复式滤波电路有 LC 型、LC-Л 型、RC-Л 型等,如图 4-13 所示。

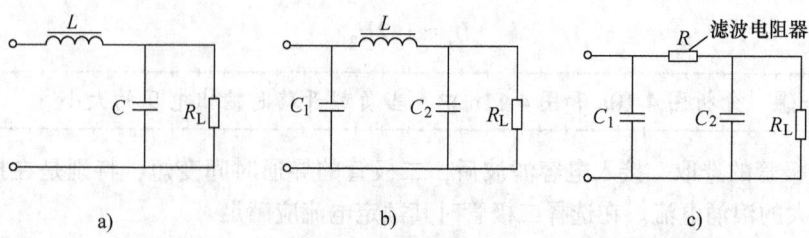

图 4-13 复式滤波电路
a) LC 型滤波电路　b) LC-Л 型滤波电路　c) RC-Л 型滤波电路

三、并联型稳压电路

交流电经整流、滤波后已经变成比较平滑的直流电，但还不够稳定，当负载大小发生变化或电网电压波动时，输出的直流电压仍会随其波动，这对电子电路的正常工作是不利的，因此滤波后还需要加入稳压环节。

1. 电路的组成

并联型稳压电路如图 4-14 所示。由于稳压管 VS 反向并联在负载 R_L 的两端，故称为并联型稳压电路。该电路的输入可以来自整流、滤波电路的输出电压。

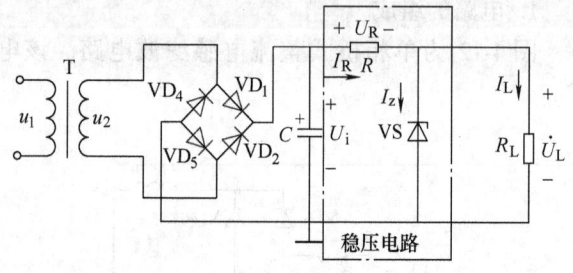

图 4-14 并联型稳压电路

2. 工作原理

并联稳压电路利用了稳压管工作在反向击穿区时，其两端电压微小的变化会引起较大的电流变化的原理。该电路中，因为 $U_i = U_R + U_L(U_L = U_Z)$，$I_R = I_Z + I_L$，所以当负载电阻不变、电网电压升高时，稳压过程如下：

电网电压 ↑ ⟶ U_i ↑ ⟶ U_L ↑ ⟶ U_Z ↑ ⟶ I_Z ↑ ⟶ I_R ↑

U_L ↓ ⟵ U_R ↑

反之亦然。

当电网电压不变、负载电阻减小时，稳压过程如下：

负载电阻 R_L ↓ ⟶ U_L ↓ ⟶ U_Z ↓ ⟶ I_Z ↓ ⟶ I_R ↓

U_L ↑ ⟵ U_R ↓

反之亦然。

综上所述，并联型稳压电路利用稳压管电流的变化引起限流电阻 R 两端电压的变化，从而达到稳压的目的。限流电阻在电路中起到限流和调整输出电压的双重作用，必须选择恰当，阻值过小可能烧毁稳压管，阻值过大会使稳压管的稳压特性变差，而且输出电流变小。并联型稳压电路仅适用于小功率负载且电流变化不大的场合。

四、实验电路

并联型稳压实验电路如图 4-15 所示。电阻 R_L 用以防止电位器 RP 调节过程中造成负载短路，损坏元器件。

单元 4　整流与稳压电路

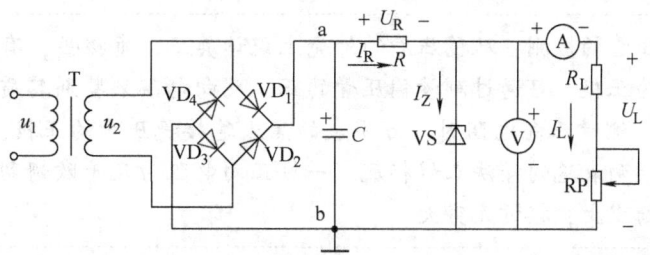

图 4-15　并联型稳压实验电路

任务准备

1. 万用表、双踪示波器、直流电压表（0～30V）、直流电流表（0～2A）、交流电源。
2. 并联型稳压电路元器件明细表见表 4-5。

表 4-5　并联型稳压电路元器件明细表

序　号	名　　称	型号/规格	数　　量
1	整流二极管 VD_1、VD_2、VD_3、VD_4	1N4001	4
2	碳膜电阻器 R	1kΩ	1
3	碳膜电阻器 R_L	100Ω	1
4	电解电容器 C	100μF	1
5	稳压管 VS	8.2V	1
6	电位器 RP	470Ω/2W	1
7	电源变压器 T	AC 220V/7.5V	1

任务实施

一、电路的装接与调试

1. 元器件的检测

（1）色环电阻器　主要识别其标称阻值，并用万用表相应挡位测量选用的电阻器，确认其阻值大小。

（2）电位器　用万用表测量其标称值并检测其质量好坏。

（3）二极管　主要判断其正、负极并检测其质量好坏。

（4）稳压管　主要判断其正、负极，检测其质量好坏及稳压值。

（5）电容器　确认电解电容器的极性。检测电容器时，要选择万用表合适的挡位（本电路中的电容器为 100μF，可用 R×100 挡），观察其充放电现象和万用表指针摆动情况，以及电容器是否漏电或性能变差。

（6）电源变压器　用万用表电阻挡检测其一、二次绕组有无短路和开路，查看其外观有无绝缘损伤和导体裸露情况。

> **小知识** 稳压管的检测：从稳压管的外壳上识读其正、负极性，有色带标志的一端为负极，另一端为正极。可通过测量稳压管的正、反向电阻来鉴别其质量好坏。将万用表置于 $R \times 1k$ 挡，测量正向电阻时，万用表的黑表笔接稳压管的正极，红表笔接负极；测量反向电阻时，两表笔的接法正好相反。一般正向电阻为几千欧姆到几万欧姆，反向电阻为几十万欧姆以上，接近无穷大。

2. 电路的装接

按照图 4-15 装接电路，并联型稳压电路的实验装接图如图 4-9 所示。在连接电路时应注意整流二极管、电解电容及稳压管的极性不要接错。

3. 电路的调试

电路装接完毕，自检无误后，可接入电源进行电路调试。若电路工作正常，则稳压电路输出电压基本保持 8.2V 不变。

二、电路的检修

1）接上稳压管以后，输出电压只有 0.7V 左右，这是由于稳压管的正负极接反了，对调稳压管正负极即可。

2）输出电压偏低，测量滤波电容 C 上的电压偏低，这可能是由某只整流二极管开路造成的。

3）输出电压小于 8.2V，而且当负载变化时电压也基本不稳定，这是由加在稳压管上的电压不够大引起的，应增大输入电压。

三、电路的测试

1）断开稳压管 VS，短接电阻 R，观察电路接入滤波电容前后输出波形的变化情况。

先断开电容 C，测量电路输出电压 U_L 的值，然后接入电容 C，测量输出电压 U_L 的值，观察波形的变化情况，将结果填入表 4-6 中。

表 4-6 电路测试记录

	U_L/V	U_L 的波形		U_L/V	U_L 的波形
无电容 C		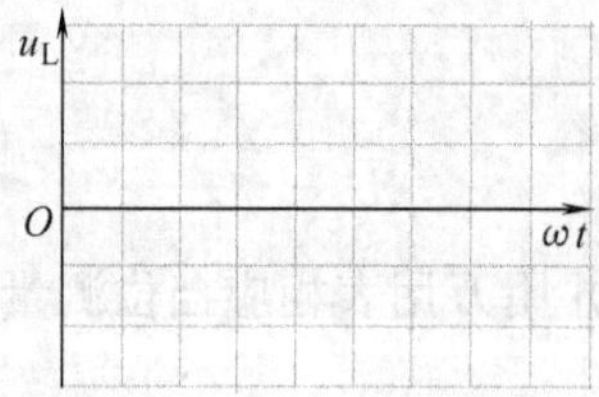	接入电容 C		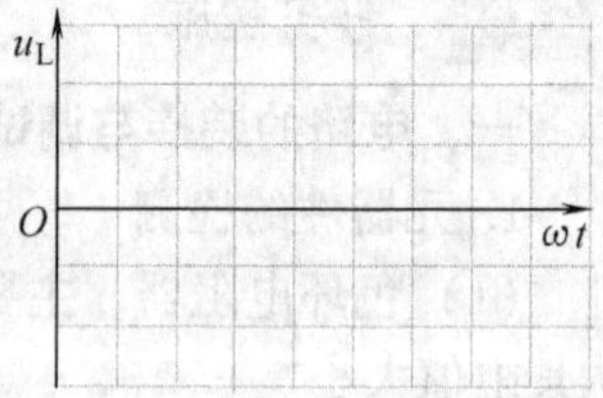

通过测试波形可以看出，加入电容滤波后，输出电压 U_L 的脉动程度较整流输出的脉动程度大大减弱，波形相对平滑。

2）在电路测试步骤 1）的基础上，接入稳压管 VS 及电阻 R，观察输出电压 U_L 的波形变化情况。

3）检测负载电流变化时输出电压的稳定情况。调节 RP，当 RP 调节到阻值最大和最小时，测量电路中电源变压器、滤波、稳压各部分电路输出端的电压，将数据填入表 4-7 中。

单元 4　整流与稳压电路

表 4-7　并联型稳压电路电压测量记录

RP 调节	整流输入电压/V	整流滤波输出电压/V	稳压输出电压/V
阻值最大			
阻值最小			

通过测试可以看出，由于并联型稳压电路的作用，当负载变化时，输出电压保持稳定。

 检查评议

评分标准见表 4-8。

表 4-8　评分标准

考核项目	考核要求	评分标准	配分	扣分	得分
电路的装接	在规定时间内独立完成电路的装接，电路接线正确，布局合理	1. 电路装接与电路原理图一致，一处不符合扣 10 分 2. 元器件布置不合理，接线关系不清晰，一处扣 5 分 3. 在规定时间内未完成电路的装接，扣 10 分	40		
仪器、仪表的使用	正确使用仪器、仪表	1. 仪器、仪表使用不正确，每次扣 5 分 2. 仪器、仪表损坏，扣 20 分 3. 测量数据错误，误差过大，一处扣 5 分	50		
安全、文明实验	遵守实验室管理要求，保持实验环境整洁	1. 发生安全事故，扣 10 分 2. 违反管理要求，视情况扣 5~10 分	10		
合计			100		
时间		90min			

注意事项

1. 检查实验电路，在确认连接正确后方可通电测试。
2. 在负载电阻 R_L 中串联 100Ω 电阻，用以防止电位器调至最低时造成短路。
3. 滤波电容的极性不能接错。
4. 只有将稳压管反向连接在电路中才能起稳压作用。

知识拓展

滤波电容器的选择和使用

滤波电容器容量较大，一般选用电解电容器。应注意电解电容器的正极接高电位，负极接低电位，否则易因被击穿而爆裂。电容器的耐压应大于它实际工作时所能承受的最大电压。

滤波电容器容量可根据负载电流的大小参考表 4-9 进行选择。

表 4-9　滤波电容器容量的选择

输出电流 I_L	2A	1A	0.5~1A	0.1~0.5A	≥50~100mA	<50mA
滤波电容器的容量/μF	4000	2000	1000	500	200~500	200

任务3　串联型稳压电路的制作与检修

学习目标

知识目标：
1. 掌握串联型稳压电源的组成、工作原理及简单计算。
2. 掌握常用集成稳压器的符号、引脚排列方法及应用。

技能目标：
掌握串联型稳压电路的制作与检修方法。

素质目标：
使学生养成独立思考和动手操作的习惯，培养学生互相帮助、相互学习的精神。

工作任务

稳压管稳压电路虽然简单，但是输出电压受稳压管参数的限制，不能调节，并且输出电流的变化范围小，稳压精度不高，使其应用范围受到一定的限制。当负载电流较大且要求稳压性能较好时，可采用串联型稳压电路。本任务在介绍串联型稳压电路工作原理的基础上，介绍其电路的制作及检修方法。图4-16为串联型稳压电路的装配图。

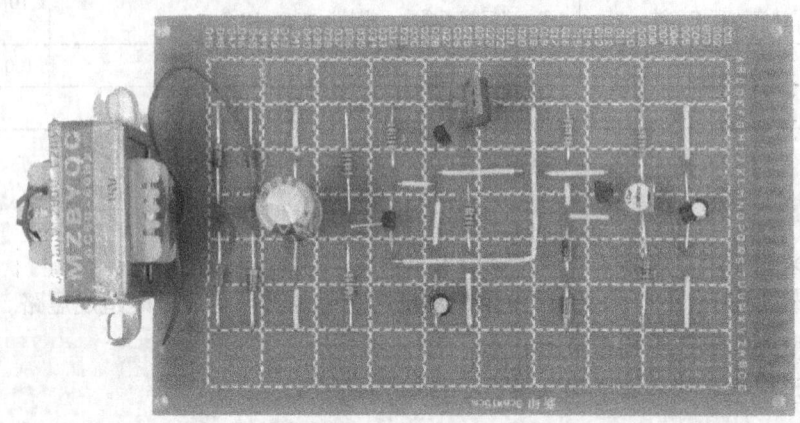

图4-16　串联型稳压电路的装配图

相关理论

一、串联型稳压电路

1. 电路的组成和稳压原理

串联型稳压电路的结构框图如图4-17所示。其主要由取样电路、基准电路、比较放大电路、调整电路四个部分组成。取样电路将稳压电路输出电压的变化量与基准电压相比较，经过放大后去控制调整管的导通状态，使输出电压基本保持不变。

带有放大环节的串联型稳压电路如图4-18所示。图4-18中，U_i是取自整流滤波电路的输出电压；R_3、R_4构成取样电路，可将稳压电路输出电压U_L的变化量送到比较放大电路；

VT$_2$ 为比较放大管，R_2、VS 构成基准电路，取样电压和基准电压 U_Z 分别送至 VT$_2$ 管的基极和发射极，进行比较放大，并通过 VT$_2$ 集电极与 VT$_1$ 基极相连，控制 VT$_1$ 的导通状态；VT$_1$ 为调整管，采用射极输出形式，输出电压 U_L 随着 VT$_1$ 基极电位的变化而变化，从而调节输出电压，使其保持稳定。

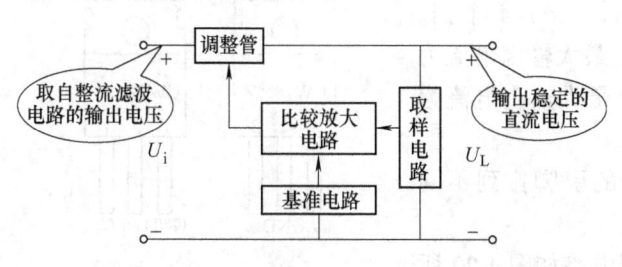
图 4-17 串联型稳压电路的结构框图

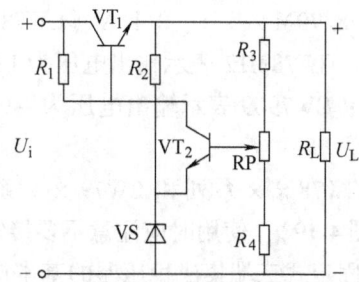
图 4-18 带有放大环节的串联型稳压电路

其稳压过程表示如下：

$$U_L \uparrow \xrightarrow{U_{B2} = \frac{R_4 + RP_{\text{下}}}{R_3 + R_4 + RP}U_L} U_{B2}\uparrow \xrightarrow{U_{E2} = U_Z \text{基本不变}} U_{BE2}\uparrow \xrightarrow{\text{输入特性}} I_{B2}\uparrow$$

$$U_L \downarrow \leftarrow U_{B1}\downarrow \xleftarrow{U_{B1} = U_{C2}} U_{C2}\downarrow \leftarrow I_{C2}\uparrow$$

2. 输出电压的调整范围

输出电压是通过调节电位器 RP 实现的，取样电压 U_{B2} 为

$$U_{B2} = \frac{RP_{\text{下}} + R_4}{R_3 + R_4 + RP}U_L \tag{4-9}$$

由于 $U_F \approx U_Z$（忽略 U_{BE2}），所以稳压电路输出电压 U_L 为

$$U_L = \frac{R_3 + R_4 + RP}{RP_{\text{下}} + R_4}U_Z \tag{4-10}$$

改变 RP 抽头位置，即可调节输出电压 U_L 的大小。

$$U_{L\min} = \frac{R_3 + R_4 + RP}{RP + R_4}U_Z \tag{4-11}$$

$$U_{L\max} = \frac{R_3 + R_4 + RP}{R_4}U_Z \tag{4-12}$$

在串联型稳压电路中，调整管是核心器件，始终工作在放大状态。为了其使用安全，在选用时应考虑其极限参数 I_{CM}、P_{CM} 和 U_{CEO} 等要满足电路需要，同时注意散热问题。

二、集成稳压电路

集成稳压电路将串联型稳压电路及其过电流、过热保护电路集成在同一块半导体芯片上。它有三个引脚，分别为输入端、输出端和公共端（调整端），因而又称为三端集成稳压器。它具有体积小、稳压性能好、可靠性高、温度特性好、安装方便、使用灵活等优点，并已得到广泛的应用。三端集成稳压器按照性能和用途不同，可以分为固定式三端集成稳压器和可调式三端集成稳压器；按输出电压极性不同，可以分为正、负电源两种。

1. 固定式三端集成稳压器

固定式三端集成稳压器有正电压输出的 CW78×× 和负电压输出的 CW79×× 两个系列，每个系列的输出电压有 5V、6V、9V、12V、15V、18V、24V 7 个挡，型号后面的两位数字表示输出电压值。其输出电流分为 5A（CW78/79P××）、1.5A（CW78/79××）、0.5 A（CW78/79M××）、0.1 A（CW78/79L××）4 个挡。例如，CW78M12 表示输出电压为 12V，最大输出电流为 0.5A；CW7909 表示输出电压为 -9V，最大输出电流为 1.5A。

CW78×× 系列和 CW79×× 系列的引脚排列不同（见图 4-19），使用时应注意不要接错。

固定式三端集成稳压器的基本应用电路如图 4-20 所示。C_1 的值一般小于 $1\mu F$，用于减小输入电压脉动和防止过电压；C_2 的值一般取 $1\mu F$ 左右，用于消除高频噪声，改善负载的瞬态响应。当需要负电源时，可采用 CW79×× 系列，如图 4-20b 所示。

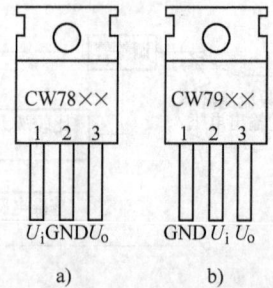

图 4-19　固定式三端集成稳压器引脚的排列

a) CW78×× 系列　b) CW79×× 系列

2. 可调式三端集成稳压器

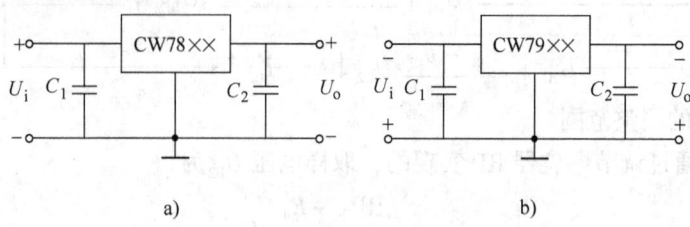

图 4-20　固定式三端集成稳压器的基本应用电路

a) 正电压输出　b) 负电压输出

可调式三端集成稳压器分为正电压输出和负电压输出两类，有可调正电压 CW117/CW217/CW317 系列和可调负电压 CW137/CW237/CW337 系列。它的三个引出端分别为输入端、调整端、输出端。产品序号为三位数。前一位的含义是：1 表示军工，2 表示工业和半军工，3 表示民用。后两位的含义是：17 表示输出正电压，37 表示输出负电压。W×17 系列和 W×37 系列的引脚排列不同（见图 4-21），使用时注意不要接错。

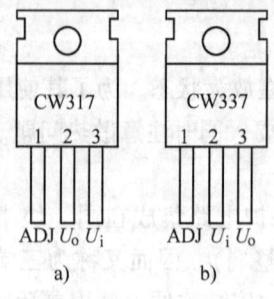

图 4-21　可调式三端集成稳压器引脚的排列

a) W×17 系列　b) W×37 系列

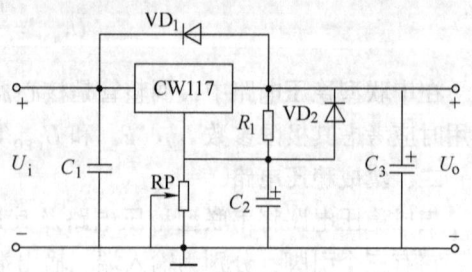

图 4-22　可调式三端集成稳压器的基本应用电路

将可调式三端集成稳压器的调整端外接取样电路就可以得到需要的输出电压值。图 4-22 所示为可调式三端集成稳压器的基本应用电路。其输出电压 $U_o = 1.25\left(1 + \dfrac{RP}{R_1}\right)$。$R_1$、RP 组成取样电路；$C_1$ 可以加强滤波效果；C_2 用以滤除 RP 两端电压的交流分量，减小 R_1 的纹波电压，使得输出电压脉动程度明显降低；VD_1、VD_2 是保护二极管；当输入端开路或输出端短路时分别为电容 C_3、C_2 提供放电回路，以保护三端集成稳压器。

可调式三端集成稳压器的输出端与调整端的基准电压（1.25V）较低，维持输出电压稳定的能力很强。另外，其调整端的电流（50μA）非常小，并且非常稳定，因此性能优于固定式三端集成稳压器，可以组成精密稳压器或稳流电路。

三、应用电路

串联型稳压电源电路如图 4-23 所示。

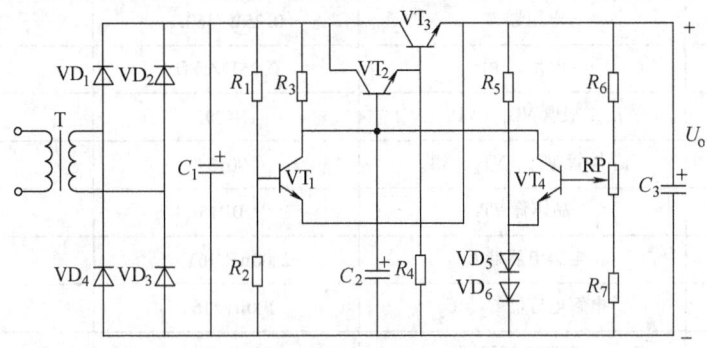

图 4-23 串联型稳压电源电路

1. 电路元器件的作用

VD_1、VD_2、VD_3、VD_4 组成桥式整流电路；C_1、C_3 为滤波电容；R_1、R_2、VT_1 为保护电路；VT_2、VT_3 构成复合管，用做电压调整管；VT_4 为比较放大管；R_3 既是 VT_4 的集电极负载电阻，又是 VT_2 的基极偏置电阻；R_5、VD_5、VD_6 提供给比较放大管 VT_4 的发射极基准电压（1.4V）；R_6、RP、R_7 组成取样电路，调整 RP 可以改变输出电压的大小。

2. 输出电压的调整范围

当 RP 调整至最上端时，输出电压为最小值，即

$$U_{omin} = (U_5 + U_6 + U_{BE4})\dfrac{R_6 + RP + R_7}{R_7 + RP} \tag{4-13}$$

当 RP 调整至最下端时，输出电压为最大值，即

$$U_{omax} = (U_5 + U_6 + U_{BE4})\dfrac{R_6 + RP + R_7}{R_7} \tag{4-14}$$

3. 输出短路保护

输出短路保护电路由 VT_1、R_1、R_2、R_3 组成，当输出短路时，VT_1 饱和导通，VT_3 截止，防止短路造成 VT_3 因电流过大而烧毁。

🔸 **任务准备**

1. 万用表、双踪示波器、220V 交流电源。
2. 常用电子电路组装工具、焊锡、助焊剂、多股软导线若干。
3. 串联型稳压电源元器件明细表见表 4-10。

表 4-10 串联型稳压电源元器件明细表

序 号	名 称	型号/规格	数 量
1	电阻器 R_1	0.25W/10kΩ	1
2	电阻器 R_2、R_3、R_5	0.25W/2kΩ	3
3	电阻器 R_4	0.25W/100kΩ	1
4	电阻器 R_6	0.25W/200Ω	1
5	电阻器 R_7	0.25W/360Ω	1
6	电位器 RP	0.25W/1kΩ	1
7	二极管 $VD_1 \sim VD_6$	1N4001	6
8	晶体管 VT_1、VT_2、VT_4	9013	3
9	晶体管 VT_3	3DD15	1
10	电解电容器 C_1	2200μF/16V	1
11	电解电容器 C_2、C_3	100μF/16V	2
12	电源变压器 T	220V/12V	1
13	万能电路板		1

 **任务实施**

一、电路的制作与调试

1. 元器件的检测

(1) 色环电阻器　主要识别其标称阻值，并用万用表相应挡位测量选用的电阻器，确认其阻值大小，分类固定存放，以方便使用。

(2) 电容器　确认电解电容器的极性。检测电容器容量时，要选择万用表合适的挡位（本电路中的电容器为 100μF 和 2200μF，可用 $R \times 100$ 挡），观察其充放电现象和万用表指针摆动情况，以及电容器是否漏电或性能变差。

(3) 晶体管　识别其类型与引脚的排列，并用万用表检测其质量好坏。

(4) 二极管　主要判断其正、负极并检测其质量好坏。

(5) 电位器　用万用表测量其标称值并检测其质量好坏。

(6) 电源变压器　用万用表电阻挡检测其一、二次绕组有无短路和开路，查看其外观有无绝缘损伤和导体裸露情况。

2. 绘制装配草图

按图 4-23 所示串联型稳压电源电路设计并绘制装配草图。要求按电路的连接关系布线；

元器件布线要均匀，结构要紧凑；连接导线要平、直；导线不能相互交叉，确实需交叉的导线应在元器件体下穿过。

3. 引脚成形加工

按工艺要求对元器件的引脚进行成形加工。注意不要反复折弯元器件引脚，以免其因折断而报废。

4. 电路的制作

按照装配草图进行电路的制作。工艺要求为：电阻器采用水平安装方式，电阻体紧贴电路板，色环电阻器的色环标志方向一致；电容器采用垂直安装方式，注意正、负极性；晶体管采用垂直安装方式，注意引脚极性；微调电位器紧贴电路板安装，不能歪斜；布线要正确，焊接要可靠，表面要光亮，无漏焊、虚焊、短路现象。串联型稳压电路的装配图如图4-16所示。

5. 电路的调试

电路制作完成后应进行自检，正确无误后才能进行通电调试。

若电路工作正常，则调节电位器 RP，输出电压可在 2.4~9V 之间变化。

二、电路的检修

1) 输出 $U_o = 0V$。对此故障，应先用万用表测量 C_1 两端的电压，若 $U_{C1} = 0V$，则说明整流电路有故障，可能是电源整流二极管损坏；若 $U_{C1} = 15V$，正常，则故障可能在稳压电路，可测量 VT_2、VT_3、VT_4、VD_5、VD_6 的工作电压，找出使 VT_2、VT_3 复合管截止或断路的原因，检查 R_3 与 VT_2 接线是否正确。

2) 输出电压偏高，即 $U_o \approx U_{C1}$，调不下来。如果滤波电容两端电压正常，那么输出电压偏高是由调整管的 U_{CE3} 压降减少引起的，此时检查 VT_3 基极和集电极是否短路或管子是否击穿，检查 VT_2 基极与整流电路输出端是否短路，检查 VT_4 和 VD_5、VD_6 是否有断路现象。取样电路中元器件断开，也会造成输出电压偏高并且调不下来的故障。

3) 输出电压偏低，调不上去。输出电压偏低主要由三种情况引起：一是负载重，电流过大；二是整流管、滤波电容器性能变差，使它们的带负载能力变差；三是稳压电路中稳压管、比较放电管、调整管性能不良。此时应先查负载是否有短路现象，若有，则应先排除；其次是检测 C_1，其漏电也会使电源的带负载能力下降；最后检测整流二极管的导电特性。

4) 输出电压 U_o 不可调。检查 VT_2 各极连接是否有断路现象。

三、电路的测试

1) 接通交流电源，用万用表测量电路各级电压值，然后调整 RP，测量稳压输出的最小电压值和最大电压值，将结果记录在表 4-11 中。

表 4-11 串联型稳压电路电压测量记录

整流输入电压/V	滤波输出电压/V	基准电压/V	稳压输出电压/V	
			最小值	最大值

2) 调整 RP，使稳压输出电压为 6V。

3) 使用示波器分别检测整流输入、整流滤波输出和稳压输出的工作波形，观察波形的变化状况，并记录在表 4-12 中。

表 4-12　串联型稳压电路工作波形检测记录

检测内容	检测波形	检测内容	检测波形
输入交流电压的波形		输出电压 U_o 的波形（电容器 C_3 两端）	
整流滤波后电压的波形（电容器 C_1 两端）			

检查评议

评分标准见表 4-13。

表 4-13　评 分 标 准

考核项目	考核要求	评分标准	配分	扣分	得分
电路的安装	电路安装正确，焊接质量可靠，焊接技术符合工艺要求	1. 电路安装正确、完整，一处不符合扣 10 分 2. 元器件布局合理，主次分明，导线平直，无交叉，一处不符合扣 5 分 3. 元器件垂直安装、排列整齐、标记方向一致，插装符合工艺要求，一处不符合扣 1 分	25		
		1. 焊点粗糙、拉尖、有焊接残渣，各扣 1 分 2. 虚焊、有气孔、漏焊、松动，各扣 1 分 3. 引脚留头大于 1mm，焊剂不干净，扣 1 分 4. 元器件标称值不直观，扣 1 分	15		
		元器件完好，无损坏，坏件每只扣 2 分	6		
		工具使用不正确，每次扣 1 分	4		
通电调试	在规定的时间内，利用仪器、仪表调试后，进行通电调试	1. 通电调试一次不成功扣 10 分，二次调试不成功扣 15 分 2. 在调试过程中，元器件损坏，每只扣 5 分	20		
仪器仪表的使用	正确使用仪器仪表测量	1. 仪器、仪表使用不正确，每次扣 5 分 2. 仪器、仪表损坏，扣 20 分 3. 测量数据错误，误差过大，一处扣 5 分	20		
安全、文明生产	遵守安全生产规程，保持实习环境整洁	1. 发生安全事故，扣 10 分 2. 违反文明生产要求，视情况扣 5~10 分	10		
合计			100		
时间		240min			

单元 4　整流与稳压电路

注意事项

1. 二极管、晶体管各引脚极性连接要正确,电解电容器连接极性务必正确,否则会损坏元器件。

2. 焊接易错线路:复合管 VT_2 与 VT_3 的集电极要接在一起,否则会影响调节能力;VT_1 集电极与 VT_2 基极要正确连接,否则调整管无偏置,不能导通;VT_4 集电极与 VT_2 基极要正确连接,否则无法调压。

知识拓展

稳压电源的分类

稳压电源的分类方法很多,按输出电源的类型分为直流稳压电源和交流稳压电源;按稳压电路与负载的连接方式分为串联稳压电源和并联稳压电源;按调整管的工作状态分为线性稳压电源和开关稳压电源;按电路类型分为简单稳压电源和反馈型稳压电源等。如此繁多的分类方式往往让初学者摸不着头脑,不知从哪里入手。其实应该说这些看似复杂的分类方法之间有一定的层次关系,只要理清了这个层次,就自然可以把握清楚电源的种类了。

第一个层次首先应该根据电源的输出类型分类,即分为直流稳压电源和交流稳压电源。接下来第二个层次的分类可根据调整管的工作状态分类。这是因为我们工作、生活中的电子设备实际使用的稳压电源有两个区别很大的种类,一种是比较简单的电子设备中广泛使用的线性稳压电源,比如收音机、小型音响等;另一种是复杂电子设备中广泛使用的开关稳压电源,比如大屏幕彩色电视机、微型计算机等。第三个层次就是根据稳压电路与负载的连接方式分类。再往下面细分,由于各种不同的电路特性相差太大,不好一概而论,应根据每一个具体类别的特性进行分类。

任务 4　开关型直流稳压电源的制作与检修

学习目标

知识目标:
掌握开关型直流稳压电源的组成、原理及电路特点。
技能目标:
完成开关型直流稳压电源的制作与检修。
素质目标:
使学生养成独立思考和动手操作的习惯,培养学生互相帮助、互相学习的精神。

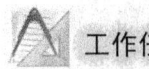
工作任务

由于串联型稳压电路中的调整管工作在放大状态,要消耗较大的功率,加上电源变压器笨重、耗能,并且要安装较大面积的散热片,使电源的体积较大、效率降低(仅为 30% 左右)。如果让调整管工作在开关状态,那么当调整管饱和导通时,饱和压降很小($U_{CES} \approx$

0.3V)，管耗不大；当调整管截止时，通过的电流很小，管耗也很小。因此，电源效率大大提高，可以达到80%~90%。调整管工作在开关状态的开关型稳压电源，可以利用调整管开关时间的比例进行调整，经滤波后得到稳定的直流电压。故目前在计算机、航天设备、电视机、数字电路系统中广泛使用开关型稳压电源。

开关型稳压电源的形式很多，根据储能电路的接法不同，可分为串联型和并联型两种。本任务通过完成脉冲宽度调制式串联型开关稳压电路的制作及检修，进一步介绍开关型稳压电源的工作原理和特性。图4-24为脉冲宽度调制式串联型开关稳压电路的装配图。

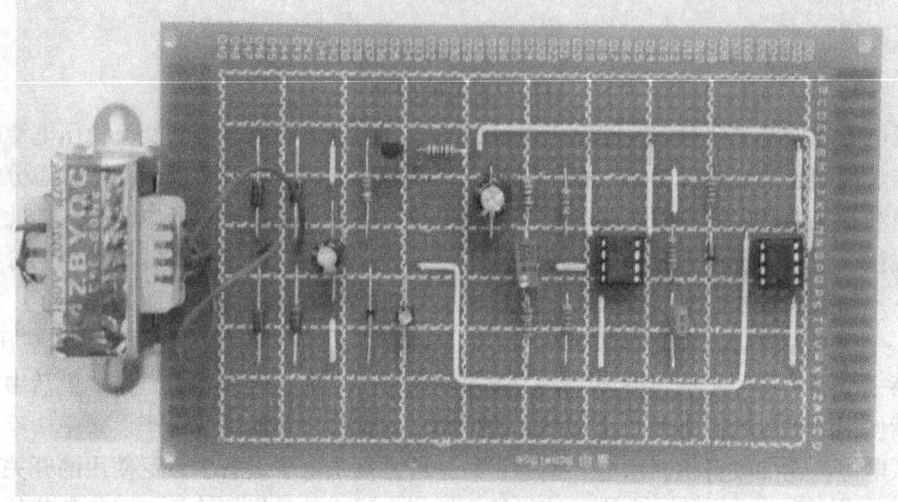

图4-24　脉冲宽度调制式串联型开关稳压电路的装配图

相关理论

一、串联型开关稳压电路

1. 基本工作原理

串联型开关稳压电路工作时，先将输入的直流电压转换成脉冲电压，再将脉冲电压经 LC 滤波电路转换成直流电压。图4-25a 为其基本原理图。输入电压 U_i 是未经稳压的直流电压；晶体管 VT 为调整管，即开关管；u_B 为矩形波，控制开关管的工作状态；电感 L 和电容 C 组成滤波电路；VD 为续流二极管。

当 u_B 为高电平时，VT 饱和导通，续流二极管 VD 因承受反向电压而截止，其等效电路及电流方向如图4-25b 所示。电感 L 储存能量，电容 C 充电，忽略饱和压降，则 $u_E \approx U_i$，u_E 通过电感 L 向 R_L 提供负载电流。当 u_B 为低电平时，VT 截止，因电感 L 产生相反的自感电动势，使续流二极管 VD 导通，$u_E \approx 0$，其等效电路及电流方向如图4-25c 所示。电容 C 放电，负载电流不变。由此可见，负载电流 I_L 是通过开关调整管 VT 和 LC 滤波电路轮流提供的；开关调整管 VT 的导通时间取决于 u_B 正向脉冲的宽度，输出电压 U_o 的大小则取决于开关调整管 VT 的导通时间 T_{ON}。

2. 组成及稳压过程

在图4-25 所示的电路中，当输入电压波动或负载变化时，输出电压将随之波动或变化。

如果能够在输出电压 U_o 增大时减小调整管的导通时间 T_{ON}，即减小 u_B 正向脉冲的宽度，而在输出电压 U_o 减小时增大调整管的导通时间 T_{ON}，即增大 u_B 正向脉冲的宽度，那么就可以获得稳定的输出电压。如果用输出电压的取样电压来控制 u_B 正向脉冲的宽度（脉冲宽度调制型），那么就可以实现稳压的目的。图 4-26 为串联型开关稳压电路的结构框图。图 4-26 中，VT 为开关调整管，与负载 R_L 串联；VD 为续流二极管，L 为储能电感，C 为滤波电容；R_1 和 R_2 组成取样电路，A 为误差放大器，B 为电压比较器，它们与基准电压源、三角波发生器组成开关调整管的控制电路。

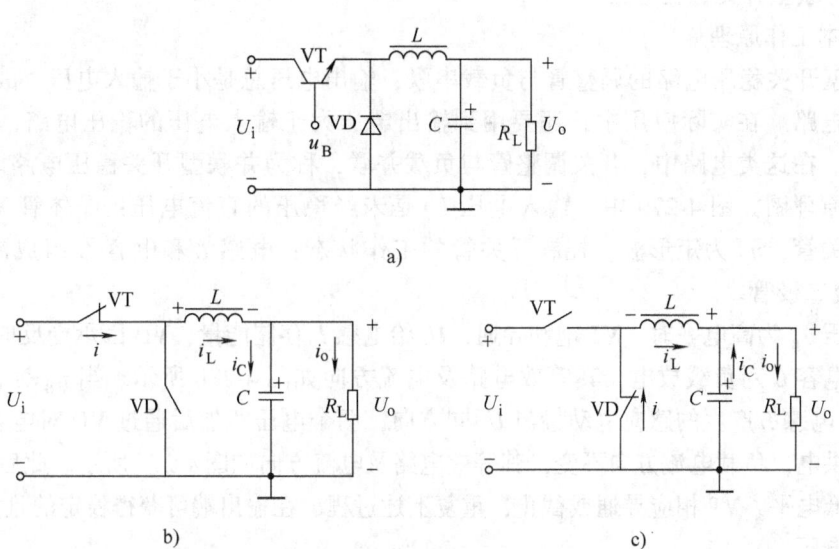

图 4-25 串联型开关稳压电路的基本工作原理
a）基本原理图 b）V 饱和导通时的等效图 c）V 截止时的等效图

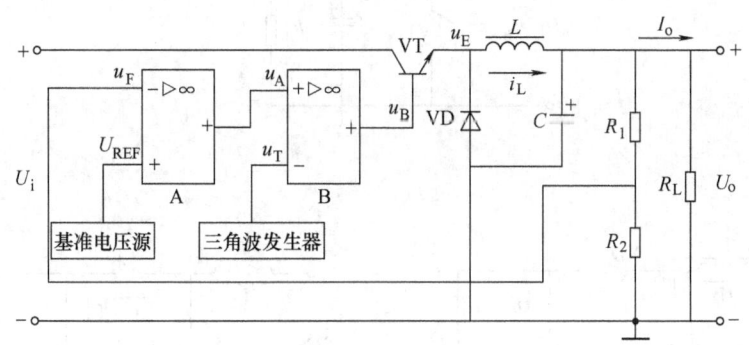

图 4-26 串联型开关稳压电路的结构框图

　　误差放大器对来自输出端的取样电压 u_F 与基准电压 U_{REF} 的差值进行放大，其输出电压 u_A 送到电压比较器 B 的同相输入端。三角波发生器产生一频率固定的三角波电压 u_T，它决定了电源的开关频率，u_T 送至电压比较器 B 的反相输入端并与 u_A 进行比较。当 $u_T < u_A$ 时，电压比较器 B 的输出电压 u_B 为高电平；当 $u_T > u_A$ 时，电压比较器 B 的输出电压 u_B 为低电平，且 u_B 的脉冲宽度受 u_A 的大小控制。u_B 用来控制开关调整管 VT 的导通和截止，当 u_B 为高电平时，调整管 VT 饱和导通；当 u_B 为低电平时，调整管 VT 截止。

由此可见，在闭环情况下，电路能根据输出电压的大小自动调节调整管的导通和关断时间，维持输出电压的稳定。稳压过程简单表示如下：

$$U_o\uparrow \to u_F\uparrow \to u_A\downarrow \to T_{ON}\downarrow \quad 或 \quad U_o\downarrow \to u_F\downarrow \to u_A\uparrow \to T_{ON}\uparrow$$
$$U_o\downarrow \qquad\qquad\qquad\qquad\qquad U_o\uparrow$$

二、并联型开关稳压电路

1. 基本工作原理

串联型开关稳压电路的调整管与负载串联，输出电压总是小于输入电压，故又称为降压型稳压电路。在实际应用中，还要用到输出电压大于输入电压的稳压电路，即升压型稳压电路。在这类电路中，开关调整管与负载并联，称为并联型开关稳压电路。图 4-27a 为其基本原理图。图 4-27a 中，输入电压 U_i 是未经稳压的直流电压；晶体管 VT 为调整管，即开关管；u_B 为矩形波，控制开关管的工作状态；电感 L 和电容 C 组成滤波电路；VD 为续流二极管。

当电压 u_B 为高电平时，VT 饱和导通，U_i 给电感 L 存储能量，VD 因承受反向电压而截止，滤波电容 C 对负载放电，其等效电路及电流方向如图 4-27b 所示。当 u_B 为低电平时，VT 截止，电感 L 产生的感应电动势与 U_i 同方向，两个电压相加后通过 VD 对电容 C 充电，并向负载供电，负载电流方向不变，其等效电路及电流方向如图 4-27c 所示。此后，u_B 再为高电平或低电平，VT 相应导通或截止，重复上述过程，在输出端可获得稳定的且大于 U_i 的直流输出电压。

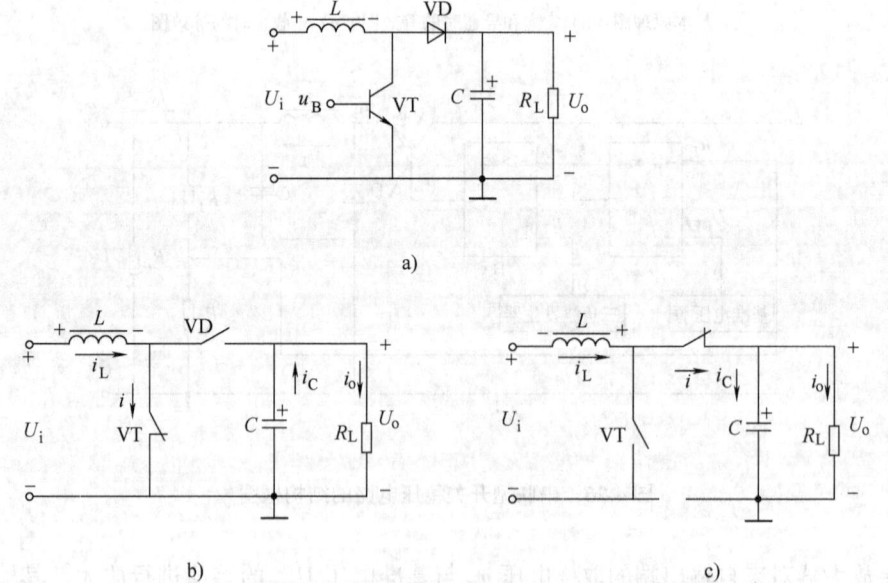

图 4-27　并联型开关稳压电路的基本工作原理
a) 基本原理图　b) VT 饱和导通时的等效图　c) VT 截止时的等效图

2. 组成及稳压过程

并联型开关稳压电路的组成框图如图 4-28 所示。图 4-28 中，VT 为开关调整管，它与负载 R_L 并联；VD 为续流二极管，L 为滤波电感，C 为滤波电容；R_1 和 R_2 组成取样电路；控制电路的组成及控制原理与串联型开关稳压电路相同。

并联型开关稳压电路只有当电感 L 足够大时，才能升压；只有当电容 C 足够大时，输出电压的脉动才可能足够小；当 u_B 的周期不变时，其正向脉冲宽度越宽，输出电压越高。

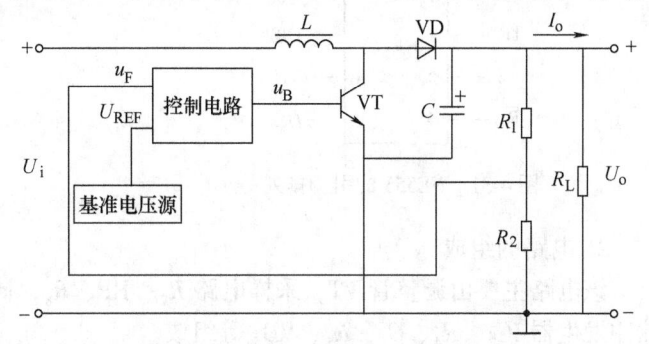

图 4-28 并联型开关稳压电路的组成框图

三、应用电路

脉冲宽度调制式串联型开关型稳压电路的应用电路如图 4-29 所示。

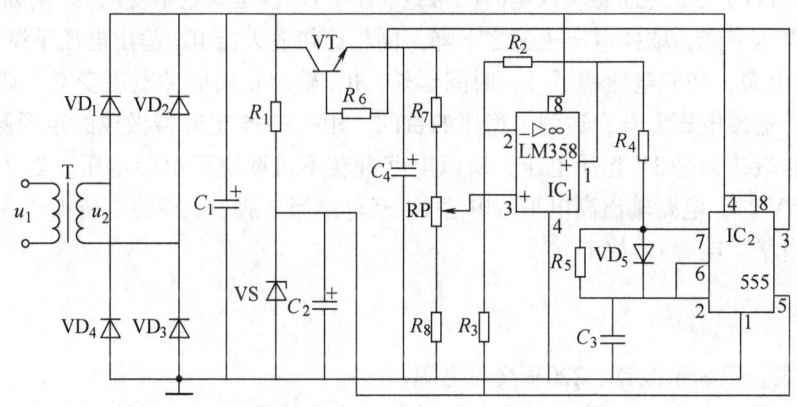

图 4-29 脉冲宽度调制式串联型开关稳压电路的应用电路

1. 元器件介绍

1）3296 多圈精密电位器的外形如图 4-30 所示。其中间的引脚是滑动臂，顶部的铜螺钉是调整螺钉。一般电位器的调整行程只有将近一圈，而 3296 多圈精密电位器的调整行程有 15 圈，调整的行程长，大大提高了调试的精度，常用于对调试精度要求比较高的场合。

2）NE555 集成电路在电路结构上由模拟电路和数字电路组合而成。它将模拟功能与逻辑功能兼容为一体，能够产生精确的时间延迟和振荡，拓宽了模拟集成电路的应用范围。555 集成电路根据引脚的连接电路不同，可构成定时器、多谐振荡器。555 的引脚排列如图 4-31 所示。

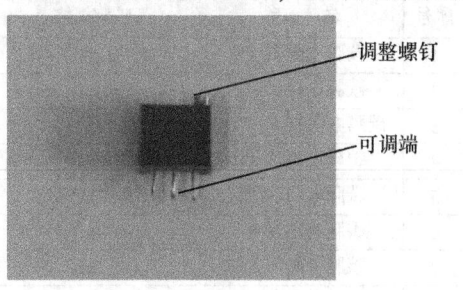

图 4-30 3296 多圈精密电位器的外形

3）LM358 的引脚排列如图 4-32 所示。

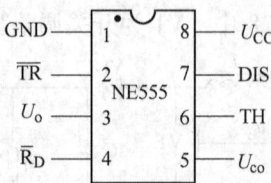

图 4-31　NE555 的引脚排列

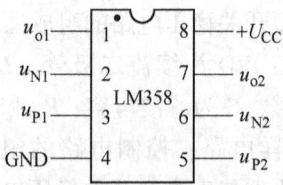

图 4-32　LM358 的引脚排列

2. 电路的组成

该电路主要由调整管 VT，采样电路 R_7、RP、R_8，同相比较放大器 IC_1、R_2、R_3，矩形脉冲发生器 IC_2、R_4、C_3、R_5、VD_5 等组成。

3. 工作原理

调整管 VT 的导通或截止受 IC_2 矩形脉冲发生器输出的脉冲控制，高电平时导通，低电平时截止，只要改变正向脉冲宽度就能控制输出电压的高低。正向脉冲宽度主要受矩形脉冲发生器中定时电容器充电时间常数的影响，而电路中 R_4、C_3 是定值，实际影响时间常数的是充电电源数值的大小（注意，放电时间常数 R_5、C_3 也是固定不变的）。例如：当负载变大时，输出电压下降，取样电压也随之下降，同相比较放大器 IC_1 输出电压下降，该电压作为 C_3 的充电电源，使充电速率下降，时间延长，IC_2 输出正向脉冲宽度变宽，调整管 VT 导通时间变长，输出电压上升，达到了稳压的目的。用 NE555 定时器做成的矩形脉冲发生器，由于 5 脚控制端接的是 3V 稳压电压，所以电路翻转不再取决于电源电压。当 2 脚、6 脚的电压小于 1.5V 时，电路输出高电平，电容 C_3 充电；当 2 脚、6 脚的电压大于 3V 时，电路翻转输出低电平，电容 C_3 放电。

🔶 任务准备

1. 万用表、双踪示波器、220V 交流电源。

2. 常用电子电路组装工具、电源线及插头、绝缘胶带、镀锡铜丝、钎料、助焊剂、多股软导线。

3. 脉冲宽度调制式串联型开关稳压电路元器件明细表见表 4-14。

表 4-14　脉冲宽度调制式串联型开关稳压电路元器件明细表

序号	名　　称	型号/规格	数量	序号	名　　称	型号/规格	数量
1	碳膜电阻器 R_1	2kΩ	1	12	电解电容器 C_4	220μF/16V	1
2	碳膜电阻器 R_2	11kΩ	1	13	整流二极管 $VD_1 \sim VD_4$	1N4001	4
3	碳膜电阻器 R_3、R_4	1kΩ	2	14	稳压管 VS	3V	1
4	碳膜电阻器 R_5	10kΩ	1	15	开关二极管 VD_5	1N4148	1
5	碳膜电阻器 R_6	2.2kΩ	1	16	晶体管 VT	9013	1
6	碳膜电阻器 R_7	6.8kΩ	1	17	集成电路 IC_1	LM358	1
7	碳膜电阻器 R_8	2.7kΩ	1	18	集成电路 IC_2	NE555	1
8	多圈电位器 RP	3296，5kΩ	1	19	电源变压器 T	AC 220V/15V	1
9	电解电容器 C_1	220μF/25V	1	20	8Pin 集成电路插座		2
10	电解电容器 C_2	10μF/16V	1	21	万能电路板		1
11	涤纶电容器 C_3	220nF/63V	1				

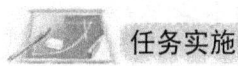 任务实施

一、电路的制作与调试

1. 元器件的检测

（1）色环电阻器　主要识别其标称阻值，并用万用表相应挡位测量选用的电阻器，确认其阻值的大小，分类固定存放，以方便使用。

（2）电容器　确认电解电容器的极性。在测量电容器时，要选择万用表合适的挡位（本电路中 220nF 的电容器用 $R \times 10k$ 挡，$10\mu F$ 的电容器用 $R \times 1k$ 挡，$220\mu F$ 的电容器用 $R \times 100$ 挡），观察其充放电现象和万用表指针摆动情况，以及电容器是否漏电或性能变差。

（3）晶体管　识别其类型与引脚的排列，并用万用表检测其质量的好坏。

（4）二极管　主要判断其正、负极并检测其质量好坏。

（5）稳压管　主要判断其正、负极，检测其质量好坏及稳压值。

（6）电位器　用万用表测量其标称值并检测其质量好坏。

（7）电源变压器　用万用表电阻挡检测其一、二次绕组有无短路和开路，查看其外观有无绝缘损伤和导体裸露情况。

2. 绘制装配草图

按图 4-29 所示的脉冲宽度调制式串联型开关稳压电路设计、绘制装配草图。要求按电路的连接关系布线；元器件布线要均匀，结构要紧凑；连接导线要平、直；导线不能相互交叉，确需交叉的导线应在元器件体下穿过。

3. 引脚成形加工

按工艺要求对元器件的引脚进行成形加工。注意不要反复折弯元器件引脚，以免其因折断而报废。

4. 电路的制作

按照装配草图进行电路的制作。工艺要求为：电阻器采用水平安装方式，电阻体紧贴电路板，色标法电阻器的色环标志方向一致；电容器采用垂直安装方式，注意正、负极性；晶体管采用垂直安装方式，注意引脚极性；微调电位器紧贴电路板安装，不能歪斜；布线要正确，焊接要可靠，表面要光亮，无漏焊、虚焊、短路现象。脉冲宽度调制式串联型开关稳压电路的装配图如图 4-24 所示。

5. 电路的调试

在将电路制作完成后应对稳压电路进行一次细致的检查，确认每个元器件接线是否正确，焊点是否牢固，有无假焊和虚接点；检查铜模走线间有无焊点粘连，特别是距离较近的铜膜是否有虚连和毛刺。尤其要测量输入端和电源输出端有无短路现象，避免因匆忙通电造成短路而烧坏元器件和仪器。还应检查各二极管、晶体管、稳压管、电容器的极性和引脚有无接错或漏接等问题，这些线上的错误极易导致元器件损坏，造成事故。

若电路工作正常，则调整电位器 RP，使直流稳压电路的输出电压为 11V。

二、电路检修

若电路不正常，则可能出现的故障情况有：

1）接通电源后若二极管被烧坏，则检查整流二极管是否反接、滤波电容 C_1 是否漏电

或调整管 V 是否击穿。

2）若输出电压 $U_o = 0V$，则检查开关管内部是否断路、IC_1 或 IC_2 是否存在故障，可通过替换法判断。

3）若输出电压过低，则检查负载是否有短路故障，整流二极管、滤波电容是否失效，调整管性能是否下降等，除了负载短路故障需用万用表检查外，其他故障都可通过替换法来进行判断。

三、电路的测试

用示波器检测当直流稳压电路的输出电压分别为 11V 和 8V 时 IC_2 输出端（3 脚）的波形，将结果记录在表 4-15 中，注意比较正向脉冲宽度的变化。

表 4-15　波形测量记录

测量条件	IC_2 输出端的波形	测量条件	IC_2 输出端的波形
输出电压为 11V	正向脉冲宽度 T_{ON} =	输出电压为 8V	正向脉冲宽度 T_{ON} =

通过测量可以发现，IC_2 输出的正向脉冲越宽，输出电压越高。

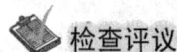
检查评议

评分标准见表 4-16。

表 4-16　评 分 标 准

考核项目	考核要求	评分标准	配分	扣分	得分
电路的安装	电路安装正确，焊接质量可靠，焊接技术符合工艺要求	1. 电路安装正确、完整，一处不符合扣 10 分 2. 元器件布局合理，主次分明，导线平直，无交叉，一处不符合扣 5 分 3. 元器件垂直安装、排列整齐，标记方向一致，插装符合工艺要求，一处不符合扣 1 分	25		
		1. 焊点粗糙、拉尖，有焊接残渣，各扣 1 分 2. 虚焊、有气孔、漏焊、松动，各扣 1 分 3. 引脚留头大于 1mm，焊剂不干净，各扣 1 分 4. 元器件标称值不直观，扣 1 分	15		
		元器件完好，无损坏，坏件每只扣 2 分	6		
		工具使用不正确，每次扣 1 分	4		
通电调试	在规定的时间内，利用仪器、仪表调试后，进行通电调试	1. 通电调试一次不成功扣 10 分，二次调试不成功扣 15 分 2. 在调试过程中，元器件损坏，每只扣 5 分	20		
仪器、仪表的使用	正确使用仪器仪表测量	1. 仪器、仪表使用不正确，每次扣 5 分 2. 仪器、仪表损坏，扣 20 分 3. 测量数据错误，误差过大，一处扣 5 分	20		

（续）

考核项目	考核要求	评分标准	配分	扣分	得分
安全、文明生产	遵守安全生产规程，保持实习环境整洁	1. 发生安全事故，扣10分 2. 违反文明生产要求，视情况扣5~10分	10		
合计			100		
时间		240min			

知识拓展

集成电路的检测

一、如何用万用表检测集成电路的好坏

可采用电压法或电阻法通过万用表检测集成电路的好坏。一般若集成电路已经接在电路当中，则可在通电的状态下测量各引脚对接地引脚的电压，并对照有关资料、图样或同型号且功能正常的机器的正确电压值进行判断。若集成电路尚未接在电路中，则可测量各引脚对接地引脚的电阻值，并与正常的集成电路阻值对照，以判定集成电路的好坏。

二、如何检测电路板上集成电路的好坏

电路板上集成电路的好坏可采用测引脚电压与引脚电阻的方法进行判断。在电路板通电的情况下，先测量集成电路各引脚的电压，并与说明书或资料所标出的各引脚的电压值比较，若测出的某引脚的电压与资料提供的数值差距较大，先排查与此引脚相关的各元器件有无问题。如果找不出集成电路周围的元器件有明显故障，那么可再用测引脚电阻的方法进一步判断，但很少有资料标明集成电路引脚的在线电阻值，所以需要把怀疑有问题的引脚和接地引脚与电路板断开后测量，并将测量阻值与资料提供的正确数据对照，若相差较大，则基本上可断定电路板上的集成电路已损坏。

三、替换法

在故障检修中，尤其是在遇到一些软性故障时（如集成电路、晶体管、电容器、电感器等非线性元器件的故障），常常由于手头没有专用仪器而无法测量和判断某些元器件的参数和质量好坏。为了快速排除故障，可以采用替换法。具体做法就是用质量符合要求的同型号、同规格、同封装形式的元器件直接替换被怀疑已损坏的元器件，如果替换后电路功能恢复正常，那么说明被替换的元器件的某些参数已发生变化，应该更换。在使用替换法检修电路故障时要克服盲目性，必须根据故障现象分析和判断出故障范围，然后通过其他检修方法进一步缩小故障范围，确定要替换的元器件后再进行，切忌瞎猜疑、乱替换。

单元 5 晶闸管及其应用电路

晶闸管不仅具有硅整流器的特性，更重要的是它能以小功率信号去控制大功率系统，可以作为强电—弱电的接口，高效完成对电能的转换和控制。晶闸管主要应用于交流或直流调压电路、可控整流电路、逆变电路及无触点开关等高电压和大电流电路中。本单元主要介绍晶闸管可控整流电路的相关知识及应用电路的制作与检修方法。

任务 1 家用台灯调光电路的制作与检修

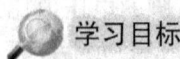 学习目标

> **知识目标：**
> 了解晶闸管的结构、主要参数，熟悉晶闸管的外形及分类，掌握晶闸管的工作条件。
> **技能目标：**
> 1. 掌握晶闸管的识别与检测方法。
> 2. 掌握家用台灯调光电路的制作与检修方法。
> **素质目标：**
> 使学生养成独立思考和动手操作的习惯，培养学生相互学习的精神。

  工作任务

家用调光台灯的工作原理基于白炽灯原理，它通过调节加在白炽灯两端电压的大小来达到调节其光线强弱的目的。在台灯调光电路中，起主要作用的电子器件是晶闸管。利用晶闸管构成的电路还是调速系统的主要组成部分。本任务主要介绍晶闸管的相关知识、掌握晶闸管的检测方法及台灯调光电路的制作及检修方法。

常用晶闸管的外形图及家用台灯调光电路的装配图分别如图 5-1 和图 5-2 所示。

相关理论

一、晶闸管的结构与符号

普通晶闸管的内部结构如图 5-3a 所示。它由 PNPN 四层半导体材料构成，中间形成三个 PN 结。从最外层 P 型半导体和 N 型半导体引出的电极分别为晶闸管的的阳极 A 和阴极

K，从中间的 P 型半导体引出的电极为晶闸管的门极 G。其图形符号如图 5-3b 所示。

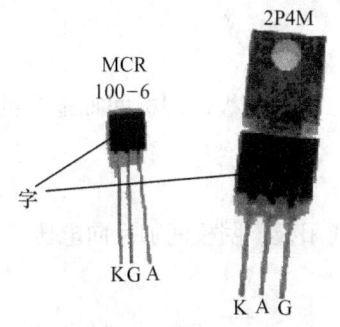

图 5-1　晶闸管的外形图

图 5-2　家用台灯调光电路的装配图

二、晶闸管的工作特性

晶闸管特性测试电路如图 5-4 所示。

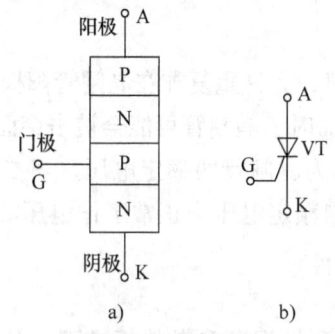

图 5-3　晶闸管的内部结构和图形符号
a) 内部结构　b) 图形符号

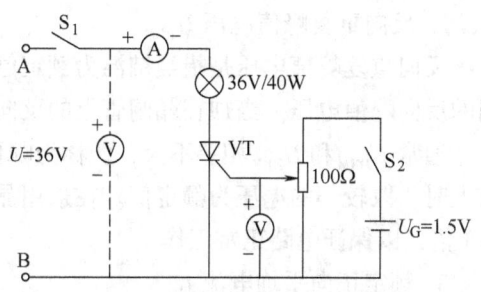

图 5-4　晶闸管特性测试电路

测试步骤：按图 5-4 接线，A、B 接直流稳压电源输出端。调节直流稳压电源，使其输出电压 U 为 36V。

1) 当 A 接电源负极、B 接电源正极（图 5-4 中直流电压表为上"−"下"+"）时，合上开关 S_1，电源给晶闸管阳极、阴极间加反向电压。此时打开开关 S_2 时灯不亮，合上开关 S_2 灯也不亮，说明当阳极与阴极间加反向电压时，无论门极有无电压，晶闸管均不导通，称这种状态为晶闸管的反向阻断状态。

2) 当 A 接电源正极、B 接电源负极（图中直流电压表为上"+"下"−"）时，合上开关 S_1，电源给晶闸管阳极、阴极间加正向电压，打开开关 S_2 时灯不亮，说明当晶闸管的阳极、阴极间加正向电压时，若门极、阴极间不加电压，晶闸管不导通，称这种状态为晶闸管的正向阻断状态。

3) 在步骤 2) 的基础上，合上开关 S_2 时灯亮了，说明当晶闸管的阳极、阴极间加正向电压，并且门极、阴极间加正向电压（门极接电源正极，阴极接电源负极）时，晶闸管导通。

4) 晶闸管导通后，打开开关 S_2，灯仍亮，说明晶闸管导通后，去掉门极电压，对晶闸管的导通状态无影响，即晶闸管导通后门极失去控制作用。

5) 在步骤 4) 的基础上，减小稳压电源输出电压 U，使晶闸管的阳极电流减小。当电流减小至一定值（维持电流）时，继续减小电源电压 U，电流表读数为零，灯灭，说明当晶闸管的阳极电流小于一定值时，晶闸管关断。

由此得出以下结论：

1）晶闸管的导通条件是阳极、阴极间加正向电压，同时门极、阴极间加适当的正向电压。

2）晶闸管一旦导通，门极即失去控制作用。

3）晶闸管的关断条件是使阳极电流小于维持电流或阳极、阴极间加反向电压。

4）晶闸管具有可控单向导电特性。

三、晶闸管的主要参数

1. 断态重复峰值电压 U_{DRM}

断态重复峰值电压是指当结温为额定值时，门极断开，允许重复加在晶闸管阳极、阴极（A、K）间的正向峰值电压。若加在晶闸管上的电压大于 U_{DRM}，则晶闸管可能会失控而自行导通，称为硬导通。多次硬导通，会损坏晶闸管。

2. 反向重复峰值电压 U_{RRM}

反向重复峰值电压是指当结温为额定值时，门极开路，允许重复加在晶闸管阳极、阴极间的反向峰值电压。当加在晶闸管上的反向电压大于 U_{RRM} 时，晶闸管可能会被击穿而损坏。

通常 U_{DRM} 和 U_{RRM} 相差不大，统称为峰值电压，俗称为晶闸管的额定电压。当二者相差较大时，取较小的电压为额定值。在选用晶闸管时，应取额定电压为正常工作电压峰值的 2～3 倍，以保证电路正常工作。

3. 额定正向平均电流 I_F

额定正向平均电流（简称额定电流）是指在规定的环境温度和散热标准下，晶闸管在电阻性负载全导通时，允许连续通过的最大单相工频正弦半波电流的平均值。

4. 正向平均管压降

正向平均管压降是指在规定的工作温度条件下，使晶闸管导通后，阳极和阴极间的电压平均值，简称为管压降，一般为 0.4～1.2V。其值越小，晶闸管的管耗越小。

5. 维持电流 I_H

维持电流是指在规定的工作温度条件下，当门极开路时，晶闸管从较大的通态电流降到刚好能保持通态所需要的最小阳极导通电流。I_H 值一般为几十毫安到几百毫安，与晶闸管电流容量的大小有关。

6. 擎住电流 I_L

给晶闸管门极加上触发电压，当器件刚从阻断状态转为导通状态时就撤除触发电压，此时器件维持导通所需要的最小阳极电流称为擎住电流 I_L。对同一晶闸管来说，擎住电流 I_L 要比维持电流 I_H 大 2～4 倍。

7. 门极触发电流 I_G

门极触发电流是指在常温下，当晶闸管阳极、阴极（A、K）之间加上一定的正向电压时，晶闸管能完全导通所需的门极电流，一般为毫安级。

四、晶闸管的型号命名

国产的普通 KP 系列晶闸管由 5 部分组成，各部分的含义如下：

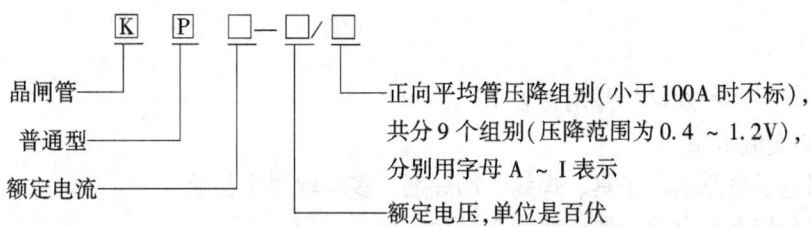

例如,KP50—10/G 表示普通晶闸管的额定电流是 50A,额定电压是 1000V,正向平均管压降为 G(1V)。

五、家用台灯调光电路及其工作原理

家用台灯调光电路的结构及电压波形如图 5-5 所示。

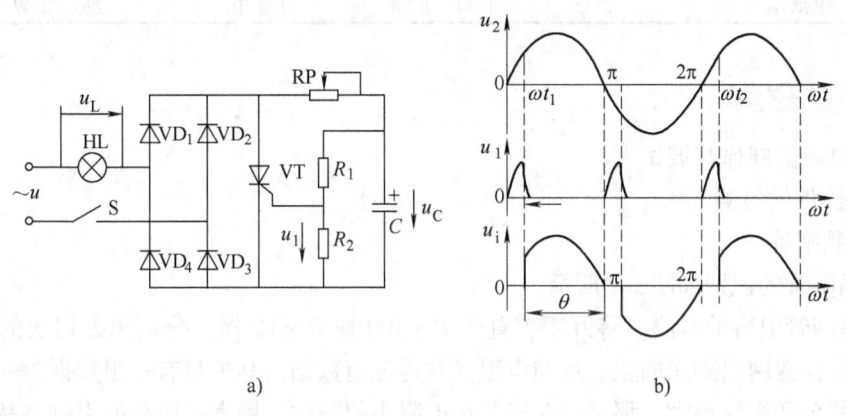

图 5-5 家用台灯调光电路的结构及电压波形
a) 电路结构 　b) 电压波形

二极管 $VD_1 \sim VD_4$ 组成单相二极管桥式整流电路,其作用是给晶闸管 VT 的阳极提供正向电压,并为 RP、C 电路提供脉动直流电。

设电源电压 $u=220\sqrt{2}\sin\omega t$（单位为 V）。晶闸管门极、阴极间的电压为电阻 R_2 两端的电压,且 $u_1 = u_{GK} = u_{R2} = \dfrac{R_2}{R_1+R_2}u_C$。开关 S 接通瞬间,$u_C=0V$,晶闸管因门极、阴极间没有电压而处于关断状态,$u_L=0V$,灯 HL 不亮。之后电源 u 从零开始增大,并通过可调电位器 RP 给电容器充电,u_C 上升,门极、阴极（G、K）间的电压 u_{GK}（等于 u_1）随之上升。当门极电压达到一定值时,晶闸管导通,$u_L=u$,灯 HL 亮。之后电容器通过晶闸管放电,为下次充电做好准备。

当电源电压 u 减小时,晶闸管的阳极电流随之下降,当阳极电流降至小于维持电流时,晶闸管关断,灯 HL 灭。当电源电压再次增大时,重新给电容器充电,以上过程重复进行。其电压波形如图 5-5b 所示。由波形图可知,调整电阻 RP 的大小,可以改变电容器充电的快慢,控制晶闸管导通的时间（即导通角的大小）,从而达到控制晶闸管两端交流电压平均值的大小,即控制 HL 亮度的目的。

 任务准备

1. 万用表、各种规格的晶闸管若干。
2. 220V 交流电源。
3. 常用电子电路组装工具、焊锡、助焊剂、多股软导线若干。
4. 家用台灯调光电路元器件明细表见表 5-1。

表 5-1 家用台灯调光电路元器件明细表

序号	名 称	型号/规格	数量	序号	名 称	型号/规格	数量
1	整流二极管 $VD_1 \sim VD_4$	1N4007	4	5	电容器 C	$4.7\mu F$	1
2	晶闸管 VT	MCR100—6	1	6	电位器 RP	$500k\Omega$	1
3	电阻 R_1	$1k\Omega$	1	7	开关 S	可机械自锁	1
4	电阻 R_2	$2k\Omega$	1	8	灯泡 HL	220V/25W	1

任务实施

一、电路的制作与调试

1. 元器件的检测

（1）晶闸管

1）晶闸管的识别如图 5-1 所示。

2）晶闸管引脚的检测。将万用表置于 $R \times 100$ 或 $R \times 1k$ 挡，分别用万用表的红、黑表笔测晶闸管任意两引脚间的正、反向电阻，共得三组数据。其中只有一组数据为一大一小两种结果，其余两组均很大。那么，对于测量电阻小的一次，黑表笔所接的引脚是晶闸管的门极，红表笔所接的引脚晶闸管的阴极，另一个引脚则是晶闸管的阳极。

3）晶闸管质量好坏的判别。若测得晶闸管阳极与阴极间、门极与阳极间的正、反向电阻都很大，门极与阴极间的正向电阻较小，而反向电阻很大，则说明晶闸管的质量良好；否则，说明晶闸管的质量有问题，不能使用。

（2）色环电阻器 主要识别其标称阻值，并用万用表相应挡位测量选用的电阻器，确认其阻值大小，分类固定存放，以方便使用。

（3）电容器 确认电容器的极性。检测电容器时，要选择万用表合适的挡位（本电路中的电容器为 $4.7\mu F$，可用 $R \times 1k$ 挡或 $R \times 100$ 挡），测试其是否有充电现象（指针是否有摆动），观察万用表指针摆动情况，以确定电容器是否漏电或性能变差。

（4）电位器 用万用表测量其标称值并检测其质量好坏，保证阻值均匀调节。

（5）二极管 判断其正、负极并检测其质量。

2. 绘制装配草图

按图 5-5a 所示的家用台灯调光电路设计、绘制装配草图。要求按电路连接关系及电路板的结构布线。二极管、晶闸管及电容器的极性要正确。本电路采用印制电路板，接线图如图 5-6 所示。

3. 引脚成形加工

按工艺要求对元器件的引脚进行成形加工。注意不要反复折弯元器件引脚，以免其因折断而报废。

4. 电路的制作

按照装配草图进行电路制作。工艺要求为：电阻器采用垂直安装方式，色标法电阻器的色环标志方向一致；电容器采用垂直安装方式，注意正、负极性；二极管采用垂直安装方式，注意引脚极性；微调电位器紧贴电路板安装，不能歪斜；同类元器件的高度要尽量一致；布线要正确，焊接要可靠，表面要光亮，无漏焊、虚焊、短路等现象。台灯调光电路的装配图如图 5-2 所示。

5. 电路的调试

在将电路制作完成后，用万用表检查电路的接线、二极管及晶闸管的引脚是否正确，电容器的极性是否接反，发现问题时应及时修改。

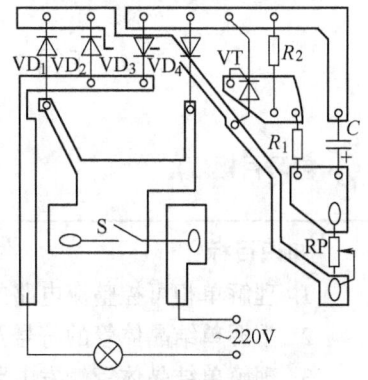

图 5-6　台灯调光电路的接线图

检查电路正确无误后，接通电源，调节电阻 RP，灯泡应正常发光和可调节亮度。

二、电路的检修

1. 灯泡不亮

1）若晶闸管的门极与触发电路没接通，则检查该部分电路。

2）若电路接线正常，则考虑晶闸管是否损坏。

2. 灯亮但不可调光

晶闸管内部击穿、电容器没起作用或电位器不可调。

 检查评议

评分标准见表 5-2。

表 5-2　评 分 标 准

考核项目	考核要求	评分标准	配分	扣分	得分
晶闸管的检测	正确检测晶闸管的引脚及质量	1. 不能正确检测引脚，扣 5 分 2. 不能正确判断晶闸管的质量，扣 5 分	10		
焊接	焊接质量可靠，焊接技术符合工艺要求	1. 元器件布局不合理，扣 5 分 2. 焊点粗糙、拉尖、有焊接残渣，各扣 1 分 3. 虚焊、有气孔、漏焊、松动，各扣 1 分 4. 元器件标称值不直观，扣 1 分 5. 破坏元器件，每只扣 2 分 6. 工具使用不正确，每次扣 1 分	40		
通电调试	在规定的时间内，利用仪器、仪表调试后，进行通电调试	1. 通电调试一次不成功 10 分，二次调试不成功扣 15 分 2. 在调试过程中，元器件损坏，每只扣 5 分	30		
仪表的使用	正确使用仪表	1. 仪表使用不正确，每次扣 5 分 2. 仪表损坏，扣 20 分	10		
安全文明生产	遵守安全文明生产规程，保持实习环境清洁	1. 发生安全事故，扣 10 分 2. 不符合安全操作规程，视情况扣 5～10 分	10		
合计			100		
时间		120min			

 注意事项

在本电路的制作过程中，电解电容器及二极管的极性容易接反，在连接元器件时一定要

提醒学生注意。另外，可调电阻 RP 可以只接可调端与任意一个固定端。

通电试验前，一定要检查二极管的极性，以防止出现短路事故。

任务2　220V 调光电路的制作与检修

 学习目标

知识目标：
1. 理解单相可控整流电路的组成及工作原理。
2. 掌握单结晶体管的符号及工作条件，了解其外形和分类。
3. 理解单结晶体管触发电路的原理。

技能目标：
掌握调光电路的制作与检修方法。

素质目标：
使学生养成独立思考和动手操作的习惯，培养学生相互学习的精神。

 工作任务

由晶闸管组成的整流电路可以在交流电源电压不变的情况下，通过改变门极触发电压出现的时间，来达到调整整流输出电压的目的，实现可控整流。本任务在介绍单向可控整流电路相关知识的基础上，介绍 220V 调光电路的制作与检修方法，以巩固理论知识，提高学生识读及安装电子电路的能力。

220V 调光电路的装配图如图 5-7 所示。

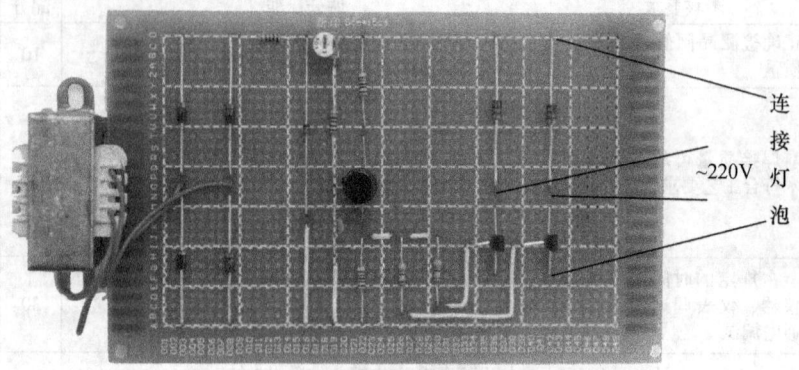

图 5-7　220V 调光电路的装配图

相关理论

可控整流电路按电源的不同分为单相可控整流电路和三相可控整流电路；按电路结构的不同，可分为半波整流电路和桥式整流电路。

一、单相可控整流电路的结构与工作原理

1. 单相半波可控整流电路

(1) 电阻性负载

1) 电路结构及工作原理。电阻性负载的电路结构如图 5-8a 所示。设变压器的二次电压为

$$u_2 = 220\sqrt{2}\sin\omega t \tag{5-1}$$

在电源电压正半周，晶闸管阳极承受正向电压。在 $\omega t = 0 \sim \omega t_1$ 区间，由于门极无电压，所以晶闸管处于关断状态，晶闸管两端的电压 $u_T = u_2$，输出电压 $u_L = 0V$。当 $\omega t = \omega t_1$ 时，门极电压 u_g 大于零，晶闸管导通，晶闸管两端的电压 $u_T = 0V$，输出电压 $u_L = u_2$。直到 u_2 过零 ($\omega t = \pi$) 时，通过晶闸管的电流小于维持电流，晶闸管自行关断。

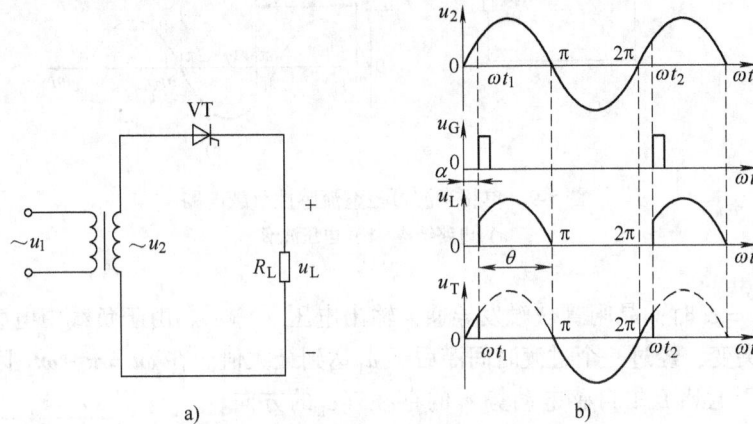

图 5-8 单相半波可控整流电阻性负载电路
a) 电路结构 b) 电压波形

定义晶闸管从承受正向电压起至触发导通之间交流电所变化的电角度为触发延迟角，用 α 表示。触发延迟角的变化范围称为移相范围。单相半波可控整流电路的移相范围为 0°～180°。

定义晶闸管从导通起至关断之间交流电所变化的电角度为导通角，用 θ 表示，$\alpha + \theta = 180°$。

在电源电压负半周，由于晶闸管阳极承受反向电压，所以晶闸管处于关断状态，晶闸管两端电压 $u_T = u_2$，输出电压 $u_L = 0V$。晶闸管两端电压 u_T 及输出电压 u_L 的波形如图 5-8b 所示。

2) 输出直流量的平均值

① 输出直流电压的平均值为

$$U_L = 0.45 U_2 \frac{1 + \cos\alpha}{2} \tag{5-2}$$

② 输出直流电流的平均值为

$$I_L = \frac{U_L}{R_L} \tag{5-3}$$

3) 晶闸管的参数

① 晶闸管承受的最大正向电压为 $\sqrt{2}U_2$。

② 晶闸管承受的最高反向工作电压为 $\sqrt{2}U_2$。

③ 晶闸管的正向电流平均值 $I_F = I_L$。

(2) 感性负载　工业应用中如直流电动机的励磁绕组、电磁调速异步电动机、电磁离

合器的励磁绕组等，均属于感性负载。为了便于分析，通常将电阻与电感分开，视为 R、L 串联的负载，电路结构如图 5-9a 所示。

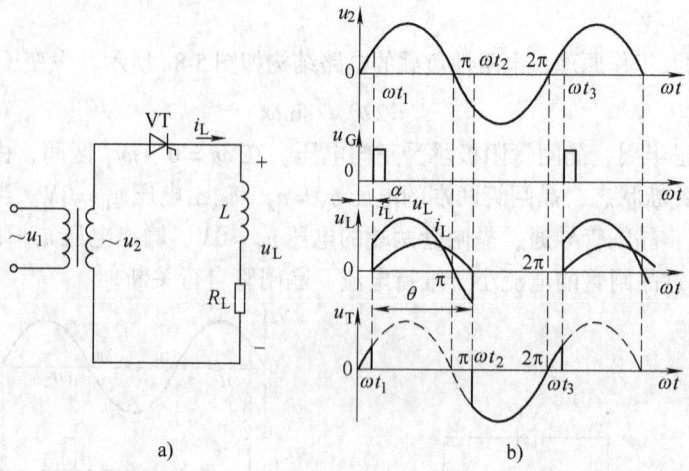

图 5-9 单相半波可控整流感性负载电路
a）电路结构 b）电压波形

当 $\omega t = \omega t_1 = \alpha$ 时，晶闸管被触发导通，输出电压 $u_L = u_2$。由于负载中电感的存在，输出电流 i_L 不能突变，经过一个过渡时间滞后于 u_L 达到最大值。在 $\omega t = \pi \sim \omega t_2$ 区间，u_2 过零变负，但是由于电感 L 中自感电动势 e_L 的存在（e_L 的方向如图 5-10 所示），只要 $|e_L| > |u_2|$，晶闸管仍然承受正向电压而导通，直至 i_L 减小到接近零时才被关断。输出电压、电流的波形及晶闸管两端电压的波形如图 5-9b 所示。

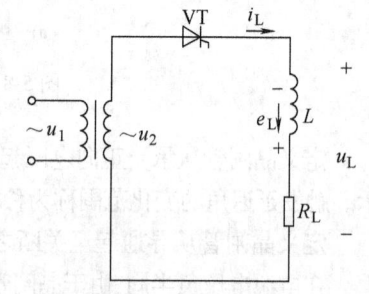

图 5-10 i_L 下降时感应电动势的方向

由图 5-9b 可见，由于负载中电感的存在，输出电压 u_L 的波形中出现负值，导致负载上直流电压平均值 U_L 减小。电感越大，u_L 波形中的负值部分所占比例越大，U_L 减小得越多，特别是在大电感负载（$\omega L \gg R_L$）时，输出电压平均值接近于零，负载上得不到应有的电压。大电感时对应于不同 α 角时的电压、电流波形如图 5-11 所示。由图 5-11 可知，当 $\alpha = 90°$ 时，$U_L = 0V$。为了在 u_2 过零变负时能及时关断晶闸管，使 u_L 波形中不出现负值，在负载两端并联续流二极管 VD，给电感 L 提供续流的旁路，电路如图 5-12 所示。

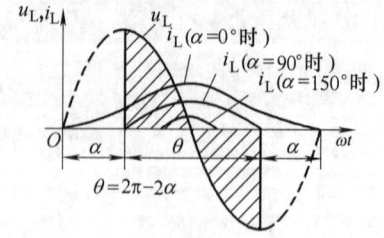

图 5-11 大电感时对应不同 α 角时的电压、电流波形

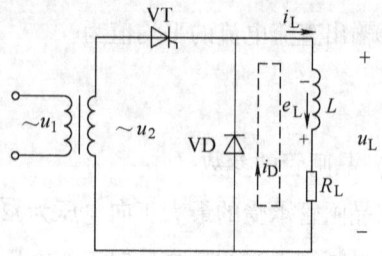

图 5-12 接续流二极管的单相半波可控整流电路

单元 5　晶闸管及其应用电路

在有续流二极管的单相半波可控整流电路中，晶闸管和续流二极管可能承受的最大正、反向电压均为$\sqrt{2}U_2$，其输出电压波形、移相范围与电阻性负载电路相同。

2. 单相半控桥式整流电路

（1）电阻性负载

1）电路结构及工作原理。带电阻性负载的单相半控桥式整流电路的结构如图 5-13a 所示。图 5-13a 中，晶闸管 VT_1、VT_2 采用共阴极接法，在触发脉冲到来时两管中阳极电位高的晶闸管被触发导通，另一只晶闸管因承受反向电压而关断。整流二极管 VD_1、VD_2 为共阳极接法，阴极电位低的二极管导通，另一只二极管因承受反向电压而截止。

设变压器的二次电压为

$$u_2 = 220\sqrt{2}\sin\omega t \tag{5-4}$$

在电源电压正半周，二极管 VD_2 正偏，晶闸管 VT_1 的阳极承受正向电压。在 $\omega t = 0 \sim \omega t_1$ 区间，由于门极无电压，所以 VT_1 处于正向阻断状态，晶闸管两端电压 $u_{T1} = u_2$，输出电压 $u_L = 0V$。当 $\omega t = \omega t_1$ 时，门极电压 u_{G1} 大于零，VT_1、VD_2 导通，$u_{T1} = 0V$，输出电压 $u_L = u_2$。在此期间，VT_2 承受反向电压而关断，VD_1 反偏截止。电流路径如图 5-13a 中的实线所示。

在电源电压负半周，二极管 VD_1 正偏，晶闸管 VT_2 阳极承受正向电压。在 $\omega t = \pi \sim \omega t_2$ 区间，由于门极无电压，所以 VT_2 处于正向阻断状态，输出电压 $u_L = 0V$。当 $\omega t = \omega t_2$ 时，门极电压 u_{G2} 大于零，VT_2、VD_1 导通，输出电压 $u_L = u_2$。在此期间，VT_1 承受反向电压而关断，$u_T = u_2$，VD_2 反偏截止。电流路径如图 5-13a 中的虚线所示。输出电压 u_L 及晶闸管两端电压 u_{T1} 的波形如图 5-13b 所示。

图 5-13c 中的波形分别为 $\alpha = 0°$、$30°$、$60°$、$90°$ 时输出电压 u_L 的波形。由波形分析可知：触发延迟角 α 越大，输出电压越小。

由图 5-13b 所示晶闸管 VT_1 上的电压波形可知，晶闸管可能承受的最大正、反向电压均为 $\sqrt{2}U_2$。在电源电压正半周，$0 \sim \omega t_1$ 期间，VT_1、VT_2 均关断，由于二极管 VD_2 导通，所以 VT_1 承受全部电源电压；同理，在电源电压负半周，VT_2 承受全部电源电压。

2）输出直流量的平均值

①输出直流电压的平均值为

$$U_L = 0.9U_2\frac{1+\cos\alpha}{2} \tag{5-5}$$

②输出直流电流的平均值为

$$I_L = \frac{U_L}{R_L} \tag{5-6}$$

3）晶闸管的参数

①晶闸管承受的最大正向电压为 $\sqrt{2}U_2$。

②晶闸管承受的最高反向工作电压为 $\sqrt{2}U_2$。

③晶闸管的正向电流平均值为

$$I_F = \frac{I_L}{2}$$

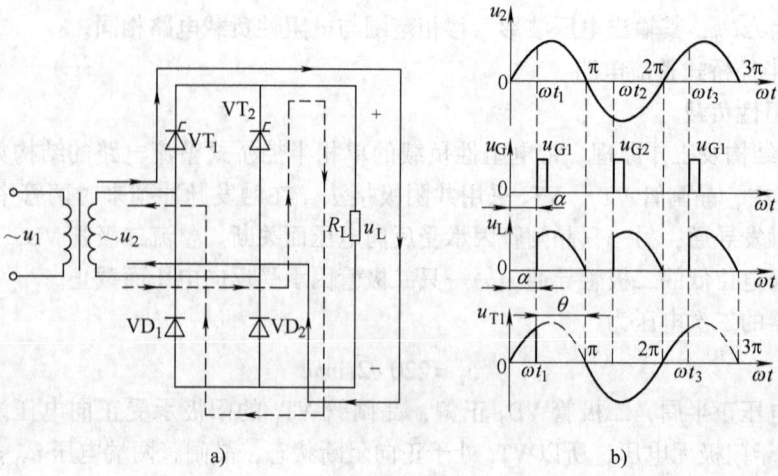

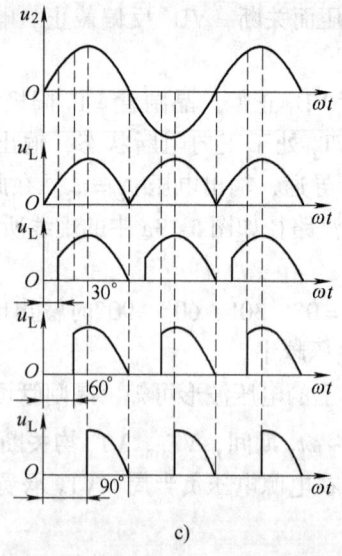

图 5-13 带电阻性负载的单相半控桥式整流电路
a) 电路结构　b) 电压波形　c) 不同触发延迟角的电压波形

(2) 感性负载

1) 工作原理。带感性负载的单相半控桥式整流电路如图 5-14a 所示。

在 u_2 的正半周，$\omega t = \omega t_1 = \alpha$ 时触发晶闸管 VT_1，则 VT_1、VD_2 导通，VT_2、VD_1 截止，$u_L = u_2$。当 u_2 过零变负时，VD_1 导通，VD_2 截止，由于 e_L 的存在，VT_1 仍然导通，$u_{T1} = 0V$，负载电流经 VD_1、VT_1 自然续流，负载两端的电压 $u_L = 0V$；当电流 i_L 降至小于晶闸管的维持电流时，VT_1 关断，$u_{T1} = u_2$。当 $\omega t = \pi + \alpha$ 时，触发 VT_2，则 VT_2、VD_1 导通，VT_1、VD_2 截止，$u_{T1} = u_2$，$u_L = u_2$。当 u_2 过零变正时，VD_2 导通，VD_1 截止，同样由于 e_L 的存在，VT_2 仍然导通，负载电流经 VD_2、VT_2 自然续流，负载两端的电压 $u_L = 0V$。输出电压的波形如图 5-14b 所示。

单元 5　晶闸管及其应用电路

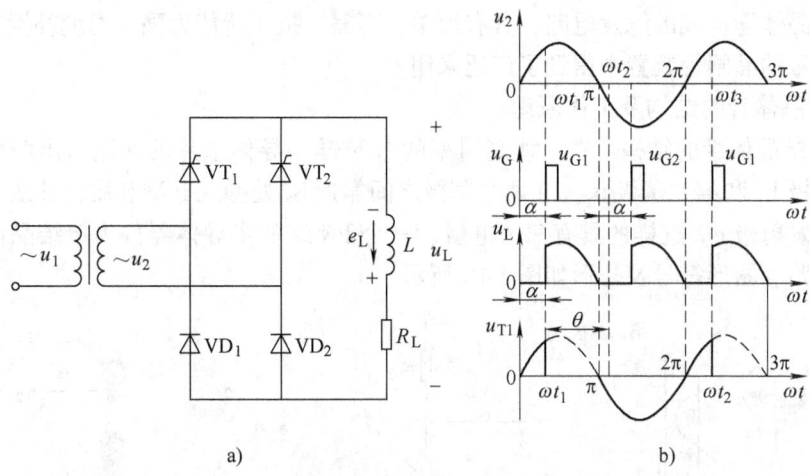

图 5-14　带感性负载的单相半控桥式整流电路
a) 电路结构　b) 电压波形

由以上分析可见，单相半控桥式整流电路接感性负载时，晶闸管的导通角增大，而且电感越大，导通角越大，电路带大电感时的移相范围为 0°~180°；输出电压的波形与电阻性负载时相同，输出直流电压平均值 U_L 的计算公式也与电阻性负载时一样。

2）电路的失控现象。在实际应用中，在电路接大电感负载的情况下，若突然切断触发脉冲或将触发延迟角 α 迅速移至 180°，则可能出现一个晶闸管导通，两个整流二极管轮流导通的"失控"现象。如在 u_2 正半周，当 VT_1 触发导通后，欲停止工作而停止触发脉冲（或因故障而造成丢失脉冲），此后 VT_2 因无触发脉冲而始终处于关断状态。在 u_2 过零变负时，电流从 VD_2 换到 VD_1，由于电感中感应电动势的存在，VT_1、VD_1 继续导通。如果电感量足够大，那么晶闸管 VT_1 将维持导通到电源电压 u_2 下一个周期的正半周，电流又从 VD_1 换到 VD_2，依次循环下去，出现 VT_1 一直导通，VD_1、VD_2 轮流导通的现象，电路失去控制。

失控现象是不允许存在的，为了消除失控，带感性负载的单相半控桥式整流电路需在负载两端并联续流二极管 VD_3，电路如图 5-15 所示。续流二极管的作用是取代晶闸管和桥臂中整流二极管的续流作用。在 u_2 正半周，VT_1、VD_2 导通，VD_3 承受反向电压截止。在 u_2 过零变负时，在电感中感应电动势的作用下，VD_3 导通，负载电流 i_L 经负载及续流二极管构成通路，电感释放能量，晶闸管 VT_1 将因 u_2 过零而关断，防止了"失控"现象的发生。

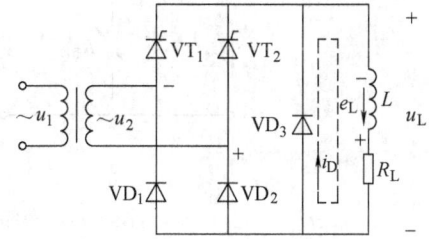

图 5-15　接续流二极管的
单相半控桥式整流电路

二、晶闸管触发电路

在晶闸管的阳极加上正向电压后，只有在其门极、阴极间也加上正向电压，晶闸管才能导通，称之为触发导通。由于晶闸管导通后，门极即失去作用，所以晶闸管的门极电压信号（简称为触发电压）通常为窄脉冲。能够提供门极触发电压的电路称为触发电路。

由单结晶体管构成的触发电路,具有简单、可靠、抗干扰能力强、温度补偿性能好等优点,在小容量的晶闸管装置中得到了广泛采用。

1. 单结晶体管的结构及工作原理

(1) 单结晶体管的结构 在一块高阻率的 N 型硅半导体基片的两端引出两个电极,分别为第一基极 b_1 和第二基极 b_2。在两个基极之间靠近 b_2 处掺入 P 型杂质,并从 P 型区引出电极,称为发射极 e。这样的具有三个电极、一个 PN 结的半导体器件为单结晶体管,其结构、等效电路、图形符号及外形如图 5-16 所示。

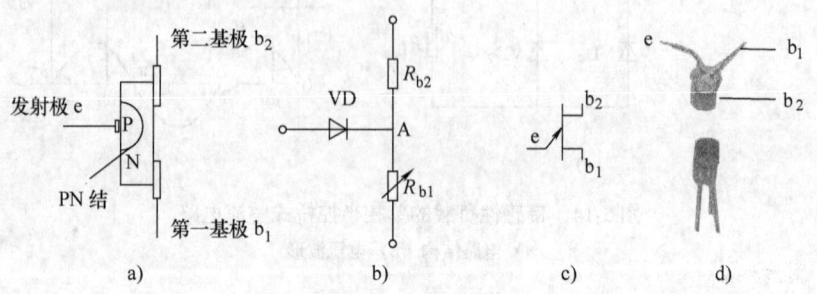

图 5-16 单结晶体管
a) 结构图　b) 等效电路　c) 符号　d) 外形

(2) 单结晶体管的工作原理 图 5-17a 为单结晶体管的工作原理图。R_{b1} 表示第一基极 b_1 与发射极 e 之间的电阻,R_{b2} 表示第二基极 b_2 与发射极 e 之间的电阻。A 点电位为

$$U_A = \frac{R_{b1}}{R_{b1} + R_{b2}} U_{bb} = \eta U_{bb} \tag{5-7}$$

式中　η——分压比,其数值在 0.3~0.9 之间。

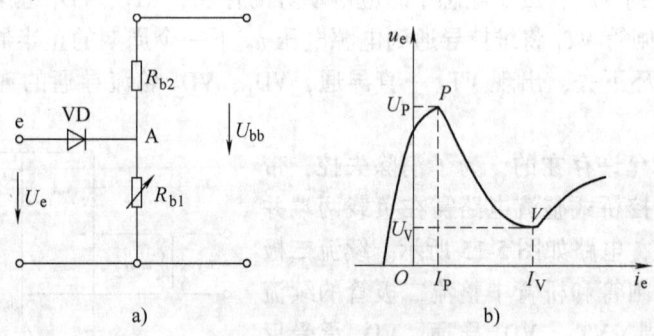

图 5-17 单结晶体管的工作原理及伏安特性
a) 工作原理图　b) 伏安特性

当发射极 e 的电位 U_e 小于 A 点的电位时,PN 结截止,单结晶体管也截止。图 5-17b 中所示 P 点以左的区域称为截止区。

当发射极 e 的电位 U_e 大于 A 点的电位时,PN 结导通,电阻 R_{b1} 迅速减小,电流 I_e 增大,U_e 相应降低,单结晶体管导通。将电压随着电流的增大而降低的特性称为负阻效应。图 5-17b 中所示 P 点与 V 点之间的区域,称为负阻区。单结晶体管由截止区进入负阻区的临界点 P 称为峰点,对应的电压称为峰点电压,其值为

$$U_P = \eta U_{bb} + U_D \tag{5-8}$$

式中 U_D——PN 结的正向压降。

当电流 I_e 上升，U_e 下降至 U_V（对应 V 点的电压）时，U_e 不再下降，而是随着 I_e 的上升而增大，单结晶体管重新截止。称 V 点为谷点，对应的电压称为谷点电压。一般地，单结晶体管的谷点电压为 2~5V。

综上所述，当发射极电压 U_e 上升到等于峰点电压 U_P 时，单结晶体管导通，之后 U_e 逐渐减小，当 U_e 减小到谷点电压 U_V 时，单结晶体管截止。

单结晶体管的型号有 BT31、BT33 和 BT35。其中，B 表示半导体，T 表示特种管，3 表示 3 个电极，第 2 个数字表示单结晶体管的耗散功率，单位是 mW。

2. 单结晶体管振荡电路

利用单结晶体管的负阻效应和 RC 电路的充放电特点，可以组成频率可调的单结晶体管振荡电路（也称为弛张振荡器），用来产生晶闸管的触发脉冲。图 5-18a 所示为其电路结构。

接通电源后，电源通过 R_2、R_1 加在单结晶体管的两个基极上，同时电源通过 RP、R 给电容 C 充电，电容两端电压 u_C（$u_C = u_e$）按指数规律增大，当 $u_C < U_P$ 时，单结晶体管截止，R_1 两端无电压输出；当 u_C 达到峰点电压 U_P 时，单结晶体管导通，电容 C 通过单结晶体管、电阻 R_1 迅速放电，$u_{R1} \approx U_C$，在 R_1 两端形成脉冲电压。

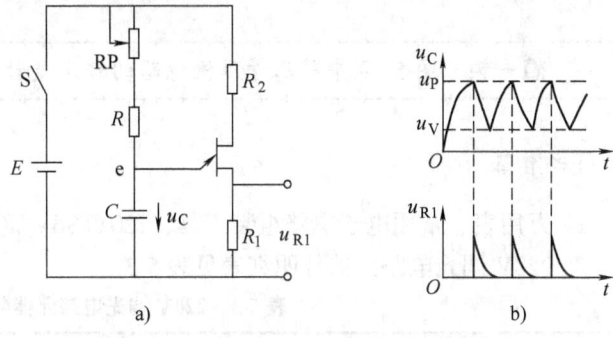

图 5-18 单结晶体管振荡电路结构及电压波形
a) 电路结构　b) 电压波形

随着电容 C 的放电，U_C 迅速下降，当 $u_C < U_V$ 时，单结晶体管截止，放电结束，输出电压又降至零，完成一次振荡。电源对电容再次充电，重复上述过程，于是在 R_1 两端产生一系列的尖脉冲电压，电压波形如图 5-18b 所示。

由上述分析可知，振荡过程的形成，利用了单结晶体管的负阻特性和 RC 电路的充放电特性。改变 RP 的阻值（或电容 C 的大小），便可改变电容充电的快慢，使输出脉冲波形前移或后移，从而控制晶闸管的触发导通时刻。

三、220V 调光电路的结构及工作原理

220V 调光电路的结构如图 5-19 所示。其工作原理为：主电路由二极管 VD_5、VD_6 及晶闸管 VT_1、VT_2 组成单相半控桥式整流电路，VT_1、VT_2 的门极由单结晶体管组成的振荡电路分别通过电阻 R_5、R_6 提供触发电压。同步电压(36V 交流电)经过二极管桥式整流及 R_1、VS 限幅后，给单结晶体管振荡电路提供直流电压，电阻 R_4 两端电压 u_g 的波形如图 5-20 所示。

由于同步变压器与主电路电压接至同一电源，所以 36V 同步电压与主电路电压同相位、同频率，保证了振荡电路在每个周期输出的第一脉冲距离过零点的时间一致，实现了触发脉冲与晶闸管阳极电压的同步。

调节电阻 RP 的大小，就可以调节振荡电路输出脉冲出现的时刻，也就调整了晶闸管触发延迟角的大小，从而达到调整可控整流输出电压（即调光）的目的。

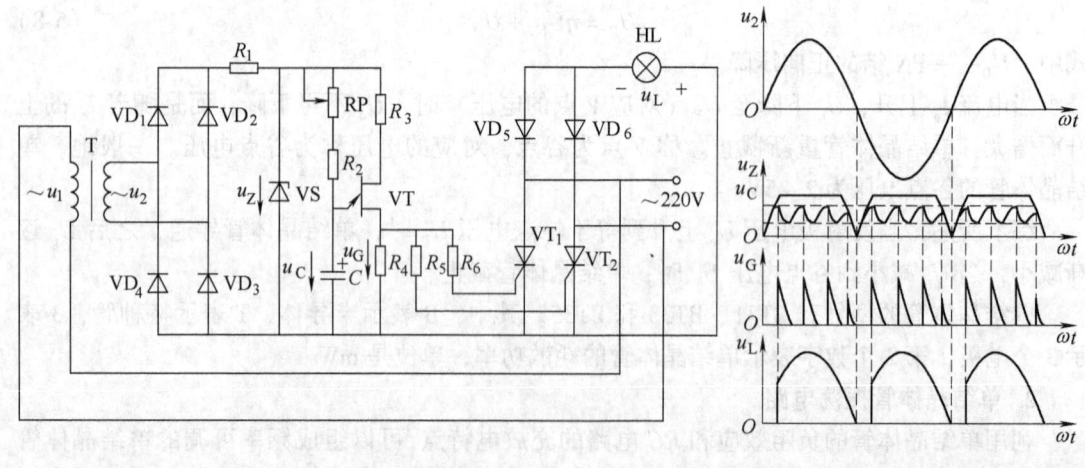

图 5-19　220V 调光电路的结构　　　　　图 5-20　220V 调光电路的波形

> **想一想**　图 5-19 中稳压管限幅电路的作用是什么？

 **任务准备**

1. 万用表、常用电子电路组装工具、220V/36V 整流变压器。
2. 220V 调光电路元器件明细表见表 5-3。

表 5-3　220V 调光电路元器件明细表

序号	名　　称	型号/规格	数量	序号	名　　称	型号/规格	数量
1	整流二极管 $VD_1 \sim VD_6$	1N4007	6	7	电阻 R_2	5.1kΩ	1
2	晶闸管 VT_1、VT_2	MCR	2	8	电阻 R_3	330Ω	1
3	稳压管 VS	2CW64	1	9	电阻 R_4	100Ω	1
4	单结晶体管 VT	BT33	1	10	电阻 R_5、R_6	47Ω	2
5	电容器 C	0.1μF/50V	1	11	电位器 RP	100kΩ	1
6	电阻 R_1	1.2kΩ	1				

任务实施

一、电路的制作与调试

1. 元器件的检测

（1）单结晶体管的检测

1）将万用表置于 $R \times 100$ 或 $R \times 1k$ 挡，并进行欧姆调零。

2）分别用万用表的红、黑表笔测单结晶体管任意两引脚间的正、反向电阻。如果黑表笔固定不动，用红表笔分别测另两个引脚时所测电阻 R_1、R_2 都较小，那么黑表笔所接的引脚为发射极，所测电阻 R_1、R_2 中阻值较小的一次，红表笔所接引脚为第二基极，另一引脚为第一基极。第一基极与第二基极间的正、反向电阻相等，约为几千欧。

3）如果在测量过程中发现任意两个引脚之间的电阻都相差不大，那么说明该单结晶体管的质量不好，不能使用。

（2）色环电阻器　主要识别其标称阻值，并用万用表相应挡位测量选用的电阻器，确认其阻值大小，分类固定存放，以方便使用。

（3）电容器　确认电容器的极性。检测电容器时，要选择万用表合适的挡位（本电路中的电容器为 $0.1\mu F$，可用 $R\times10k$ 挡或以下挡测试其是否有充电过程），观察指针摆动情况，以确定电容器是否漏电或性能变差。

（4）电位器　用万用表测量其标称值并检测其质量好坏，保证阻值均匀调节。

（5）稳压管　主要判断其正、负极并检测其质量好坏。

（6）二极管　判断其正、负极并检测其质量。

（7）晶闸管　判断其引脚并检测其质量好坏。

> **想一想**　单结晶体管的检测与 NPN 型晶体管的检测有何不同？

2. 绘制装配草图

按图 5-19 所示的 220V 调光电路设计、绘制装配草图。要求按电路的连接关系及电路板的结构布线。元器件布线要均匀，结构要紧凑；连接导线要平、直；导线不能相互交叉，确需交叉的导线应在元器件体下穿过。

3. 引脚成形加工

按工艺要求的对元器件的引脚进行成形加工。注意不要反复折弯元器件引脚，以免其因折断而报废。

4. 电路的制作

按照装配草图进行电路的制作。工艺要求为：电阻器采用水平安装方式，电阻体紧贴电路板，色标法电阻器的色环标志方向一致；电容器采用垂直安装方式，注意正、负极性；二极管采用水平安装方式，注意引脚极性；微调电位器紧贴电路板安装，不能歪斜；同类元器件的高度要尽量一致；布线要正确，焊接要可靠，表面要光亮，无漏焊、虚焊、短路等现象。220V 调光电路的装配图如图 5-7 所示。

5. 电路的调试

检查电路，正确无误后接通电源，调节电位器 RP，观察其工作情况。

二、电路的检修

1. 灯不亮

原因可能是灯丝断路或晶闸管内部断路或晶闸管门极无电压。晶闸管门极无电压的原因可能是单结晶体管 VT 不导通或振荡电路接触不良。此时可更换灯泡、晶闸管或单结晶体管，或修复虚焊点，使电路接触良好。

2. 灯亮但不可调光

原因可能是电容器断路或 RP 不可调。此时可修复虚焊点或更换电容器、电位器。

3. 灯泡烧坏

原因可能是电路中有短路处或有一只二极管接反。

4. 电路可调光，但测波形时无梯形波

原因可能是稳压管不起作用，此时应更换稳压管或修复不良的焊点。

检查评议

评分标准见表 5-4。

表5-4 评分标准

主要内容	考核要求	评分标准	配分	扣分	得分
单结晶体管的检测	正确检测单结晶体管的引脚及质量	1. 不能正确检测引脚,扣5分 2. 不能正确判断单结晶体管的质量,扣5分	10		
焊接	焊接质量可靠,焊接技术符合工艺要求	1. 元器件布局不合理,扣5分 2. 焊点粗糙、拉尖,有焊接残渣,各扣1分 3. 虚焊、有气孔、漏焊、松动,各扣1分 4. 引线过长,焊剂不干净,各扣1分 5. 元器件标称值不直观,扣1分 6. 破坏元器件,每只扣2分 7. 工具使用不正确,每次扣1分	40		
通电调试	在规定的时间内,利用仪器、仪表调试后,进行通电调试	1. 通电调试一次不成功扣10分,二次调试不成功扣15分 2. 在调试过程中,元器件损坏,每只扣5分	30		
仪表的使用	正确使用仪表	1. 仪表使用不正确,每次扣5分 2. 仪表损坏,扣10分	10		
安全文明生产	遵守安全文明生产规程,保持实习环境清洁	1. 发生安全事故,扣10分 2. 不符合安全操作规程,视情况扣5~10分	10		
合计			100		
时间		240min			

注意事项

在安装过程中,容易出现的问题有:二极管及稳压管反接,电阻 R_5 与 R_6 位置接错,电位器 RP 的可调端接线错误。以上问题在检修过程中,一定要特别注意。

任务3 直流电动机调速电路的实验装接与检修

学习目标

知识目标:
1. 了解三相可控整流电路的组成及工作原理。
2. 了解集成触发器的结构,理解其工作原理。

技能目标:
掌握直流电动机调速电路的实验装接与检修方法。

素质目标:
使学生养成独立思考和动手操作的习惯,培养学生相互学习的精神。

工作任务

单相可控整流电路输出电压低,输出电流小,所以只适用于小功率的负载。另外,当负载功率较大时,采用单相可控整流电路,还会造成三相电网的不平衡,影响同一电网中其他用户的正常工作。所以当负载功率较大时,通常采用三相可控整流电路。本任务主要介绍三相可控整流电路的相关知识及直流电动机调速电路的实验装接方法。

单元 5 晶闸管及其应用电路

▶ 相关理论

一、三相可控整流电路的结构与工作原理

1. 三相半波可控整流电路

（1）电阻性负载

1）电路结构及工作原理。电路结构如图 5-21a 所示。三只晶闸管采用共阴极接法。设变压器的二次电压为

$$u_U = 220\sqrt{2}\sin\omega t \tag{5-9}$$

$$u_V = 220\sqrt{2}\sin(\omega t + 120°) \tag{5-10}$$

$$u_W = 220\sqrt{2}\sin(\omega t - 120°) \tag{5-11}$$

其波形如图 5-21b 所示。

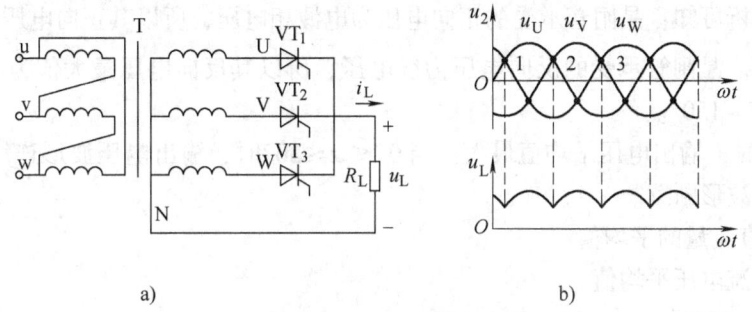

图 5-21 带电阻性负载的三相半波可控整流
电路结构及电压波形（α = 0°）
a) 电路结构 b) 电压波形

由电压波形可知，三相电源的相电压在一个周期内的正、负半周各有三个相交点，称之为自然换相点。它是三相可控整流电路中晶闸管触发延迟角 α 的起点。正半周的三个自然换相点为共阴极接法电路中触发延迟角 α 的起点，负半周的三个自然换相点为共阳极接法电路中触发延迟角 α 的起点。

以图 5-21a 所示电路为例，在自然换相点 1~2 区间，U 相电压最高，若在自然换相点 1 处给晶闸管 VT_1 提供门极触发电压 u_{G1}（α = 0°），则 VT_1 导通，输出电压 $u_L = u_U$。此时，VT_2、VT_3 因承受反向电压而关断。在自然换相点 2~3 区间，V 相电压最高，如果在自然换相点 2 处给晶闸管 VT_2 提供门极触发电压，那么晶闸管 VT_2 导通，输出电压 $u_L = u_V$，VT_1、VT_3 因承受反向电压而关断。在自然换相点 3 给晶闸管 VT_3 提供门极触发电压，VT_3 导通，输出电压 $u_L = u_W$，VT_1、VT_2 因承受反向电压而截止。输出电压的波形如图 5-21b 所示。

若增大触发延迟角 α，则输出电压的波形发生变化。当 α = 30°时，输出电压的波形如图 5-22 所示。各相触发脉冲的间隔为 120°。假设在 ωt = 0 时电路已在工作，W 相的 VT_3 导通，当经过自然换相点 1 时，由于 U 相的 VT_1 没有触发脉冲，不能导通，VT_3 仍承受正向电压继续导通，直到 ωt_1 时，VT_1 被触发导通，才使 VT_3 因承受反向电压而关断，负载电流从 W 相换到 U 相。之后各相依此轮流导通，任何时候总有一个晶闸管处于导通状态，所以输出电压波形连续。

继续增大触发延迟角 α，整流输出电压将逐渐减小。当 α > 30°时输出电压波形不再连续，当 α = 60°时的输出电压波形如图 5-23 所示。

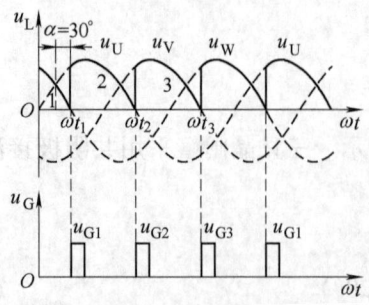

图 5-22 α = 30°时的输出电压波形

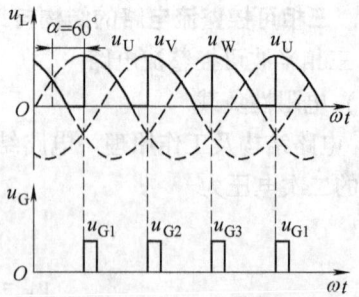

图 5-23 α = 60°时的输出电压波形

由上述分析可知：晶闸管承受的正向电压为电源相电压，所以其正向电压最大值为相电压最大值$\sqrt{2}U_2$。晶闸管承受的反向电压为线电压，所以其反向电压最大值为$\sqrt{6}U_2$。电路的移相范围为 0°~150°。

当 α = 0°时，输出电压平均值最大；当 0°≤α≤30°时，输出电压波形连续；当 α > 30°时，输出电压波形断续。

2) 输出直流量的平均值

①输出直流电压平均值

当 0°≤α≤30°时

$$U_L = 1.17U_2\cos\alpha \tag{5-12}$$

当 30° < α ≤ 150°时

$$U_L = 0.68U_2[1 + \cos(\alpha + 30°)] \tag{5-13}$$

②输出直流电流的平均值为

$$I_L = \frac{U_L}{R_L} \tag{5-14}$$

3) 晶闸管的参数

①晶闸管承受的最大正向电压为$\sqrt{2}U_2$。

②晶闸管承受的最高反向工作电压为$\sqrt{6}U_2$。

③晶闸管的正向电流的平均值为

$$I_F = \frac{1}{3}I_L \tag{5-15}$$

想一想 在三相半波可控整流电路中，如果触发脉冲出现在自然换相点之前，那么会出现什么现象？

(2) 感性负载 带感性负载的三相半波可控整流电路如图 5-24a 所示。当 0°≤α≤30°时，电路的输出电压波形与电阻性负载时相同。当 α > 30°时（图 5-24b 所示为 α = 60°时 u_L 的波形），VT_1 导通到 ωt_1 时，其阳极电压 u_U 已过零开始变负，但由于电感中感应电动势的作用，使 VT$_1$ 继续维持导通，直到 ωt_2 时，触发 VT$_2$ 导通，VT$_1$ 才因承受反向电压而关断，从而使输出电压波形出现负值，各相晶闸管导通 120°，保证了电流的连续，但使输出电压平均值减小。整流输出电压的平均值为

$$U_L = 1.17 U_2 \cos\alpha \tag{5-16}$$

由上式可知，当 $\alpha = 0°$ 时输出电压 U_L 最大，当 $\alpha = 90°$ 时 $U_L = 0V$。$\alpha = 90°$ 时输出电压 u_L' 的波形如图 5-24b 所示。因此，大电感负载时，三相半波可控整流电路的移相范围为 0°~90°，晶闸管可承受的最大正、反向电压均为 $\sqrt{6}U_2$。

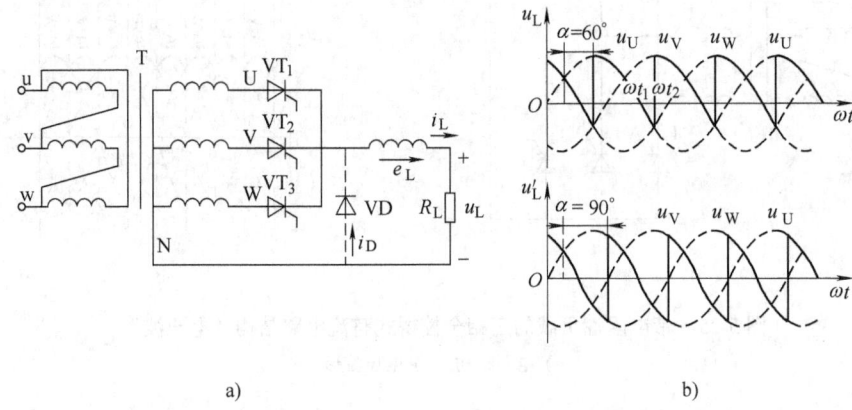

图 5-24 带感性负载的三相半波可控整流电路结构及电压波形
a) 电路结构 b) 电压波形

为解决感性负载时输出电压减小的问题，可在感性负载的两端并接续流二极管 VD。在并接续流二极管后，大电感负载的三相半波可控整流电路输出电压的波形与电阻性负载时相同。

与单相可控整流电路相比，三相半波可控整流电路输出电压提高，脉动性减小。但由于变压器二次侧始终通过的是直流电，所以会造成变压器直流磁化，降低变压器利用率，提高电网的损耗。在实际使用中，大功率的负载常采用脉动性小、输出电压高、无变压器直流磁化问题的三相桥式可控整流电路。

2. 三相全控桥式整流电路

(1) 电阻性负载

1) 电路结构及工作原理。电路结构如图 5-25a 所示。设变压器的二次电压为

$$u_U = 220\sqrt{2}\sin\omega t \tag{5-17}$$

$$u_V = 220\sqrt{2}\sin(\omega t + 120°) \tag{5-18}$$

$$u_W = 220\sqrt{2}\sin(\omega t - 120°) \tag{5-19}$$

其波形如图 5-25b 所示。

由图 5-25a 可知，三相全控桥式整流电路是由一组共阴极接法的三相半波可控整流电路（共阴极组的晶闸管编号依次为 VT$_1$、VT$_3$、VT$_5$）和一组共阳极接法的三相半波可控整流电路（共阳极组的晶闸管编号依次为 VT$_4$、VT$_6$、VT$_2$）串联起来组成的。为了分析方便，把交流电源的一个周期由 6 个自然换流点划分为 6 段，在共阴极组的自然换流点（$\alpha = 0°$），

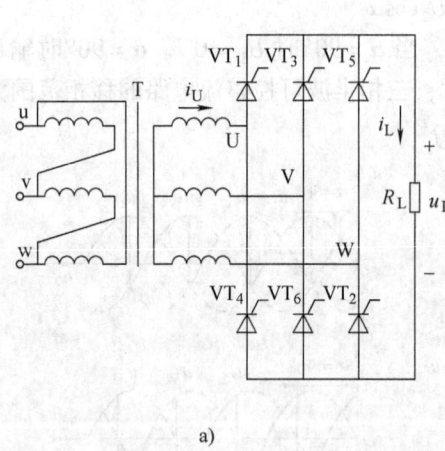
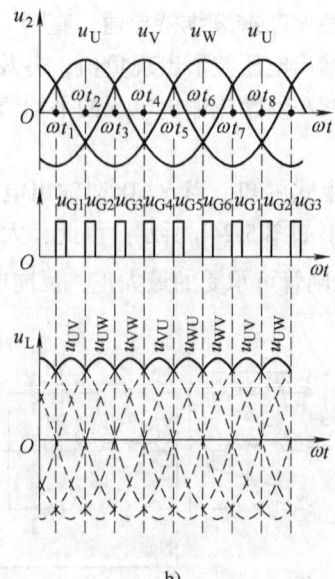

图 5-25 带电阻性负载的三相全控桥式整流电路结构及电压波形
a) 电路结构　b) 电压波形

即 ωt_1、ωt_3、ωt_5 时刻分别触发 VT_1、VT_3、VT_5，同理在共阳极组的自然换流点（$\alpha=0°$），即 ωt_2、ωt_4、ωt_6 时刻分别触发 VT_2、VT_4、VT_6。晶闸管的导通顺序为 $VT_1 \to VT_2 \to VT_3 \to VT_4 \to VT_5 \to VT_6 \to VT_1$。假设在 $\omega t=0°$ 时电路已在工作，即 VT_5、VT_6 同时导通，电流已经形成。三相全控桥式整流电路带电阻性负载在 $\alpha=0°$ 时的情况如图 5-25a 所示。

在 $\omega t_1 \sim \omega t_2$ 期间，U 相电压为正最大值，在 ωt_1 时刻触发 VT_1，则 VT_1 导通，VT_3、VT_5 因承受反向电压而关断。此时，电路变成 VT_1 和 VT_6 同时导通，电流从 U 相流出，经 VT_1、负载、VT_6 流回 V 相，负载上得到 U、V 间的线电压 u_{UV}。在 $\omega t_2 \sim \omega t_3$ 期间，W 相电压变为最小的负值，U 相电压仍保持最大的正值，在 ωt_2 时刻触发 VT_2，则 VT_2 导通，VT_6 关断。此时，VT_1 和 VT_2 同时导通，负载上得到 U、W 间的线电压 u_{UW}。在 $\omega t_3 \sim \omega t_4$ 期间，V 相电压变为最大正值，W 相保持最小负值，ωt_3 刻触发 VT_3，VT_3 导通，VT_1 关断。此时，VT_2 和 VT_3 同时导通，负载上得到 V、W 线电压 u_{VW}。依此类推，在 $\omega t_4 \sim \omega t_5$ 期间，VT_3 和 VT_4 导通，负载上得到 u_{VU}；在 $\omega t_5 \sim \omega t_6$ 期间，VT_4 和 VT_5 导通，负载上得到 u_{WU}；在 $\omega t_6 \sim \omega t_7$ 期间，VT_5 和 VT_6 导通，负载上得到 u_{WV}；到 $\omega t_7 \sim \omega t_8$ 起，重复从 $\omega t_1 \sim \omega t_2$ 开始的这一过程。在一个周期内负载上得到图 5-25b 所示的整流输出电压波形。它是线电压波形正半部分的包络线，其基波频率为 300Hz，脉动较小。

综上所述，可以得出三相全控桥式整流电路的一些特点，具体如下：

① 每个时刻均需两个晶闸管同时导通，形成向负载供电的回路，其中一个晶闸管是共阴极组的，另一个是共阳极组的，且不能为同一相的晶闸管。

② 对触发脉冲的要求：6 个晶闸管的触发脉冲按 $u_{G1} \to u_{G2} \to u_{G3} \to u_{G4} \to u_{G5} \to u_{G6} \to u_{G1}$ 顺序分别触发晶闸管 $VT_1 \to VT_2 \to VT_3 \to VT_4 \to VT_5 \to VT_6 \to VT_1$；共阴极组 VT_1、VT_3、VT_5 的触发脉冲依次相差 120°，共阳极组 VT_2、VT_4、VT_6 的触发脉冲也依次相差 120°，同一相的上、下两个桥臂，即 VT_1 与 VT_4、VT_3 与 VT_6、VT_5 与 VT_2 的触发脉冲相差 180°。

③上述分析是在整流电路已启动且电流连续的情况下进行的。当三相全控桥式整流电路启动或电流断续时，由于全控桥的6个晶闸管全部处于关断状态，要使负载中有电流流过，共阴极组和共阳极组必须同时有一个晶闸管导通，即只有对两组中应导通的一对晶闸管同时加触发脉冲，才能使电路正常工作。为此，对三相全控桥式整流电路可采用两种触发方式：一种是使脉冲宽度大于60°（一般取80°~100°），称为宽脉冲触发；另一种方法是用间隔60°的双窄脉冲触发。由于宽脉冲触发要求触发电路的输出功率较大，所以采用较少，一般多采用双窄脉冲触发。

当触发延迟角α改变时，电路的工作情况将发生变化。

图5-26和图5-27所示分别为α=60°和α=90°时的输出电压波形。

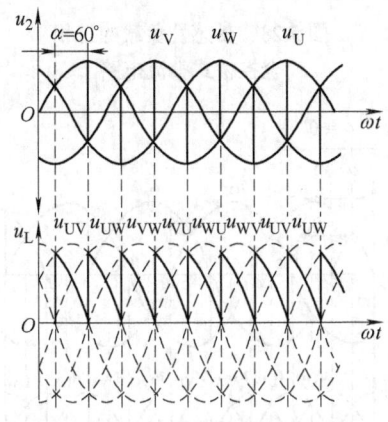

图5-26 α=60°时的输出电压波形

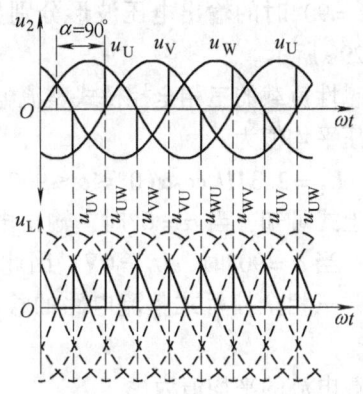

图5-27 α=90°时的输出电压波形

由输出电压波形可知：当α≤60°时，负载电压波形连续，对于电阻性负载，电流也连续；当α>60°时（如α=90°时），负载电压波形断续；当α=120°时，$U_L=0V$，因此电路的移相范围为0°~120°。

晶闸管承受的最大正、反向峰值电压为$\sqrt{6}U_2$。

2）输出直流量的平均值

①输出直流电压的平均值

当0°≤α≤60°时

$$U_L = 2.34U_2\cos\alpha \tag{5-20}$$

当60°<α≤120°时

$$U_L = 2.34U_2[1+\cos(\alpha+60°)] \tag{5-21}$$

②输出直流电流的平均值为

$$I_L = \frac{U_L}{R_L} \tag{5-22}$$

3）晶闸管的参数

①晶闸管承受的最大正向电压为$\sqrt{6}U_2$。

②晶闸管承受的最高反向工作电压为$\sqrt{6}U_2$。

③晶闸管的正向电流平均值为

$$I_F = \frac{1}{3} I_L \qquad (5\text{-}23)$$

(2) 感性负载 带感性负载的三相全控桥式整流电路如图 5-28 所示。当 $0° \leq \alpha \leq 60°$ 时，输出电压波形均为正值。$\alpha = 30°$ 时的输出电压波形如图 5-29a 所示。当 $60° < \alpha < 90°$ 时，输出电压波形出现负值，但正值面积大于负值面积，整流输出电压仍为正值。当 $\alpha = 90°$ 时，正值面积与负值面积相等，输出电压平均值 $U_L \approx 0V$。$\alpha = 60°$ 和 $\alpha = 90°$ 时的输出电压波形分别如图 5-29b 和图 5-29c 所示。

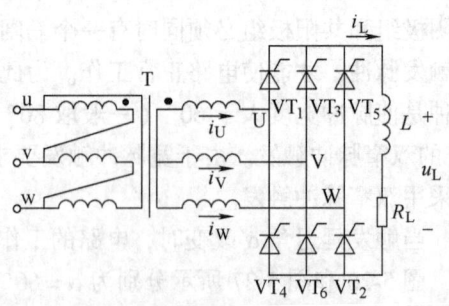

图 5-28 带感性负载的三相全控桥式整流电路

带感性负载的三相全控桥式整流电路的整流输出电压平均值为

$$U_L = 2.34 U_2 \cos\alpha \quad (0° \leq \alpha \leq 90°) \qquad (5\text{-}24)$$

由上式可知，当 $\alpha = 0°$ 时，输出电压 U_L 为最大值；当 $\alpha = 90°$ 时，$U_L = 0V$。因此，带感性负载时，三相全控桥式整流电路的移相范围为 $0° \sim 90°$。

负载电流的平均值为

$$I_L = \frac{U_L}{R_L} \qquad (5\text{-}25)$$

在带感性负载的三相全控桥式整流电路中，晶闸管换流只在本组内进行，每隔 120° 换流一次，即在电流连续的情况下，每个晶闸管的导通角均为 120°。因此，流过晶闸管的电流平均值为

$$I_F = \frac{1}{3} I_L \qquad (5\text{-}26)$$

晶闸管可承受的最大正、反向电压均为 $\sqrt{6} U_2$。

二、晶闸管的触发电路

1. 对触发电路的要求

1) 触发信号可为直流、交流或脉冲电压。

2) 触发信号应有足够的功率。

3) 触发脉冲应有一定的宽度，脉冲的前沿尽可能陡，以使元器件在触发导通后，阳极电流能迅速上升，超过掣住电流而维持导通。

4) 触发脉冲必须与晶闸管的阳极电压同步，脉冲移相范围必须满足电路要求。

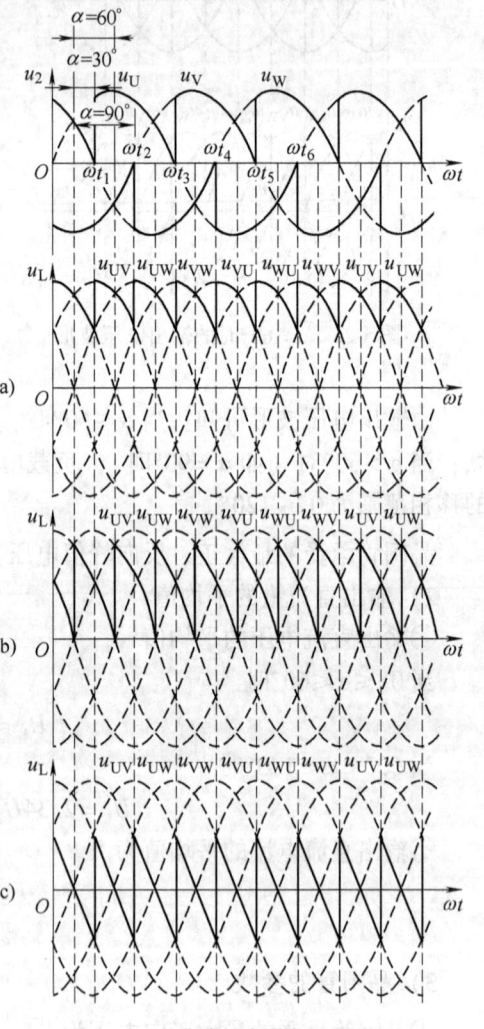

图 5-29 带感性负载的三相全控桥式整流电路在 $\alpha = 30°$、$60°$、$90°$ 时的输出电压波形

单结晶体管触发电路输出脉冲功率小、脉冲较窄,所以只适用于小功率的可控整流电路。在大功率的可控整流电路中,同步信号为锯齿波的触发电路得到广泛应用。

2. 同步信号为锯齿波的触发电路

电路的组成部分为:脉冲形成与放大环节、锯齿波形成和脉冲移相环节、同步环节、强触发环节、双窄脉冲形成环节。

同步信号为锯齿波的触发电路如图 5-30 所示。

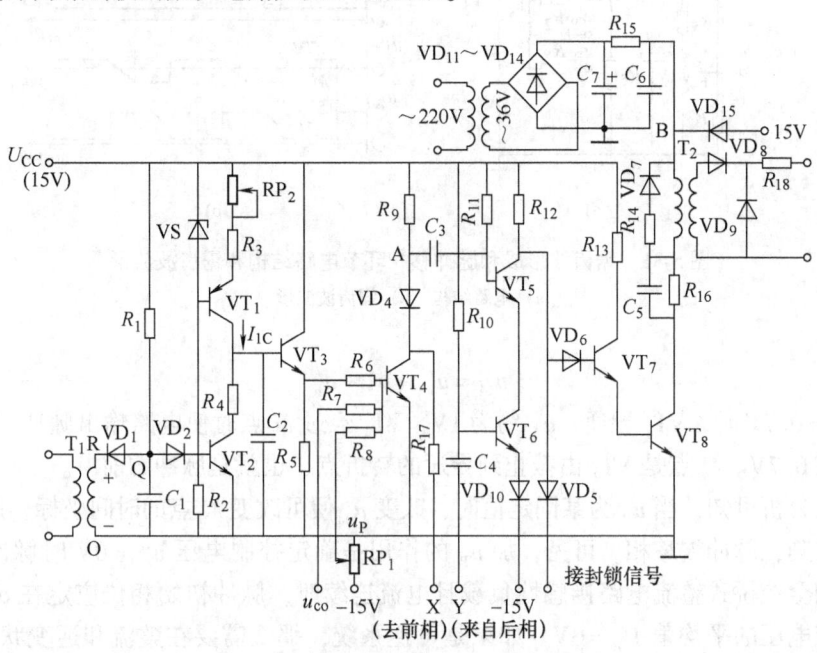

图 5-30 同步信号为锯齿波的触发电路

(1) 锯齿波形成和脉冲移相环节 锯齿波形成和脉冲移相环节如图 5-31a 所示。锯齿波形成电路由 VT_1、VT_2、VT_3 和 C_2 等元器件组成,其中 VT_1、VS、R_2、RP_2 和 R_3 为恒流源电路。当 VT_2 截止时,恒流源以电流 I_{1C} 对电容 C_2 充电,所以 C_2 两端电压 u_C 为

$$u_C = \frac{1}{C}\int I_{1C} dt = \frac{I_{1C}}{C} \tag{5-27}$$

u_C 按线性规律上升,即 VT_3 的基极电位 u_{b3} 线性上升。

当 VT_2 导通时,由于 R_4 阻值很小,所以 C_2 迅速放电,使电位 u_{b3} 迅速降到零。当 VT_2 周期性地导通和关断时,u_{b3} 便形成周期性锯齿波。同样,VT_3 的发射极电位 u_{e3} 也是一个锯齿波电压 (u_h),如图 5-31b 所示。

射极跟随器 VT_3 的作用是减小控制电路的电流对锯齿波电压的影响。调节电位器 RP_2 用于改变 C_2 的恒定充电电流 I_{1C},可调节锯齿波斜率。

VT_4 基极电位 u_{b4} 由锯齿波电压 u_h、控制电压 u_{co}、直流偏移电压 u_P 三者共同决定。如果 $u_{co} = 0$,那么当 u_P 为负值时,u_{b4} 点的波形由 $u_P' + u_h'$ 确定;当 u_{co} 为正值时,u_{b4} 点的波形由 $u_{co}' + u_P' + u_h'$ 确定。u_{co}'、u_P'、u_h' 分别为锯齿波电压 u_h、控制电压 u_{co}、直流偏移电压 u_P 单独作用于 VT_4 基极时的电压。叠加电压 u_{b4} 为

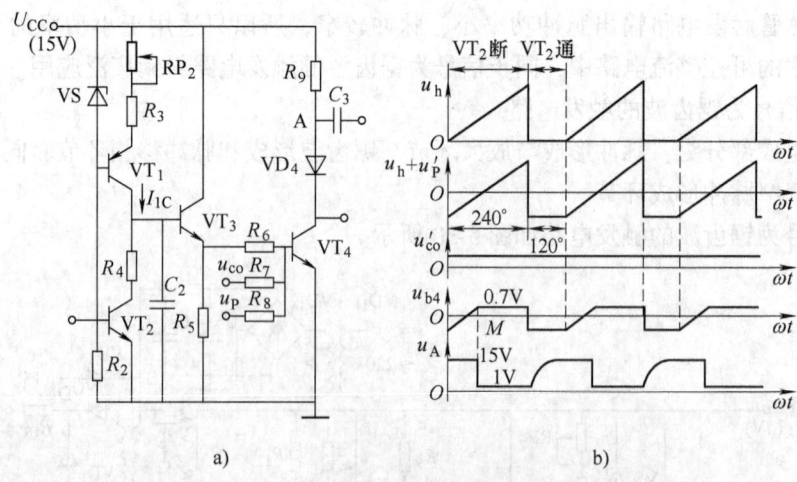

图 5-31 锯齿波形成和脉冲移相环节电路结构和锯齿波波形
a) 电路结构　b) 锯齿波波形

$$u_{b4} = u'_{co} + u'_P + u'_h \tag{5-28}$$

当 $u_{b4} = 0.7V$ 时,VT$_4$ 导通,u_A 约为 1V,VT$_4$ 经过 M 点时使电路输出脉冲。之后 u_{b4} 一直被钳位在 0.7V。M 点是 VT$_4$ 由截止到导通的转折点,也就是脉冲的前沿。

由以上分析可知,当 u_P 为某固定值时,改变 u_{co} 便可改变 M 点的时间坐标,即改变了脉冲产生的时刻,脉冲被移相。可见,加 u_P 的作用是确定控制电压 $u_{co}=0V$ 时脉冲的初始相位。当三相全控桥式整流电路接感性负载且电流连续时,脉冲初始相位应定在 $\alpha=90°$,此时输出直流电压的平均值 $U_L=0V$。如果是可逆系统,那么需要在整流和逆变状态下工作,理论上要求脉冲的移相范围为 $0°\sim180°$。由于锯齿波波形两端的非线性,因而要求锯齿波的宽度大于 180°(例如 240°)。此时可令 $u_{co}=0V$,调节 u_P 的大小,使产生脉冲的 M 点移至锯齿波 240°的中央(120°处),对应于 $\alpha=90°$ 的位置。

(2) 同步环节　在锯齿波触发电路中,触发电路与主电路的同步问题是指锯齿波的频率与主电路电源的频率相同。由图 5-32a 所示的电路可知,锯齿波是由 VT$_2$ 控制的。在 VT$_2$ 截止期间产生锯齿波,VT$_2$ 截止状态持续的时间就是锯齿波的宽度,VT$_2$ 开关的频率就是锯齿波的频率。要使触发脉冲与主电路电源同步,就应使 VT$_2$ 开关的频率与主电路电源的频率相同。

同步环节由同步变压器 T、开关管 VT$_2$、二极管 VD$_1$ 和 VD$_2$、电容器 C_1、电阻 R_1 等组成。同步变压器与主电路变压器接在同一电源上,用同步变压器的二次电压控制 VT$_2$ 的通断,这就保证了触发脉冲与主电路电源的同步。

同步变压器的二次侧正弦交流电压 u_{T_1} 经二极管 VD$_1$、VD$_2$ 间接加在 VT$_2$ 的基极,在 u_{T_1} 负半周的下降段,VD$_1$ 导通,C_1 被迅速充电,其两端电压极性为上负下正,使 VT$_2$ 的发射极反向偏置,VT$_2$ 截止。在 u_{T_1} 负半周的上升段,电源(15V)经 R_1 对电容 C_1 反向充电,由于充电时间常数 R_1C_1 较大,使 Q 点的电位上升速度较 R 点慢,所以 VD$_1$ 截止,当 Q 点的电位被反充至 1.4V 时,VT$_2$ 导通,Q 点的电位被钳位在 1.4V,直到同步变压器下一个负半周开始时,VD$_1$ 重新导通,如此不断循环。同步变压器二次侧正弦交流电 u_{T_1} 的波形、Q 点的

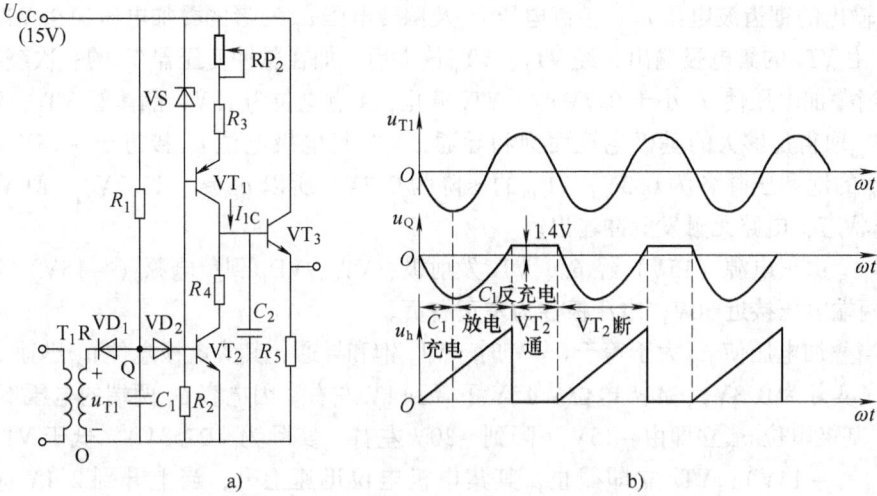

图 5-32 同步环节电路结构和电压波形
a) 电路结构 b) 电压波形

波形及 VT_3 发射极电位 u_h 的波形如图 5-32b 所示。

由以上分析可知，在一个正弦波周期内，VT_2 工作在截止和饱和两个状态，分别对应的锯齿波电压波形恰好是一个周期，与主电路电源频率完全一致，达到了同步的目的。Q 点的电位从同步电压负半周上升段开始时刻到达 1.4V 的时间间隔越长，VT_2 截止时间越长，锯齿波越宽。所以锯齿波的宽度是由充电时间常数 R_1C_1 所决定的。本电路中锯齿波的宽度可达 240°左右。

(3) 脉冲形成环节 脉冲形成环节由 VT_4、VT_5 组成，VT_7、VT_8 组成脉冲放大电路，电路图如图 5-33a 所示。脉冲宽度与反向充电回路时间常数 $R_{11}C_3$ 有关。

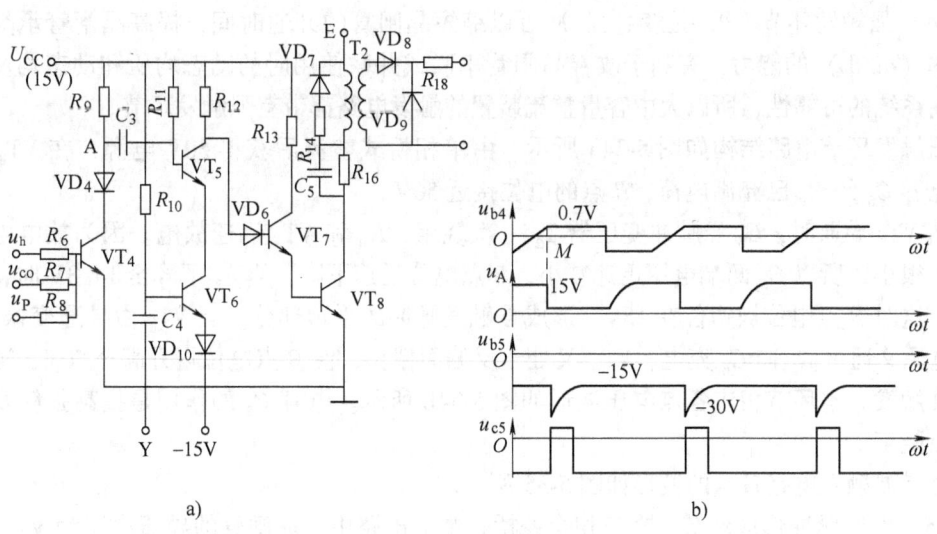

图 5-33 脉冲形成环节电路结构和电压波形
a) 电路结构 b) 电压波形

VT_3 输出的锯齿波电压 u_h、控制电压 u_{co} 及偏转电压 u_P 三者的叠加电压加在 VT_4 的基极上，脉冲由 VT_5 的集电极输出，经 VT_7、VT_8 放大后，加在脉冲变压器 T_2 的一次绕组上。

1）当叠加电压使 u_{b4} 小于 0.7V 时，VT_4 截止，A 点电位为 15V，晶体管 VT_5、VT_6 分别经 R_{11}、R_{10} 取得足够大的基极电流而饱和导通，VT_5 集电极电位 u_{c5} 接近于 −15V（实际上 VT_5、VT_6 的饱和压降各为 0.3V，VD_{10} 的压降为 0.7V，所以 $u_{c5} \approx −13.7V$），使 VT_7、VT_8 处于截止状态，电路无触发脉冲输出。

电容 C_3 由正电源（15V）经 R_9、VT_5 发射极、VT_6、VD_{10} 到负电源（−15V）充电，充满后 C_3 两端电压接近 30V，电压极性为左正右负。

2）当叠加电压使 u_{b4} 大于等于 0.7V 时，VT_4 饱和导通，其集电极电位 u_{c4} 迅速下降到接近于 0V（实际为 0.3V），A 点电位从 15V 下降到 1V 左右。因电容 C_3 两端的电压不能突变，所以 VT_5 基极电位 u_{b5} 立即由 −15V 下降到 −30V 左右（实际为 −27.3V），低于 VT_5 发射极电位（$u_{e5} \approx −14V$），VT_5 立即截止，其集电极电位迅速上升，当上升到 2.1V 时，VT_7、VT_8 经 R_{12}、VD_6 取得足够的基极电流而饱和导通，VT_5 集电极电位钳位在 2.1V（VD_6、VT_7 及 VT_8 的发射极三个 PN 结压降之和），电路经脉冲变压器 T_2 二次侧输出触发脉冲。

与此同时，由于 VT_4 导通，VT_5 截止，电容 C_3 由 +15V 电源经 R_{11}、VD_4、VT_4 放电和反向充电，使 VT_5 基极电位 u_{b5} 又逐渐升高。当 $u_{b5} = −13.3V > u_{e5}$（即 −14V）时，VT_5、VT_6 又恢复导通，VT_5 集电极电位 u_{c5} 由 2.1V 又下降到 −15V 左右（实际为 −13.7V），VT_7、VT_8 又重新截止，输出触发脉冲终止。

VT_4 基极电位 u_{b4}、A 点电压 u_A、VT_5 基极电压 u_{b5} 和集电极电压 u_{c5} 的波形如图 5-33b 所示。

3）输出脉冲的宽度。脉冲产生的时刻是 VT_4 由截止转为饱和的瞬时，也就是 VT_5 由饱和转为截止的瞬时。脉冲终止的时刻为 VT_5 恢复饱和的瞬时，VT_5 截止的持续时间即为输出脉冲的宽度。所以输出脉冲宽度是由电容 C_3 反向充电电路中的时间常数 $R_{11}C_3$ 来决定的。

R_{13}、R_{16} 是 VT_7、VT_8 的限流电阻，用于防止 VT_5 长期截止（工作不正常或损坏）造成 VT_7、VT_8 因长期过电流而烧毁。

(4）强触发环节　采用强触发脉冲可以缩短晶闸管的开通时间，提高晶闸管承受电流变化率（di/dt）的能力，有利于改善晶闸管串联或并联使用时的动态均压和动态均流，能够提高系统的可靠性，所以大中容量整流装置的触发电路都带有强触发环节。

强触发环节电路结构如图 5-34a 所示。由单相桥式整流后获得 50V 电源，在 VT_8 导通前，电容 C_6 经 R_{15} 已充满电荷，B 点的电位接近 50V。

当 VT_8 导通时，C_6 经脉冲变压器 T_2 一次绕组、R_{16} 和 VT_8 迅速放电。因为放电电路时间常数很小，所以 C_6 两端电压迅速减小，B 点电位迅速下降，当 u_B 下降至 14.3V 时，VD_{15} 导通，这时 B 点电位被钳位在 15V，形成强触发脉冲的平顶部分。当 VT_8 由导通变截止时，50V 电源又通过 R_{15} 向 C_6 充电，VD_{15} 又处于反偏而截止，使 B 点电位再升高至 50V，准备下一次强触发。本环节相应各点电压波形如图 5-34b 所示。电容 C_5 的作用是提高强触发脉冲的前沿陡度。

锯齿波触发电路各点的波形如图 5-35 所示。

(5）双窄脉冲形成环节　在三相全控桥式整流电路中，晶闸管的导通次序为 $VT_1 \rightarrow VT_2 \rightarrow VT_3 \rightarrow VT_4 \rightarrow VT_5 \rightarrow VT_6 \rightarrow VT_1$，彼此间隔 60°。在电路刚启动或电流断续的情况下，为了保证共阴极组和共阳极组各有一只晶闸管能同时触发导通，对晶闸管多采用双脉冲触发。

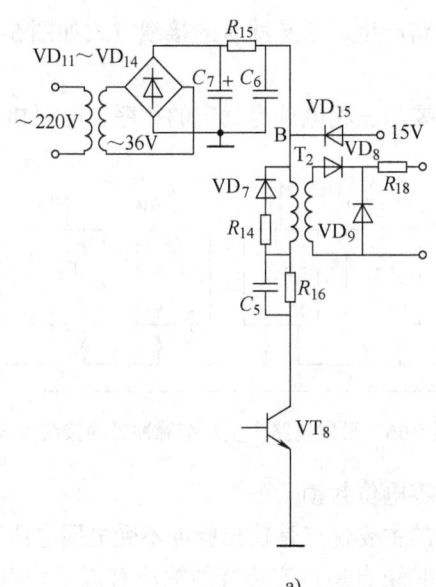
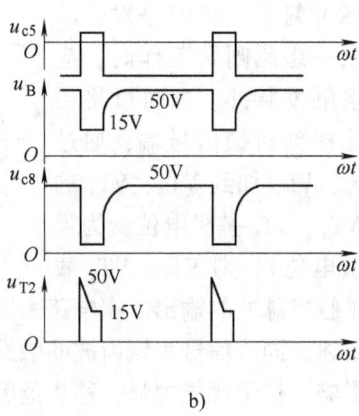

图 5-34 强触发环节电路结构和电压波形
a) 电路结构　b) 电压波形

产生双脉冲的方法有两种：一种是每个触发电路在每个周期内只产生一个脉冲，脉冲输出电路同时触发两个桥臂的晶闸管，这称为外双脉冲触发；另一种是每个触发电路在一个周期内连续发出两个相隔60°的窄脉冲，脉冲输出电路只触发一个晶闸管，这称为内双脉冲触发。由于双窄脉冲触发电路的输出级功率可以减小，所以目前应用较广。

图 5-30 所示的触发电路在一个周期内输出两个间隔60°的脉冲，称为内双脉冲电路。图 5-30 中，串联的 VT_5、VT_6 构成一个"或"门，当 VT_5、VT_6 都导通时，u_{c5} 约为 $-15V$，使 VT_7、VT_8 同时截止，无脉冲输出。只要 VT_5、VT_6 中有一个截止，都会使 VT_7、VT_8 导通，有脉冲输出。

在本相和后相两个相同的触发电路中，VT_5 基极有本相同步移相环节送来的负脉冲信号，使 VT_5 截止，送出本相的第一个窄脉冲。滞后60°的后一相触发电路在产生后相第一个触发脉冲的同时，将其控制信号由后相的 X 端引出送到本相的 Y 端，使本相的 VT_6 再次截止，VT_7、VT_8 又导通一次，输出本相的第二个脉冲。由此得到间隔60°的双窄脉冲。电路中的二极管 VD_4 和电阻 R_{17} 是为了防止双窄脉冲信号的相互干扰而设置的。

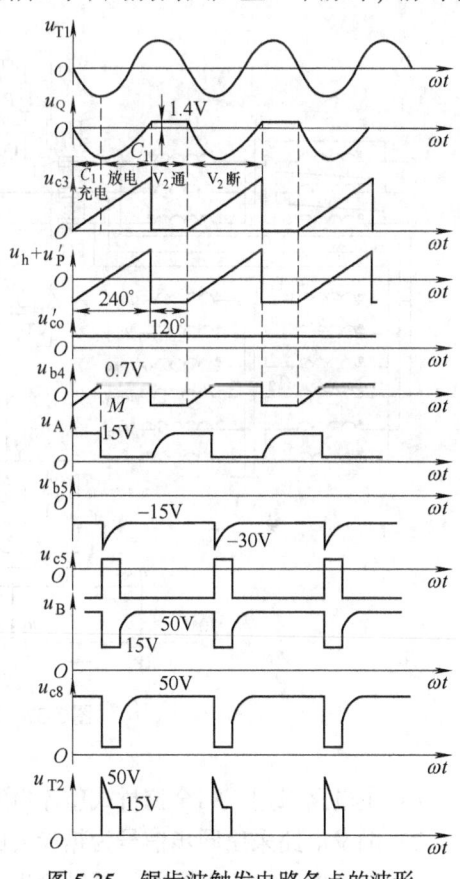

图 5-35 锯齿波触发电路各点的波形

在三相桥式全控整流电路中，各相触发电路产生双窄脉冲时的接线方式如图 5-36 所示。后相的 X 端与前相的 Y 端相连。

采用内双脉冲的三相全控桥式整流装置，要求三相电源有确定的相序，电源相序不能接反，否则整流装置不能正常工作。

(6) 脉冲封锁　在电路发生故障时，要求一组晶闸管工作时，应封锁另一组触发脉冲。这时可将封锁信号直接接到封锁信号端，通过二极管 VD_5、VD_6 加到 VT_7、VT_8 的基极，使 VT_7、VT_8 基极电位变为零电位（或负电位），则 VT_7、VT_8 截止，封锁了触发脉冲的输出。本电路采用的是零电位封锁。

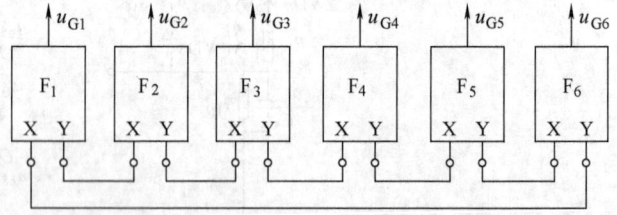

图 5-36　触发电路产生双窄脉冲时的接线方式

综上所述，同步信号为锯齿波的触发电路的主要优点是输出脉冲不受电网电压波动与波形畸变的影响，抗干扰能力强，移相范围宽。其缺点是整流装置的输出直流平均电压 U_L 与控制电压 u_{co} 不是线性关系，电路比较复杂。

三、直流电动机调速电路

直流电动机调速电路如图 5-37 所示。

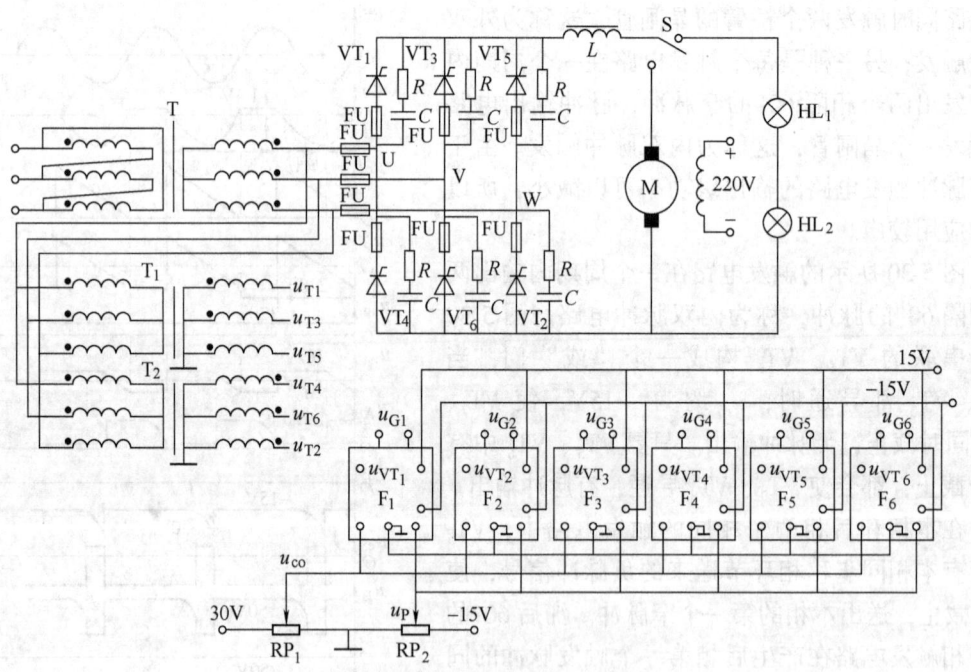

图 5-37　直流电动机调速电路

1) 主电路采用三相全控桥式整流电路。主变压器采用 Yd11 联结。
2) 触发电路采用同步信号为锯齿波的触发电路。
3) 在主电路中，电源侧及晶闸管串联的熔断器可实现短路保护；每只晶闸管两端并联的 RC 阻容吸收电路，可实现过电压保护。

4）同步变压器的选择。在晶闸管整流电路中，主电路各晶闸管的触发脉冲与其阳极电压之间要保持正确的相位关系，否则会造成整流装置不能正常工作。

只有触发脉冲在其阳极电压为正的区间内出现，晶闸管才能被触发导通。触发电路输出脉冲的时刻由同步电压 u_T 来确定，并由控制电压 u_{co} 和移相电压 u_P 的大小来移相。所以，触发电压的同步电压只有与晶闸管的阳极电压保持特定的相位关系，才能使触发脉冲在晶闸管需要触发的时刻输出脉冲。这种正确选择同步电压相位以及得到不同相位的同步电压的方法，称为晶闸管装置的同步或定相。

例如，主电路为图 5-25a 所示的三相全控桥式整流电路，触发电路采用图 5-30 所示的同步信号为锯齿波的触发电路，要求移相范围为 180°。由于锯齿波底宽为 240°，考虑到其两端的非线性，所以取 30°～210°作为 0°～180°的移相区间，如图 5-38 所示。以 U 相晶闸管 VT_1 为例，当 α=0°时，触发电路产生的触发脉冲应对准相电压的自然换相点，即相电压 u_U 为 30°的时刻。因此，锯齿波电路的同步电压 u_{VT_1} 应与晶闸管 VT_1 的相电压 u_U 相差 180°。同理，u_{VT_3}、u_{VT_5} 与 u_V、u_W 分别相差 180°，u_{VT_4}、u_{VT_6}、u_{VT_2} 分别应与 $-u_U$、$-u_V$、$-u_W$ 相差 180°。当主变压器为 Yd11 联结时，共阴极组同步变压器 T_1 采用 Yy6 联结，共阳极组同步变压器 T_2 采用 Yy12 联结。

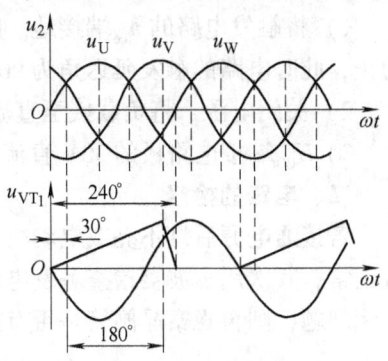

图 5-38 三相全控桥式整流电路主电压与触发同步电压的相位关系

任务准备

1. 万用表、示波器、常用电子电路组装工具。
2. 直流电动机调速电路元器件明细表见表 5-5。

表 5-5 直流电动机调速电路元器件明细表

序号	名称	型号/规格	数量
1	整流变压器 T	124V/30V	1
2	晶闸管 VT_1～VT_6	KP5—10	6
3	直流电动机 M	220V/240W	1
4	灯泡 HL_1、HL_2	220V/40W	2
5	电感线圈 L	1000mH	1
6	直流电源	15V、-15V、30V、220V	各1
7	同步变压器 T_1（Yy6）、T_2（Yy12）	220V/30V	各1
8	电容器 C	0.1μF/630V	6
9	电阻 R	100Ω/1W	6
10	锯齿波触发电路模块		6
11	熔断器 FU	2A	9
12	连接导线		若干

任务实施

一、电路的装接与调试

1. 装接电路

根据图 5-37 所示的直流电动机调速电路进行装接,先接主电路,再接触发电路,并检查接线至完全正确。

注意:触发电路的 X、Y 端一定要按图 5-36 接线,否则,在触发延迟角大于 60°时,电路会无法起动。

2. 电路的调试

1)将触发电路的 u_{co} 端接地。闭合开关 S,接通电源,调整电阻 RP_1,至灯泡刚好不亮为止,此时电路的触发延迟角为 90°。

2)关闭电源,将负载接至直流电动机。

3)U_{co} 端接电路板的 30V 直流电源,调节电阻 RP_2 的大小,改变电动机的转速。

二、电路的检修

若接通电源后灯不亮或电动机不旋转,则首先应断开电源,检查电源变压器及熔断器是否正常;其次用示波器检查触发电路是否有脉冲输出;最后检查电动机是否良好。若上述检查无问题,则再观察晶闸管是否有损坏现象,有损坏时应更换晶闸管。

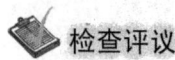检查评议

评分标准见表 5-6。

表5-6 评分标准

主要内容	考核要求	评分标准	配分	扣分	得分
装接	技术符合工艺要求	1. 接线不正确,扣20分 2. 接线不规则、不方便检查,各扣5分	50		
通电调试	在规定的时间内,利用仪器、仪表调试后,进行通电调试	1. 通电调试一次不成功扣10分,二次调试不成功扣15分 2. 在调试过程中,元器件损坏,每只扣5分 3. 不会调试,扣10分	30		
仪器的使用	正确使用示波器	1. 仪器使用不正确,每次扣5分 2. 仪器损坏,扣10分	10		
安全文明生产	遵守安全生产规程,保持实验室整洁	1. 发生安全事故,扣10分 2. 不符合安全文明生产要求,视情况扣5~10分	10		
合计			100		
时间		90min			

单元6 信号产生电路

在模拟电子电路中,常常需要各种波形的信号作为测试或控制信号。信号产生电路就是用来产生一定频率、幅度和变化性交流信号的。它在测量、自动控制、通信、广播等领域有着广泛的应用。本单元主要介绍产生正弦波信号电路的相关知识及应用电路的制作和检修方法。

任务1 LC 正弦波振荡电路的制作与检修

 学习目标

> **知识目标:**
> 1. 掌握振荡器产生自激振荡的条件及判断方法。
> 2. 掌握 LC 正弦波振荡器的组成、特点、工作原理及应用。
>
> **技能目标:**
> 1. 识别振荡电路的类型,计算振荡频率。
> 2. 会用示波器观察振荡波形的频率和幅度。
> 3. 掌握 LC 桥式振荡器的制作与检修方法。
>
> **素质目标:**
> 使学生养成独立思考和动手操作的习惯,培养学生互相帮助、互相学习的精神。

 工作任务

正弦波振荡电路是一种带选频网络的正反馈放大电路。它无需外加激励信号,就能把直流电源提供的能量转换成有一定频率和振幅的正弦交流信号。正弦波振荡电路广泛用于广播、通信、测量及自动控制等许多技术领域,如收音机和电视机的本机振荡电路、发射机中的载波振荡电路、各种频率的正弦波信号发生器等。本任务在介绍振荡器工作原理的基础上,介绍 LC 振荡器的制作与检修方法。图 6-1 为电容三点式振荡电路的装配图。

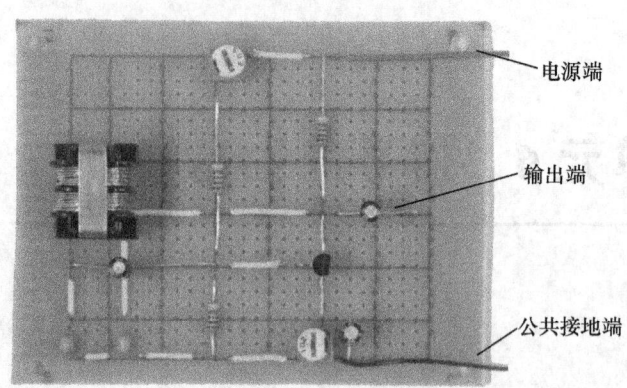

图 6-1　电容三点式振荡电路的装配图

相关理论

一、正弦波振荡电路的基本原理

1. 自激振荡电路的基本组成

在图 6-2 中,将开关 S 掷向"1",较小的输入信号 u_i 经过开关 S 送到基本放大电路的输入端,经过基本放大电路的放大,在输出端得到一个较大的输出信号 u_o。这时把开关 S 瞬时掷向"2",将输出信号通过正反馈电路送到输入端,反馈电压 u_f 与原输入信号电压 u_i 大小相等、相位相同,即用反馈电压代替外加的输入信号电压,由于基本放大电路的输入信号没有改变,输出信号 u_o 也就没有改变,反馈信号 u_f 得以维持。整个电路在去掉输入信号 u_i 的情况下,将继续保持稳定的输出信号。

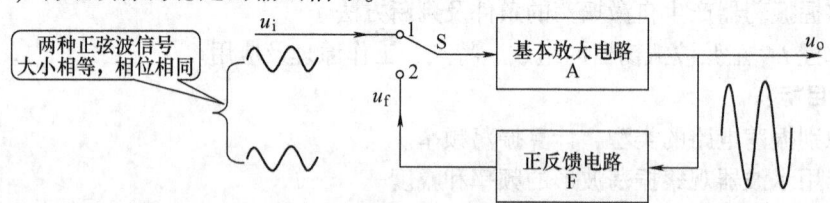

图 6-2　正弦波振荡电路的基本组成

显然,在图 6-2 中,当开关 S 掷向"2"时,就构成了一个振荡电路。它由一个基本放大电路和一个正反馈电路组成,但要产生单一频率的正弦波信号,还必须有选频电路(或选频网络)。

从结构上看,正弦波振荡电路就是一个没有输入信号的带选频网络的正反馈放大电路。在放大电路中,采用负反馈来改善放大电路的性能;在信号产生电路中,利用正反馈来实现振荡信号的输出,所以正弦波振荡电路的工作原理与反馈的概念密切相关。

要想使一个没有外来输入的放大电路能产生一定频率和幅度的正弦输出信号,电路中必须包含放大电路、正反馈网络和选频网络。其中,正反馈网络和选频网络在很多时候由同一个部分组成,有时选频网络又和放大电路是一个整体。但不管电路的形式如何,必须同时具备这几个部分的基本功能。一般为了使输出的正弦信号幅度保持稳定,还要加入稳幅环节。

2. 自激振荡的条件

(1) **幅值条件**　由图 6-2 可以看出,振荡电路在没有外加输入信号的情况下就有输出信号,这是因为它把反馈信号作为基本放大电路的输入信号。为了使振荡电路维持振荡,必须保证反馈信号 u_f 与输入信号 u_i 大小相等,即

$$u_f = u_i$$

由于

$$A = \frac{u_o}{u_i}, \quad F = \frac{u_f}{u_o}$$

则

$$AF = \frac{u_o}{u_i} \frac{u_f}{u_o} = \frac{u_f}{u_i} = 1$$

即

$$AF = 1 \tag{6-1}$$

式中　A——基本放大电路的开环放大倍数;
　　　F——反馈电路的反馈系数。

$AF=1$ 为振荡电路能够振荡的幅值平衡条件。

(2) 相位条件　为了保证反馈信号 u_f 与输入信号 u_i 相位相同,应使

$$\varphi_A + \varphi_F = \pm n360° \quad (n = 0, 1, 2, \cdots) \tag{6-2}$$

式中　φ_A——放大电路的输出信号与输入信号间的相位差;
　　　φ_F——反馈电路的输出信号与输入信号间的相位差。

式 (6-2) 为振荡电路的相位平衡条件。反馈信号的相位与所需输入信号的相位相同,即电路只有引入正反馈,才能产生振荡。对于一个振荡电路来说,只有同时满足幅值平衡条件和相位平衡条件,电路才能振荡。

(3) 自激振荡的建立及稳幅　要想使一个没有外来输入的放大电路能产生一定频率和幅度的正弦输出信号,那么它的原始输入信号是从哪里来的? 其实,当振荡电路刚接通电源的瞬间,电路中便会产生一个电冲击,这个电冲击激起的信号包含各种频率成分,其中只有一种频率的信号满足相位平衡条件,并且通过放大—正反馈—放大,该信号逐渐由小变大,而其他频率的信号因不满足相位平衡条件而被衰减掉。可见,振荡电路能否起振,除了电路必须引入正反馈之外,反馈信号 u_f 与输入信号 u_i 的幅度要大,即

$$AF = \frac{u_f}{u_i} > 1 \tag{6-3}$$

振荡电路自行起振之后,由于晶体管是非线性器件,当振荡幅度增大至一定程度后,振荡电路中的晶体管将进入非线性区,晶体管的电流放大系数 β 将会减小,放大电路的电压放大倍数 A 会减小,从而使 AF 减小,当满足 $AF=1$ 时,输出幅度既不增大,也不减小,将维持在某一幅度进行等幅振荡。

综上所述,正弦波振荡电路产生振荡的条件为

$$\begin{cases} AF \geqslant 1 \\ \varphi_A + \varphi_F = \pm n360° \quad (n = 0, 1, 2, \cdots) \end{cases} \tag{6-4}$$

也就是说,要保证振荡电路能够振荡,必须同时满足以上两个条件,这两个条件中相位平衡条件是关键。

二、LC 正弦波振荡电路

LC 正弦波振荡电路主要用来产生 1MHz 以上的高频振荡信号。LC 正弦波振荡电路在结构上,常用的有变压器反馈式、电感三点式和电容三点式三种。它们的共同特点是用 LC 并联谐振电路作为选频网络。

1. LC 并联谐振电路的选频特性

LC 并联电路谐振的实质是电容中的电场能量与电感线圈中的磁场能量周期性地相互转换。LC 并联谐振电路如图 6-3a 所示。从 LC 并联谐振电路的幅频特性曲线（见图 6-3b）可以看出，当电路发生谐振（$f=f_0$）时，等效阻抗 Z 最大，而其他频率信号将呈现不同的衰减，f 偏离 f_0 越远，衰减越多，等效阻抗 Z 迅速减小。从 LC 并联谐振电路的相频特性曲线（见图 6-3c）可以看出，当电路发生谐振（$f=f_0$）时，相移 $\varphi=0°$，LC 并联谐振电路呈纯电阻特性。当 $f<f_0$ 时，LC 并联谐振电路呈感性；当 $f>f_0$ 时，LC 并联谐振电路呈容性。可见，LC 并联电路具有选频特性，即当 $f=f_0$ 时，电路呈纯阻性，且阻值最大，输出电压最大。LC 并联谐振电路的谐振频率 f_0 为

$$f_0 = \frac{1}{2\pi\sqrt{LC}} \tag{6-5}$$

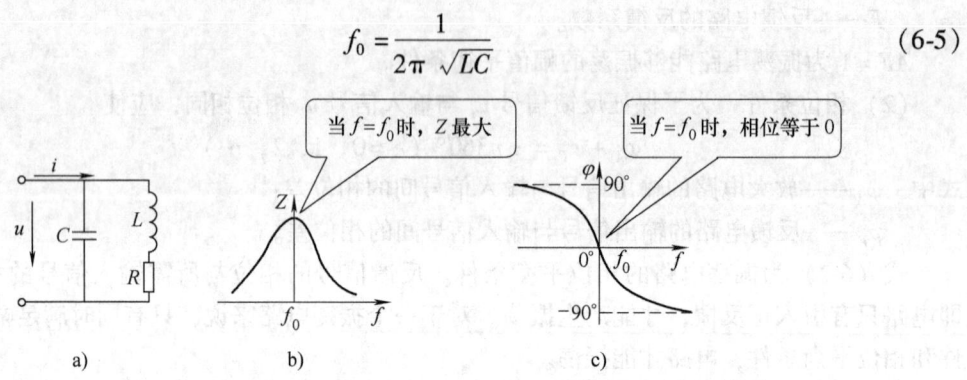

图 6-3 LC 并联谐振电路及其频率特性
a) LC 并联电路 b) 幅频特性 c) 相频特性

f_0 仅与谐振电路的电感 L 和电容 C 的参数有关，当 L 和 C 中任一个改变时，f_0 也将发生相应的改变。

2. 变压器反馈式 LC 振荡电路

（1）电路组成　图 6-4 所示为变压器反馈式 LC 振荡电路。其基本放大电路由晶体管 V 及其偏置电阻 R_1、R_2、R_3 构成，选频网络由 LC 并联谐振电路构成，正反馈电路，由变压器的二次绕组 W_2 和耦合电容 C_1 构成，振荡电路通过变压器的二次绕组 W_3 向负载 R_L 提供正弦波振荡信号。

（2）振荡条件

1）幅值条件。LC 并联电路对不同频率的信号呈现不同的阻抗，而当电路发生谐振（$f=f_0$）时阻抗最大，并且为纯电阻特性。用 LC 并联谐振电路代替集电极负载电阻就构成了选频放大电路，对 f_0 信号有很大的放大倍数，而偏离 f_0 的信号放大倍数急剧下降，很快地被衰减抑制掉，不再满足振荡的幅值条件。

2）相位条件。用瞬时极性法，假设晶体管输入端的瞬时极性为"+"，根据共发射极选频放大电路的基极和集电极的相位关系可知，集电极的瞬

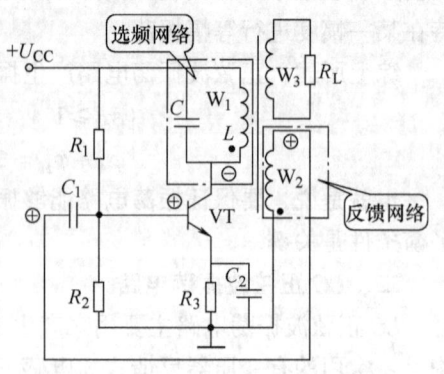

图 6-4 变压器反馈式 LC 振荡电路

时极性为"-",在LC并联电路谐振($f=f_0$)时,相当于纯电阻,L两端的瞬时极性为上"+"下"-"。根据同名端的位置可知,二次绕组W_2的瞬时极性为上"+"下"-",经耦合电容C_1送到基极的信号为"+"。这样,反馈到输入端的信号极性与原假设输入端的极性相同,电路构成的是正反馈,满足相位平衡条件。

由以上分析可知,图6-4所示电路满足自激振荡条件,所以电路能够振荡。

(3) **振荡频率** 由选频放大电路的相频特性可知,只有$f=f_0$时,电路才满足相位平衡条件。所以,电路的振荡频率就是LC并联电路的谐振频率f_0,即

$$f_0 = \frac{1}{2\pi\sqrt{LC}} \tag{6-6}$$

式中 f_0——电路的振荡频率(Hz);

L——谐振电路的总电感(H);

C——谐振电路的总电容(F)。

改变电感L或电容C的大小,均可改变振荡频率f_0。在实际应用中,电容器C一般选用可变电容器,通过调节可变电容器的容量,使输出的正弦波信号的频率实现连续可调,如收音机的调台就是通过调整可变电容器来实现的。

变压器反馈式LC振荡电路的特点:

1) 电路起振容易。
2) 频率调节方便。通过改变电容器的电容值,来调节频率的高低。
3) 振荡频率不高,一般在几十兆赫以下。
4) 输出波形不好。由于电感器对高次谐波呈现较大的阻抗,对高次谐波反馈信号较大,所以输出波形不好。

3. 电感三点式振荡电路

(1) **电路组成** 图6-5a所示为电感三点式振荡电路的结构,图6-5b所示为其简化交流等效电路(注意:画交流等效电路时,耦合电容和旁路电容均视为短路,而选频电路的电容不能看作短路)。因为该电路中电感的三个引出端分别与晶体管的三个电极相连,所以称为电感三点式振荡电路。由图6-5a所示电路可以看出,R_1、R_2和R_3为电路提供稳定的静态工作点,L_1、L_2与C构成振荡电路的选频电路。由图6-5b可以看出,反馈电压取自L_2两端。

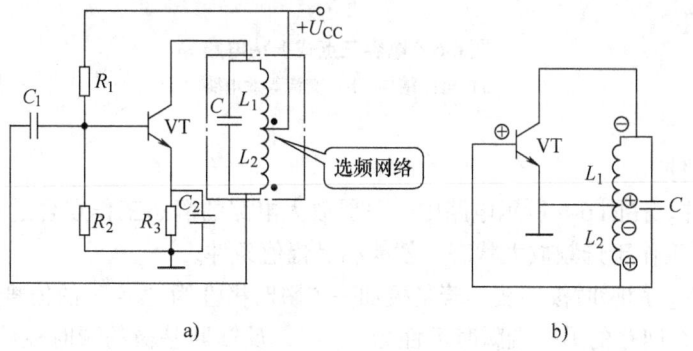

图6-5 电感三点式振荡电路
a) 电路结构 b) 交流等效电路

(2) 振荡条件

1) 幅值条件。在图 6-5a 所示电路中,只要放大电路的静态工作点合适,晶体管工作于选频放大状态,且抽头的位置适当,就能满足幅值条件。

2) 相位条件。用瞬时极性法,若基极加一个瞬时极性为"+"的信号,则集电极输出的信号为"−",LC 回路中的电感线圈同名端瞬时极性为"+",反馈回基极的瞬时极性为"+",如图 6-5b 所示。因为满足相位平衡条件,所以电路能够振荡。

(3) 振荡频率　电路的振荡频率等于 LC 并联电路的谐振频率,即

$$f_0 = \frac{1}{2\pi\sqrt{LC}} \tag{6-7}$$

式中　L——电路的总电感,$L = L_1 + L_2 + 2M$。

电感三点式振荡电路的特点:

1) 由于线圈 L_1 与 L_2 之间耦合得很紧,因此比较容易起振。

2) 调节频率方便。采用可变电容器,可获得一个较宽的频率调节范围。

3) 电路工作频率不高。该电路工作频率一般可以达到 1MHz 至几十兆赫。

4) 波形较差,且频率稳定度也不高。

4. 电容三点式振荡电路

(1) 电路组成　图 6-6 所示为电容三点式振荡电路的结构及其简化交流等效电路。在图 6-6 a 中,晶体管及偏置电路构成了基本放大电路;在集电极加接电阻 R_C,用以提供集电极直流通路;C_1、C_2、L 构成了 LC 选频电路;正反馈信号取自电容 C_2 的两端。

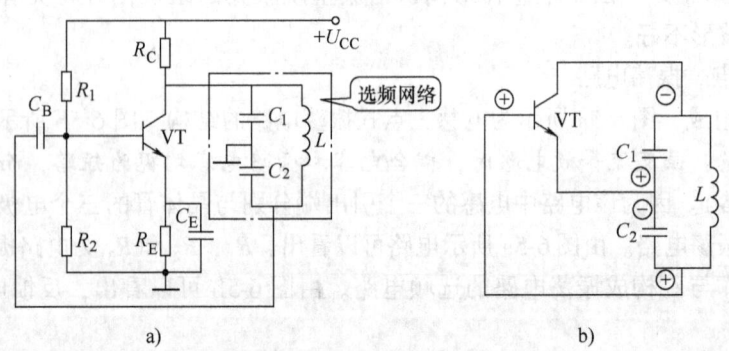

图 6-6　电容三点式振荡电路
a) 电路结构　b) 交流等效电路

(2) 振荡条件

1) 幅值条件。在图 6-6 所示电路中,只要放大电路的静态工作点合适,且参数 L、C_1、C_2 适当,晶体管工作于选频放大状态,就能满足幅值条件。

2) 相位条件。用瞬时极性法,若基极加一个瞬时极性为"+"的信号,则集电极瞬时极性为"−",LC 回路的另一端瞬时极性为"+",反馈回基极的瞬时极性为"+",与原假设输入信号极性相同,电路满足相位平衡条件,所以电路能够起振。

在图 6-6 所示选频电路中,电容的三个引出端分别与晶体管的三个电极相连,其中与发

射极相连的为两个电抗性质相同的电容,与基极和集电极相连的为与之电抗性质相反的电感,所以这种电路称为电容三点式振荡电路。

(3) 振荡频率 振荡电路的振荡频率等于 LC 电路的谐振频率,即

$$f_0 = \frac{1}{2\pi\sqrt{LC}} \tag{6-8}$$

式中 C——由 C_1、C_2 计算出的电容,$C = C_1C_2/(C_1 + C_2)$。

电容三点式振荡电路的特点:

1) 输出波形较好。由于电容对高次谐波信号呈现的阻抗较小,对高次谐波反馈信号也较小,所以输出波形较好。

2) 因为电容容量取值可以较小,因此振荡频率较高,一般可达到 100MHz 以上。

3) C_1、C_2 采用双联电容,调节电容的电容值可以改变振荡频率的大小,但同时会影响反馈信号的大小,因此这种电路适用于产生固定频率的信号。

三、应用电路

实用的电容三点式振荡电路如图 6-7 所示。

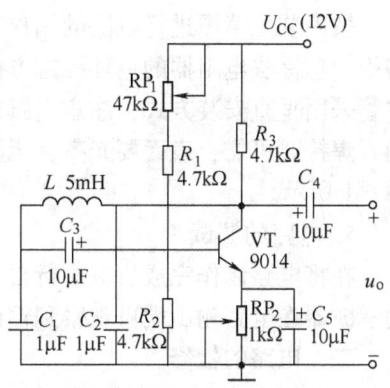

图 6-7 实用的电容三点式振荡电路

任务准备

1. 12V 的稳压电源以及万用表、示波器。
2. 电烙铁、钎料及常用装配工具一套。
3. 电容三点式振荡电路元器件明细表见表 6-1。

表 6-1 电容三点式振荡电路元器件明细表

序号	名称	型号/规格	数量	序号	名称	型号/规格	数量
1	晶体管 VT	9014	1	5	电解电容器 C_1、C_2	1μF	2
2	电位器 RP_1	47kΩ	1	6	电容器 C_3、C_4、C_5	10μF/25V	3
3	电位器 RP_2	1kΩ	1	7	电感器	5mH	1
4	电阻器 R_1、R_2、R_3	4.7kΩ	3	8	万能电路板	—	1

任务实施

一、电路的制作与检修

1. 元器件的检测

(1) 色环电阻器 主要识别其标称阻值,并用万用表相应挡位测量选用的电阻器,确认其阻值大小,分类固定存放,以方便使用。

(2) 电容器 确认电解电容器的极性。在检测电容器时,要选择万用表合适的挡位(本电路中的电容器为 10μF 和 1μF,可分别用 $R×1k$ 挡和 $R×10k$ 挡),观察其充放电现象和万用表指针摆动情况,以及电容器是否漏电或性能变差。

(3) 晶体管 识别其类型与引脚的排列并用万用表检测其质量好坏。

(4) 电位器 用万用表测量其标称值并检测其质量好坏。

2. 绘制装配草图

按图 6-7 所示的电容三点式振荡电路设计、绘制装配草图。要求按电路的连接关系布线；元器件布线要均匀，结构要紧凑；连接导线要平、直；导线不能相互交叉。

3. 引脚成形加工

按工艺要求对元器件的引脚进行成形加工。注意不要反复折弯元器件引脚，以免其因折断而报废。

4. 电路的制作

按照装配草图进行电路的制作。工艺要求为：电阻器采用水平安装方式，电阻体紧贴电路板，色标法电阻器的色环标志方向一致；电容器采用垂直安装方式，注意正、负极性；晶体管采用垂直安装方式，注意引脚极性；微调电位器紧贴电路板安装，不能歪斜；布线要正确，焊接要可靠，表面要光亮，无漏焊、虚焊、短路现象。电容三点式振荡电路的装配图如图 6-1 所示。

5. 电路的调试

在将电路制作完成后应进行自检，正确无误后才能进行通电调试。若电路工作正常，则用示波器在电路输出端可观察到输出标准正弦波。

二、电路的检修

1. 电路不起振，无波形输出

原因可能是晶体管电流放大系数 β 不够大。

2. 电路起振，但波形失真

原因可能是晶体管静态偏置不合适，可通过调节 RP_1 和 RP_2，使晶体管工作在放大状态。

三、电路的测试

用示波器检测并观察输出波形，仔细调节 RP_1 和 RP_2，使电路输出稳定的不失真的正弦波，记录波形的形状，测量正弦波的频率和最大值，把测试的结果填入表 6-2 中。

表 6-2 测试记录

波形形状	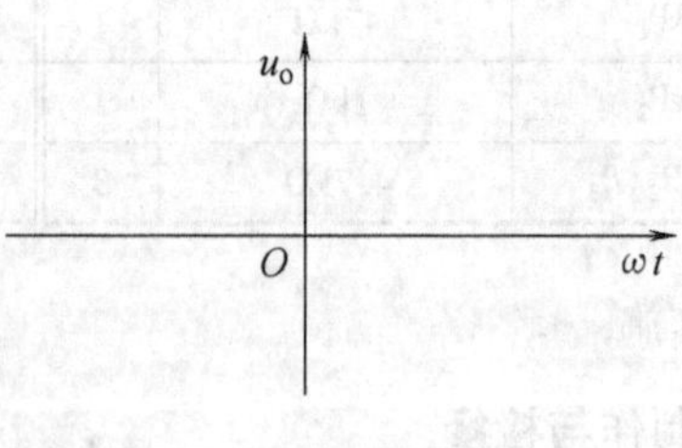
频率	
最大值	

在用示波器测量波形时，将垂直输入灵敏度选择开关（V/Div）置于每格_____ V 挡，将扫描时间转换开关（s/Div）置于每格_____ ms 挡。

检查评议

评分标准见表 6-3。

单元 6　信号产生电路

表 6-3　评 分 标 准

内　容	要　求	配分	评 分 标 准	扣分	得分
元器件的检测	元器件完好、无损坏	15	每处错误扣 3 分		
电路的安装	电路安装正确、完整	15	电路安装不正确，每处扣 5 分		
	布局层次合理，主次分明	10	每处不符合扣 3 分		
	接线规范，布线美观，横平竖直	5	每处不符合扣 1 分		
	排列整齐	5	不整齐扣 3~5 分		
	按图焊接，接线牢固，无虚焊，焊点光滑、无毛刺	10	焊点粗糙，扣 3~5 分；虚焊、漏焊，每处扣除 3~5 分		
通电调试	通电调试成功	10	不成功扣 10 分		
波形的检测	正确使用示波器检测波形，检测结果（波形和幅值）要正确	20	一处错误扣 5 分		
安全生产	安全、文明操作	10	违反者扣 10 分		
合计					

知识拓展

三点式振荡电路相位条件的简单判断

电感三点式振荡电路和电容三点式振荡电路统称为三点式振荡电路。判断三点式振荡电路是否满足振荡的相位条件，一般采用由瞬时极性法演变而来的简便方法。具体方法是：画出简化交流等效电路（见图 6-8），若电路中与晶体管发射极相接的两个元件 X_1 和 X_2 电抗性质相同（都是电容或都是电感），则元件 X_3 不与发射极相接（与集电极、基极相接），且与 X_1 和 X_2 的电抗性质相反，即满足振荡的相位平衡条件。

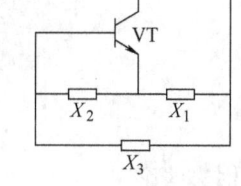

图 6-8　三点式振荡电路的交流等效电路

任务 2　RC 桥式振荡电路的制作与测试

学习目标

知识目标：
1. 掌握 RC 移相式和桥式振荡电路的结构，理解其电路原理。
2. 了解石英晶体振荡电路的特点、频率和应用场合。

技能目标：
1. 掌握 RC 桥式振荡电路的制作与测试方法。
2. 会用示波器观察振荡波形的频率和幅度。

素质目标：
使学生养成独立思考和动手操作的习惯，培养学生互相帮助、互相学习的精神。

工作任务

LC 正弦波振荡电路一般用来产生频率为几百千赫到几百兆赫的信号。如果要产生几千赫或更低频率的信号，那么 L 和 C 的取值就会相当大，而大电感、大电容的制作比较困难，且成本很高。下面介绍的 RC 正弦波振荡电路方便而经济。RC 正弦波振荡电路利用电阻 R 和电容 C 组成选频网络，一般用来产生 200kHz 以下的低频正弦波信号。由于 RC 桥式正弦波振荡电路具有结构简单、易于调节等优点，所以常被采用。

石英晶体振荡的频率稳定度极高，用于产生标准时间基准信号，该信号广泛用于标准信号发生器、脉冲计数器和计算机时钟信号发生器等各类对频率稳定要求高的电子设备中。

本任务主要是制作与检修 RC 桥式振荡电路。图 6-9 为 RC 桥式振荡电路的装配图。

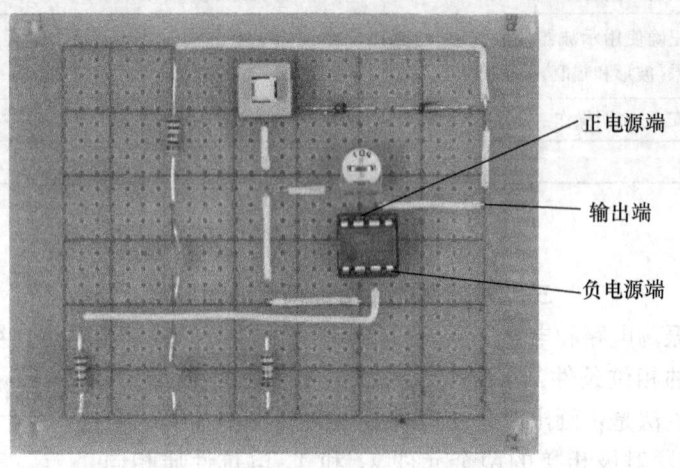

图 6-9　RC 桥式振荡电路的装配图

相关理论

一、RC 振荡电路

RC 振荡电路的工作原理与 LC 振荡电路相同，都是利用放大器的正反馈，并要求满足幅值和相位两个平衡条件。两者的不同点是 RC 振荡电路是用 RC 选频网络代替 LC 选频电路。常用的 RC 振荡电路有 RC 桥式振荡电路（又称为文氏振荡器）和 RC 移相式振荡电路两种。其中，RC 桥式振荡电路的选频网络是 RC 串并联网络，能产生较低频率的信号。

1. RC 桥式振荡电路的组成

图 6-10 所示为 RC 桥式振荡电路。其中，放大电路由集成运算放大器组成（也可由分立元件所构成的两级放大电路组成）；R_3 和 R_4 构成负反馈电路；R_1C_1 串联电路和 R_2C_2 并联组成串并联网络，构成正反馈电路。R_3、R_4、R_1C_1 串联电路和 R_2C_2 并联电路正好形成电桥的 4 个桥臂，放大电路的输入端和输出端分别接到

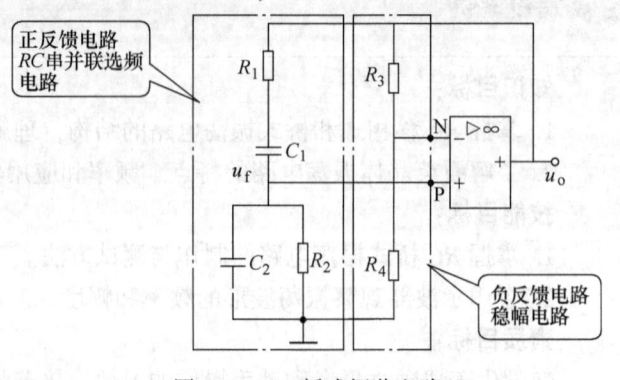

图 6-10　RC 桥式振荡电路

电桥的两对角线上,所以称为 RC 桥式振荡电路。

由于 R_3 和 R_4 组成的负反馈支路没有选频作用,故只有依靠 R_1C_1 串联电路和 R_2C_2 并联电路组成的串并联网络来实现正反馈和选频,才能使电路产生振荡。

2. RC 串并联网络的选频特性

将电阻 R_2、电容 C_2 并联后再与 R_1C_1 串联电路串联,便组成 RC 串并联网络,如图 6-11a 所示。其中,u_o 为输入电压,u_f 为输出电压。下面简要分析该网络的频率特性。

当输入信号的频率较低时,由于满足 $1/2\pi fC_1 \gg R_1$,$1/2\pi fC_2 \gg R_2$,串并联网络的低频等效电路如图 6-11b 所示。不难看出,频率越低,$1/2\pi fC_1$ 值越大,输出信号 u_f 的幅值越小,且 u_f 比 u_o 的相位越超前。在频率接近 0 时,u_f 趋近于 0,相位接近于 90°。

当信号频率较高时,由于满足 $1/2\pi fC_1 \ll R_1$,$1/2\pi fC_2 \ll R_2$,串并联网络的高频等效电路如图 6-11c 所示。而且信号频率越高,$1/2\pi fC_2$ 值越小,输出信号的幅值也越小,且 u_f 比 u_o 的相位越滞后。在频率趋近于无穷大时,u_f 趋近于 0,相位接近于 -90°。

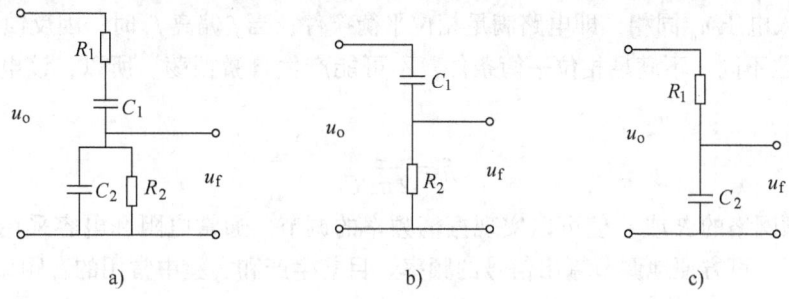

图 6-11 RC 串并联电路及其等效电路
a) RC 串并联电路 b) 低频等效电路 c) 高频等效电路

从上面的分析可以看出,当输入 RC 串并联网络的信号的频率较低或较高时,输出信号的幅度都要减小,输出电压的相移向 90°变化或接近 -90°变化。很显然,在中间必然存在某一频率点,在该频率点上,输出电压幅度最大,相移为 0°。

设 $R_1 = R_2 = R$,$C_1 = C_2 = C$,RC 串并联网络的频率特性如图 6-12 所示。通过分析计算可以得出,当 $f = f_0 = 1/2\pi RC$ 时,反馈电压 u_f 的幅值达到最大,u_f 等于输入电压 u_o 幅值的 1/3,即反馈系数 $F = u_f/u_o = 1/3$,同时电路的 u_f 与 u_o 同相位,电路发生谐振。所以 RC 串并联网络的谐振频率为

$$f_0 = \frac{1}{2\pi RC} \tag{6-9}$$

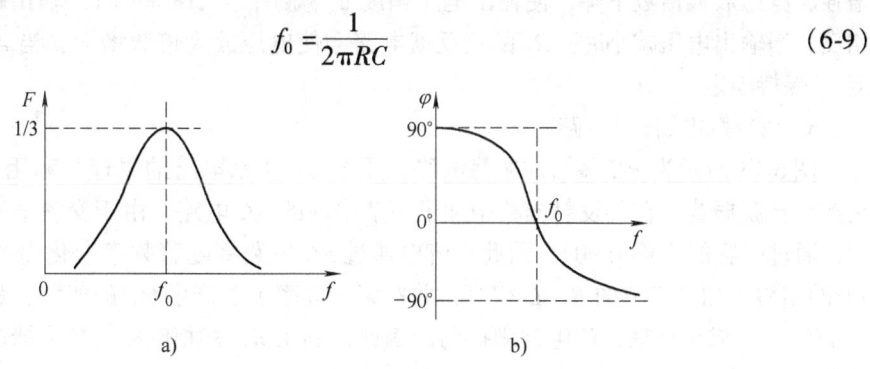

图 6-12 RC 串并联网络的频率特性
a) 幅频特性 b) 相频特性

式（6-9）说明谐振频率 f_0 仅与谐振电路的电阻 R 和电容 C 有关，当 R 和 C 中的任一个改变时，f_0 也将发生相应的改变。谐振频率 f_0 的大小取决于谐振电路的参数。

3. RC 桥式振荡电路振荡条件的判断及振荡频率

（1）振荡条件

1）幅值条件。根据幅值平衡条件，由于 $F=1/3$，所以只要放大器的开环电压放大倍数 A 大于 3，起振的幅值平衡条件就能满足，而一般情况下，A 均大于 3，故幅值条件满足要求。

2）相位条件。用瞬时极性法，假设同相输入端的瞬时极性为" + "，经同相比例集成运算放大器的放大，移相 $\varphi_A = n360°$，输出瞬时极性也为" + "，当 $f_0 = 1/2\pi RC$ 时，RC 串并联电路中相移 $\varphi_F = 0°$，送回同相输入端的信号瞬时极性仍为" + "，总相移 $\varphi_A + \varphi_F = \pm n360°$，满足相位平衡条件，所以电路能够振荡。

（2）振荡频率 由 RC 串并联选频电路的频率特性可知，当 $f=f_0$ 时，振荡电路的反馈电压 u_f 与输入电压 u_o 同相，即电路满足相位平衡条件；当 f 偏离 f_0 时，因反馈电压 u_f 与输入电压 u_o 相位不同，不满足相位平衡条件，不可能产生自激振荡。所以，该电路产生振荡的频率为

$$f_0 = \frac{1}{2\pi RC} \tag{6-10}$$

改变选频网络的 R 或 C 值可以实现振荡频率的调节。通常电阻和电容采用双联电位器或双联电容器，可方便地调节输出信号的频率。目前生产和实验中常用的音频振荡器大多采用这种电路形式。

4. 稳幅措施

振荡电路产生正弦波振荡还必须满足起振条件 $AF>1$。由前面的分析可知，当 $f=f_0$ 时，串并联网络的反馈系数最大，即 $F_{max}=1/3$。因此，根据起振条件，电压放大倍数只要满足 $A>3$ 即可。

由于放大器的放大倍数 A 较大，输出信号幅度较大，工作点进入非线性区，易造成输出波形的失真，因此，在实际应用中，通过 R_3 与 R_4 为电路引入电压串联负反馈，达到降低放大倍数、稳定输出幅度的目的。其中，R_3 为具有负温度系数的热敏电阻，当输出幅度 u_o 增大时，通过负反馈电路的电流增大，R_3 上的功耗加大，温度升高，R_3 阻值减小，负反馈增强，电压放大倍数下降，使输出电压幅度 u_o 减小，当 $AF=1$ 时，输出幅度 u_o 保持稳定。相反，当输出电压减小时，R_3 的负反馈电路会使电压放大倍数增大，当 $AF=1$ 时，输出幅度 u_o 保持稳定。

5. RC 移相式振荡电路

图 6-13 所示为 RC 移相式振荡电路。图 6-13a 所示电路的原理是利用 RC 电路的移相作用产生自激振荡，在共发射电路中加了三节串联的 RC 电路。由于交流电通过电阻的相移为 0°，通过电容的相移为 90°，因此交流电通过 RC 电路将随着频率变化而产生大于 0°且小于 90°的相移。如果三节的 R、C 相等，并在某一频率下各产生 60°的相移，那么相移的总和就为 180°，形成正反馈，产生自激振荡。因此，利用 RC 移相电路与放大器配合可构成移相振荡器。

信号通过 RC 电路要产生衰减。根据计算，假设图 6-13a 中的 RC 移相电路对某信号的

衰减使反馈信号只是输出信号的 1/29，那么要求放大器的增益就应大于 29，否则就不能维持振荡，故电路的振幅自激条件为 $\beta \geq 29$（当电阻 $R \gg R_i$ 时）。选用电流放大系数较大的晶体管有利于电路起振，但过大将增加输出波形的失真。当上述电路中三节的 R、C 相等时，振荡频率由 RC 参数决定，即

$$f_0 \approx \frac{1}{2\pi\sqrt{6}RC} \approx \frac{1}{15.4RC} \tag{6-11}$$

另一种移相振荡电路如图 6-13b 所示。

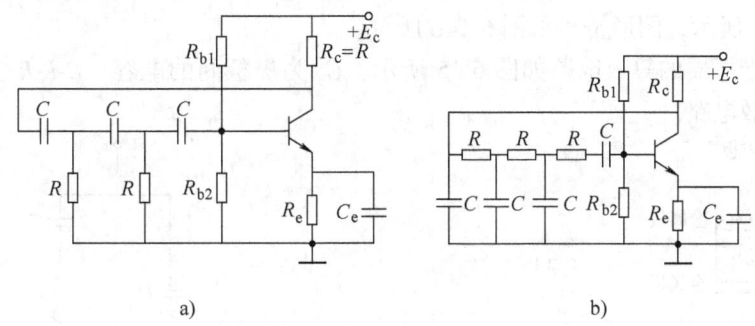

图 6-13　RC 移相式振荡电路
a) 电阻并联式　b) 电容并联式

图 6-13b 与图 6-13a 的 RC 移相式振荡电路相比，只是把其中的 R 和 C 的位置互换了一下。一般来说，由于晶体管极间电容的影响，电阻并联式振荡电路只能用于几千赫以下的低频振荡，而电容并联式振荡电路则可以把晶体管极间电容包括在移相网络的电容 C 内，所以适宜于产生几十千赫的振荡信号。其振荡频率为

$$f_0 = \frac{1}{2\pi RC}\sqrt{6 + 4\left(\frac{R}{R_c}\right)^2} \tag{6-12}$$

由于极间电容的影响，实际振荡频率要比计算结果低一些。电路的起振条件为

$$\beta > 29 + 33\frac{R}{R_c} + 4\left(\frac{R}{R_c}\right)^2 \tag{6-13}$$

用电位器代替移相网络中的电阻可以对振荡频率进行细微调整。在电路上，若采用四节 RC 移相网络，则是有利的。

RC 移相式振荡电路具有电路简单、经济方便等优点，但其选频作用较差，振幅不够稳定，频率调节不便，因此一般用于频率固定、对稳定性要求不高的场合。

二、石英晶体振荡电路

1. 石英晶片的特点

（1）主要成分　SiO_2。天然的石英晶体有 6 个侧面，呈六棱双角锥形，经过适当的切割，可获得石英晶体薄片——晶片。不同切向得到的晶片特性不同，即固有谐振频率不同。

（2）主要特性　压电效应。

1）在晶片上加电场，晶片会产生机械变形，加交变电场，晶片变形振动（机械振荡），同时它的机械振荡又会产生交变电场。换句话说，晶片能实现电能和机械能的转换。这种能量的转换过程与 LC 并联谐振回路中电感的磁场能与电容的电场能相互转换的情况相类似。晶

片的这种物理特征称为压电效应。

2) 当给石英晶片两侧加上外加交变电压的频率等于晶片的固有频率时, 石英晶体振荡的振幅会突然增加, 晶体呈现出纯电阻性质, 损耗极小, 这种现象称为压电谐振。因此, 石英晶体实际上是一种电子—机械的谐振子。

2. 石英晶体谐振器

在石英晶片的两侧喷涂金属层, 然后将石英晶片夹在两片金属之间, 再分别从两金属板上各引出一个电极, 并按一定形式封装就构成了一个石英晶体谐振器, 简称晶振。其结构示意图如图 6-14a 所示, 图形符号如图 6-14b 所示。

石英晶体谐振器的等效电路如图 6-15 所示, C_0 为极板间的电容, C-L-R 支路是石英晶体谐振器的等效电路。

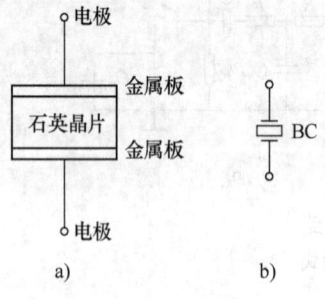
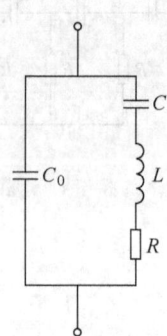

图 6-14 石英晶体谐振器
a) 结构示意图 b) 图形符号

图 6-15 石英晶体谐振器的等效电路

由石英晶体谐振器的等效电路可以看出, 石英晶体谐振器有两个谐振频率: 一个是串联谐振频率 f_S, 另一个是并联谐振频率 f_P。当 C-L-R 支路产生串联谐振时, 等效电路的阻抗最小 (等于 R), 串联谐振频率为

$$f_S = \frac{1}{2\pi\sqrt{LC}} \tag{6-14}$$

当电路产生并联谐振时, 并联谐振频率为

$$f_P = \frac{1}{2\pi\sqrt{L\dfrac{CC_0}{C+C_0}}} \tag{6-15}$$

因为 $C \ll C_0$, 所以 f_S 和 f_P 非常接近。

由图 6-16 所示石英晶体谐振器的频率特性曲线可以看出, 当频率 $f = f_S$ 时, 石英晶体谐振器阻抗为零, 呈电阻性; 当频率 f 在 $f_S \sim f_P$ 之间时, 石英晶体谐振器呈感性, 相当于一个电感器; 当频率 f 在其余的频率区间内时, 石英晶体谐振器均呈容性, 相当于一个电容器。由于 f_S 和 f_P 非常接近, 石英晶体谐振器呈感性的频率区间非常狭窄。因此, 石英晶体谐振器的频率稳定性非常好。

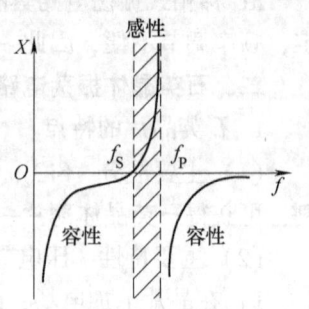

图 6-16 石英晶体振谐器的频率特性曲线

3. 石英晶体振荡电路

利用石英晶体谐振器的谐振特性可构成石英晶体振荡电路。

石英晶体振荡电路有串联型和并联型两种类型。

（1）串联型石英晶体振荡电路　串联型石英晶体振荡电路如图 6-17 所示。其振荡频率为串联谐振频率 f_S。这类石英晶体振荡电路是利用晶体作反馈通路，当信号频率 $f=f_S$ 时，石英晶体谐振器呈现的阻抗最小，且为纯电阻性，这时正反馈最强，且相移为 0°，电路满足自激振荡的条件。对于 f_S 以外的频率信号，石英晶体谐振器的阻抗增大，呈容性或感性，相移不为 0°，不能满足自激振荡的条件，很快会被抑制衰减掉。此时可用 R_F 调节反馈量的大小。

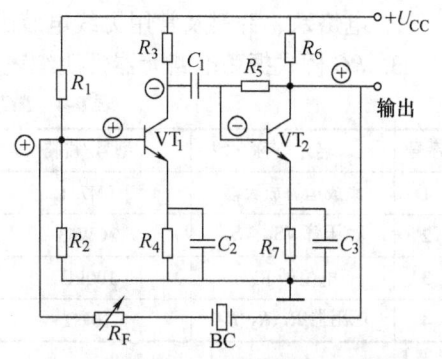

图 6-17　串联型石英晶体振荡电路

（2）并联型石英晶体振荡电路　并联型石英晶体振荡电路如图 6-18a 所示。其振荡频率为并联谐振频率 f_P。在并联型石英晶体振荡电路中，石英晶体运行在感性区，相当于一个大电感。因此，该电路可以看做是一个电容三点式振荡电路，其简化交流等效电路如图 6-18b 所示。在该电路中，反馈电压取自 C_2 两端。

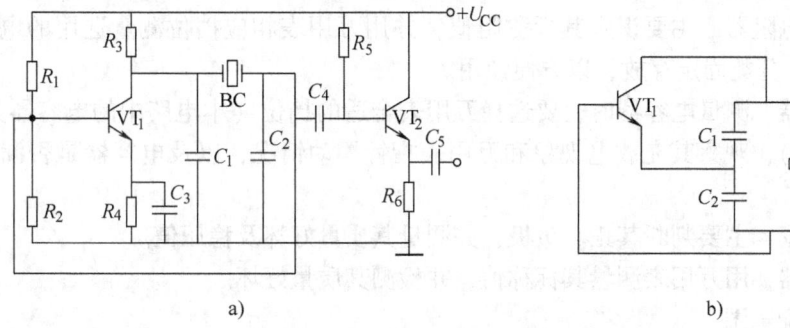

a)　　　　　　　　　b)

图 6-18　并联型石英晶体振荡电路
a) 电路结构　b) 等效电路

三、应用电路

RC 桥式振荡电路如图 6-19 所示。RC 桥式振荡电路的振荡频率调节方便，信号波形失真小，是应用最广泛的 RC 振荡器。

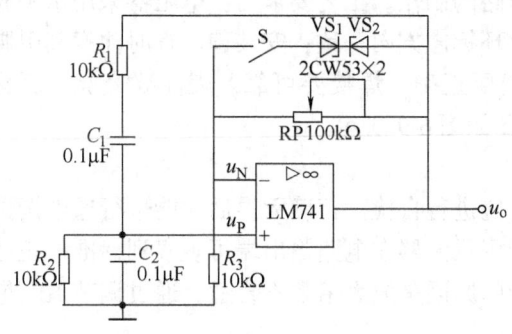

图 6-19　RC 桥式振荡电路

🌑 **任务准备**

1. 双路输出直流稳压电源、万用表、频率计和双踪示波器等。
2. 电烙铁、钎料及常用无线电装配工具一套。
3. RC桥式振荡电路元器件明细表见表6-4。

表6-4 RC桥式振荡电路元器件明细表

序号	名 称	型号/规格	数量	序号	名 称	型号/规格	数量
1	集成运算放大器	LM741	1	5	电容器 C_1、C_2	0.1μF	2
2	稳压管 VS_1、VS_2	2CW53	2	6	开关		1
3	电位器 RP	100kΩ	1	7	万能电路板		1
4	电阻器 R_1、R_2、R_3	10kΩ	3				

 **任务实施**

一、电路的制作与调试

1. 元器件的检测

(1) 色环电阻器 主要识别其标称阻值,并用万用表相应挡位测量选用的电阻器,确认其阻值大小,分类固定存放,以方便使用。

(2) 电容器 测量电容器时,要选择万用表合适的挡位(本电路中的电容器为0.1μF,可用 $R \times 10k$ 挡),观察其充放电现象和万用表指针摆动情况,以及电容器是否漏电或性能变差。

(3) 稳压管 主要判断其正、负极,并测量其质量好坏及稳压值。

(4) 电位器 用万用表测量其标称值,并检测其质量好坏。

2. 绘制装配草图

按图6-19所示的RC桥式振荡电路设计、绘制装配草图。要求按电路的连接关系布线;元器件布线要均匀,结构要紧凑;连接导线要平、直;导线不能相互交叉。

3. 引脚成形加工

按工艺要求对元器件的引脚进行成形加工。注意不要反复折弯元器件引脚,以免其因折断而报废。

4. 电路的制作

按照装配草图进行电路的制作。工艺要求为:电阻器采用水平安装方式,电阻体紧贴电路板,色标法电阻器的色环标志方向一致;安装稳压管时注意其引脚极性;电位器紧贴电路板安装,不能歪斜;布线要正确,焊接要可靠,表面要光亮,无漏焊、虚焊、短路现象。RC桥式振荡电路的装配图如图6-9所示。

5. 电路的调试

在将电路制作完成后应进行自检,正确无误后才能进行通电调试。

若电路工作正常,则用示波器在电路输出端可观察到标准的正弦波形。若电路工作不正常,则正弦波失真,可能的原因是放大倍数不合适,通过调节RP进行调整。

二、电路的测试

用示波器检测并观察输出波形,合上开关S,仔细调节RP,使电路输出稳定的不失真正弦波，记录波形的形状，测量正弦波的频率和最大值，把结果填入表 6-5 中。

表 6-5 测 试 记 录

波形形状	
频率	
最大值	

在用示波器测量波形时，将垂直输入灵敏度选择开关（V/Div）置于每格_____ V 挡，将扫描时间转换开关（s/Div）置于每格_____ ms 挡。

检查评议

评分标准见表 6-6。

表 6-6 评 分 标 准

内　　容	要　　求	配分	评分标准	扣分	得分
元器件的检测	元器件完好、无损坏	10	每处错误扣 3 分		
电路的安装	电路安装正确、完整	20	电路安装不正确，每处扣 5 分		
	布局层次合理，主次分明	15	每处不符合扣 3 分		
	接线规范，布线美观，横平竖直	5	每处不符合扣 1 分		
	排列整齐	5	不整齐，扣 3~5 分		
	按图焊接，接线牢固，无虚焊，焊点光滑、无毛刺	10	焊点粗糙，扣 3~5 分；虚焊、漏焊，每处扣除 3~5 分		
通电调试	通电调试成功	10	不成功扣 10 分		
波形的检测	正确使用示波器检测波形，检测结果（波形和幅值）要正确，正确使用频率计测量频率	15	一处错误扣 5 分		
安全文明生产	遵守操作规程	10	违反者扣 4 分		
	结束清理现场		违反者扣 4 分		
	讲文明礼貌		违反者扣 2 分		

知识拓展

ICL8038 型集成函数发生器的应用

1. 内部电路（见图 6-20）

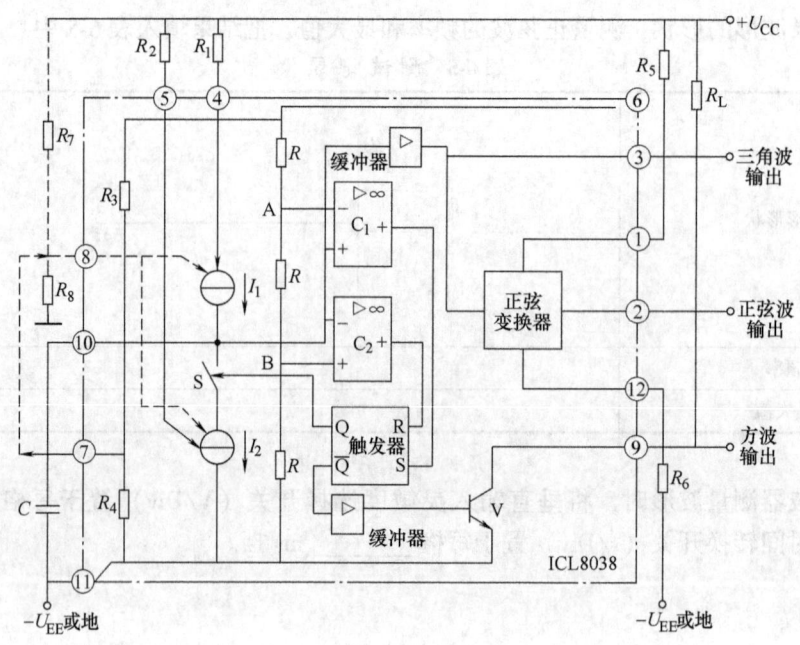

图 6-20　ICL8038 型集成函数发生器的内部电路结构

2. 引脚功能（见图 6-21）

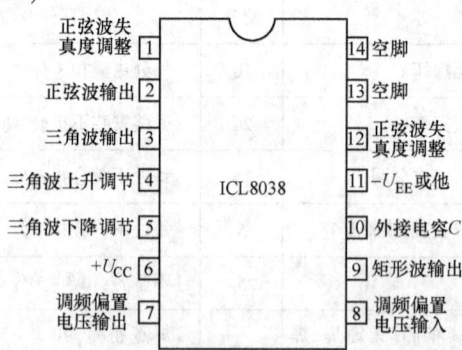

图 6-21　ICL8038 型集成函数发生器的引脚功能

3. 典型应用（见图 6-22 和图 6-23）

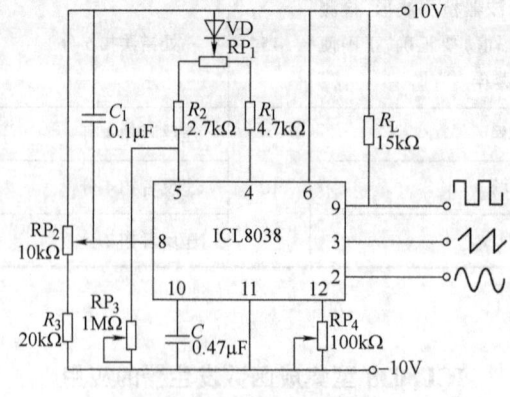

图 6-22　压控音频振荡

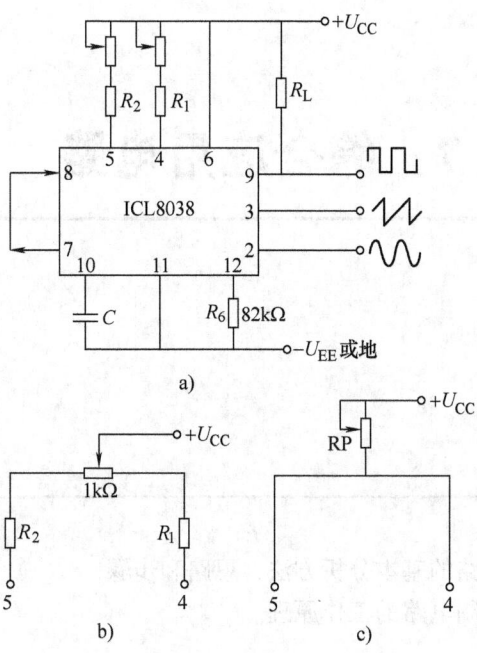

图 6-23 ICL8038 型集成函数发生器的基本应用

单元 7　综合应用电路

 学习目标

知识目标：
1. 了解综合应用电路的基本分析方法、思路和步骤。
2. 掌握光控双向控制电路的工作原理。

技能目标：
1. 了解综合应用电路的制作、调试和检修步骤。
2. 掌握光控双向控制电路的制作与检修方法。

素质目标：
使学生养成独立思考和动手操作的习惯，培养学生互相帮助、互相学习的精神。

 工作任务

综合应用电路是指由若干个基本单元电路组合而成的电路，以实现特定的功能。电路结构应该符合科学性、合理性、经济性和最优化等原则。一般来说，综合电路包括信号源（外部信号或电路本身产生的信号）、信号处理（如放大、开关、变换、运算、传输、存储等）、功能实现和电源4个基本部分。我们要运用前面学过的基本电路的知识和技能，学会分析电路，完成电路的制作、调试及检修，以实现电路功能，并能够评价电路性能。本任务在介绍综合应用电路的基本分析方法、思路的基础上，分析光控双向控制电路的工作原理，完成电路的制作与检修。图7-1为光控双向控制电路的装配图。该电路能够利用光线来控制窗帘的自动开启与闭合，可以给居家生活带来很大的便利。

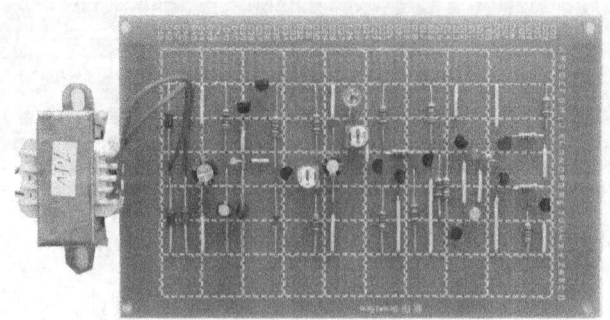

图 7-1　光控双向控制电路的装配图

相关理论

一、电路分析的基本方法

电路分析就是所谓的读图。读图能力充分体现了对所学知识的综合应用能力。通过读图，可以开阔视野，提高掌握电子技术的水平，在实际应用中，可以为解决电路调试、检修所遇到的技术问题，提供十分有益的帮助。

在分析电路时，首先将整个电路分解成具有独立功能的几个部分，再把每一部分电路的工作原理和主要功能分析清楚，然后再分析各部分电路之间的联系，最终得出整个电路所具有的功能和性能特点。电路分析的基本方法如下：

1. 电路类型的判别

通过与已学过的单元电路（整流电路、基本放大电路、集成运算放大应用电路、信号产生电路、直流电源、晶闸管应用电路）的基本结构进行对照，判断出每一部分电路的类型，分析出它们的典型功能和性能特点。例如，集成运算放大应用电路可以根据引入反馈的性质来区分。若引入负反馈，则构成运算电路，再根据选用不同的输入端和不同的反馈网络元件，可以判断出具体的电路类型；若是开环状态或引入正反馈，则构成电压比较电路。

2. 电路信号变化的分析

理清电路的信号处理流程，并分析通过每一级电路的处理后信号发生的变化（如幅度、频率、相位、形状、性质等），最后得出整个电路实现的功能和特点。

3. 附加电路的分析

在实际应用电路中，为了提高电路工作的安全性和可靠性，常常根据需要在电路中增加过电流、过电压保护，以及加速、温度、频率补偿和稳定等附加电路，要把它们区分出来进行分析。

二、电路分析的思路和步骤

1. 了解电路的用途

了解电路用于何种场合及所起作用，对于分析整个电路的工作原理和各部分电路的功能及性能指标具有重要的指导意义。对于已知电路，可以根据其使用场合大概了解其主要功能，最好能够了解电路的主要性能指标。因此，了解电路的用途是读图的第一步。

2. 分解电路

把电路按信号流程方向分解成若干个具有独立功能的部分，把复杂的原理图画成简单明了的原理框图。通过框图不仅能直观地看出电路的组成部分，还能分析各部分电路是如何相互配合来实现整个电路功能的。

3. 分析局部电路

选择合适的方法分析每部分电路的工作原理和主要功能等，利用电路的一些基本规律判断电路的类型，定性分析电路的性能特点。

4. 分析整体电路

在掌握各部分电路的工作原理和功能后，将各个部分电路连接起来进行整体分析，定性分析出整个电路的性能特点。

应当指出，在读图时，应首先分析电路主要组成部分的功能和性能，再对次要部分作进一步分析。对于初学者来说,应该循序渐进,大量实践,积累经验,逐步掌握读图的能力。

三、实用的光控双向控制电路

1. 电路组成

光控双向控制电路如图 7-2 所示。其主要由光电转换及放大电路、二级反相器、正反转驱动电路、执行机构(电路中采用红、绿发光二极管代替直流电动机,便于观察双向控制效果)和串联型直流稳压电路等组成。

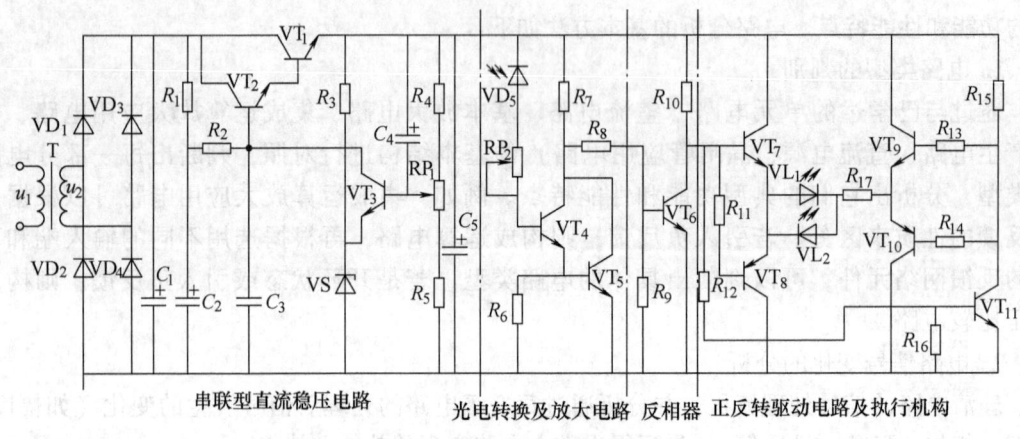

图 7-2 光控双向控制电路

2. 工作原理

光敏二极管 VD_5 的反向电流随着光照强度的增加而成比例地增大,VD_5 和 RP_2、VT_4、VT_5 等元器件组成的电路可以实现光电转换及放大作用。当有光照射时,VD_5 处于低阻状态,电流的大小与光照强度成正比,它和 RP_2 一起构成 VT_4、VT_5 复合管的上偏置电阻,使 VT_4 的基极电位上升,VT_4、VT_5 进入饱和状态,集电极输出低电平;VT_6 反相器输出高电平,它使 VT_7 导通,VT_8 截止,同时使反相器 VT_{11} 饱和输出低电平,这个低电平使 VT_{10} 导通,VT_9 截止,电源经过 VT_7、VL_1、R_{17}、VT_{10} 构成回路,VL_1(红色)发光,表示正转;如果没有光照,那么 VD_5 处于高阻状态,VT_4、VT_5 也处于截止状态,集电极输出高电平,VT_6 反相器输出低电平,它使 VT_7 截止,VT_8 导通,同时使反相器 VT_{11} 截止输出高电平,这个高电平使 VT_{10} 截止,VT_9 导通,电源经过 VT_9、R_{17}、VL_2、VT_8 构成回路,VL_2(绿色)发光,表示反转。注意,VT_7、VT_9 采用了 NPN 型晶体管,VT_8、VT_{10} 采用了 PNP 型晶体管,类似于乙类互补型功率放大电路。RP_2 可以调整光控灵敏度。

在实际应用时,R_{17}、VL_1、VL_2 不接,而是接入直流电动机;在 VT_7 和 VT_9 的集电极回路中分别接入微动开关作限位控制,使窗帘移动到规定位置时电动机能够停转。

任务准备

1. 万用表一块。
2. 常用电子电路组装工具一套。
3. 光控双向控制电路元器件明细表见表 7-1。

表 7-1　光控双向控制电路元器件明细表

序　号	名　　称	型号/规格	数　量
1	碳膜电阻器 R_1、R_5、R_7、R_{16}	510Ω	4
2	碳膜电阻器 R_2、R_4、R_6、R_8、R_9	240Ω	5
3	碳膜电阻器 R_3	330Ω	1
4	碳膜电阻器 R_{10}	51Ω	1
5	碳膜电阻器 R_{11}、R_{13}、R_{14}、R_{15}	100Ω	4
6	碳膜电阻器 R_{12}	1kΩ	1
7	碳膜电阻器 R_{17}	2.2kΩ	1
8	微调电位器 RP_1、RP_2	470Ω	2
9	电解电容器 C_1	470μF/16V	1
10	电解电容器 C_2	47μF/16V	1
11	涤纶电容器 C_3	10nF/63V	1
12	电解电容器 C_4	4.7μF/16V	1
13	电解电容器 C_5	100μF/16V	1
14	整流二极管 $VD_1 \sim VD_4$	1N4001	4
15	晶体管 VT_1	8050	1
16	晶体管 VT_2、VT_3、VT_4、VT_{11}	9014	4
17	稳压管 VS	3.5 V	1
18	光敏二极管 VD_5	2CU1A	1
19	晶体管 VT_5、VT_6、VT_7、VT_9	9013	4
20	晶体管 VT_8、VT_{10}	9012	2
21	发光二极管 VL_1	φ3 红色	1
22	发光二极管 VL_2	φ3 绿色	1
23	电源变压器 T	AC 220V/7.5V	1

任务实施

一、电路的制作与调试

1. 元器件的检测

（1）色环电阻器　主要识别其标称阻值，并用万用表相应挡位测量选用的电阻器，确认其阻值大小，分类固定存放，以方便使用。

（2）电位器　用万用表测量其标称值，并检测其质量好坏。

（3）电容器　确认电解电容器的极性。在检测电容器时，要选择万用表合适的挡位（本电路中 10nF 的电容器用 $R \times 10k$ 挡，47μF 的电容器用 $R \times 1k$ 挡，100μF 和 470μF 的电容器用 $R \times 100$ 挡），观察其充放电现象和万用表指针摆动情况，以及电容器是否漏电或性能变差。

（4）晶体管　识别其类型与引脚的排列，并用万用表检测其质量好坏。

（5）电源变压器　用万用表电阻挡测定其一、二次绕组有无短路和开路，查看其外观有无绝缘损伤和导体裸露情况。

(6) 二极管　主要判断其正、负极,测量其质量好坏。

(7) 稳压管　主要判断其正、负极,测量其质量好坏及稳压值。

(8) 发光二极管　用万用表测量其正、反向电阻来判别其正、负极性和质量。发光二极管的正向电阻一般为几千欧,反向电阻接近"∞"。

(9) 光敏二极管　其检测方法是用万用表 $R \times 1k\Omega$ 挡,将光敏二极管的受光面对着光照方向,测量两引脚之间的正、反向电阻,其中电阻小的一次,黑表笔接的是负极,红表笔接的是正极,如图 7-3 所示。将光敏二极管的受光面遮挡住光线,电阻明显变大,说明光敏特性良好,如图 7-4 所示。

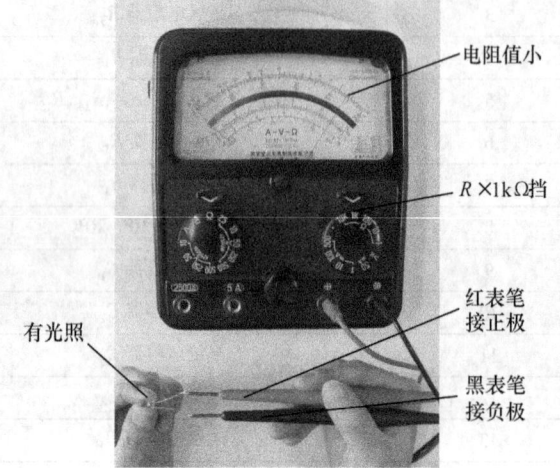

图 7-3　光敏二极管引脚的识别

2. 绘制装配草图

按图 7-2 所示光控双向控制电路设计、绘制装配草图。要求按电路的连接关系布线;元器件布线要均匀,结构要紧凑;连接导线要平、直;导线不能相互交叉,确需交叉的导线应在元器件体下穿过。

3. 引脚成形加工

按工艺要求对元器件的引脚进行成形加工。注意不要反复折弯元器件引脚,以免其因折断而报废。

4. 电路的制作

按照装配草图进行电路的制作。工艺要求为:电阻器采用水平安装方式,电阻体紧贴电路板,色标法电阻器的色环标志方向一致;电容器采用垂直安装

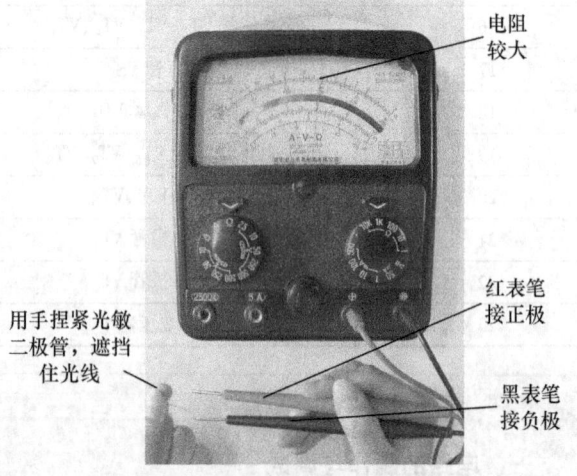

图 7-4　光敏二极管性能的检测

方式,注意正、负极性;晶体管和发光二极管、光敏二极管采用垂直安装方式,注意引脚极性;微调电位器紧贴电路板安装,不能歪斜;布线要正确,焊接要可靠,所有焊点均采用直脚焊,焊接完成后剪去多余引脚,且不能损伤焊接面,表面要光亮,无漏焊、虚焊、短路现象。光控双向控制电路的装配图如图 7-1 所示。

5. 总装加工工艺要求

电源变压器用螺钉紧固在印制电路板的元件面,一次绕组的引出线向外,二次绕组的引出线向内,印制电路板的另外两个角上也固定两只螺钉,紧固件的螺母均安装在焊接面。电源线从电路板焊接面穿过孔后,在元件面打结,再与变压器一次绕组引出线焊接并完成绝缘恢复,将变压器二次绕组引出线插入安装孔后进行焊接。

6. 电路的调试

在将电路制作完成后应进行自检,正确无误后才能接入电源进行调试。

(1) 调试要求 直流稳压电源的输出电压为6V;光敏二极管有光照时 VL_1(红色)发光,VL_2 熄灭;光敏二极管无光照时 VL_2(绿色)发光,VL_1(红色)熄灭。

(2) 调试方法

1) 接通电源,调整 RP_1 使直流稳压电源的输出电压为6V。

2) 在光敏二极管 VD_5 有光照时,调整 RP_2 使 VL_1 从发光状态刚变为熄灭状态后,反方向调整 RP_2 至 VL_2 刚发光时,光控灵敏度调整达到要求。

二、电路的检修

1) 故障现象:有光照时,电动机正转正常(VL_1 发光);无光照时,电动机不能反转(VL_2 不发光)。

2) 故障原因:可能在反转控制电路中的光控放大电路、反相器、反转驱动控制电路等。

3) 故障排除思路:故障排除思路如图7-5 所示。

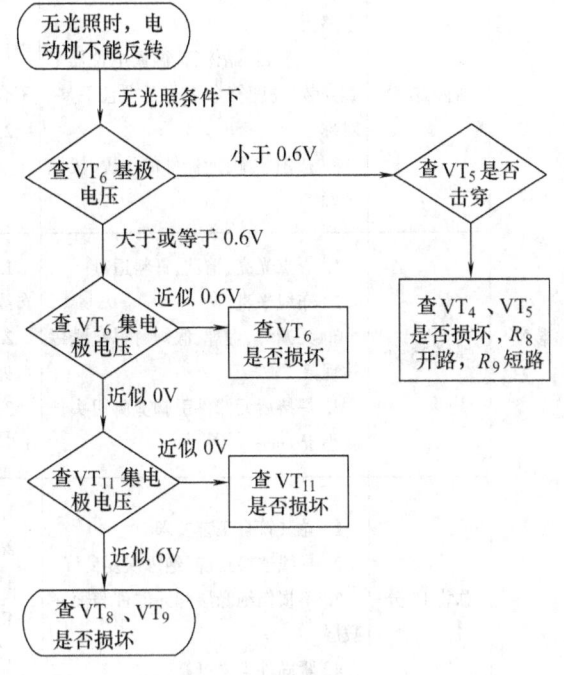

图 7-5 故障排除思路

三、电路的测试

用万用表测量有光照时和无光照时各晶体管电极的对地电压,并填入表7-2 中。

表 7-2 电压测量记录 (单位:V)

晶体管序号	有光照时			无光照时		
	U_B	U_C	U_E	U_B	U_C	U_E
VT_4						
VT_5						
VT_6						
VT_7						
VT_8						
VT_9						
VT_{10}						
VT_{11}						

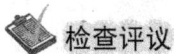 检查评议

评分标准见表7-3。

表7-3 评 分 标 准

项目及配分		考核要求	扣分标准	扣分	得分
装配	插件 20 分	1. 电阻器、二极管水平安装,贴紧电路板 2. 电容器、晶体管、微调电位器垂直安装,高度符合工艺要求且平整、对称 3. 按图装配,元器件的位置、极性正确	1. 元器件安装歪斜、不对称、高度不合格,每处扣 1 分 2. 错装、漏装,每处扣 5 分		
	焊接 25 分	1. 焊点光亮、清洁,钎料适量 2. 布线平直 3. 无漏焊、虚焊、假焊、搭焊、溅锡等现象 4. 焊接后元器件引脚剪脚留头长度小于 1mm	1. 焊点不光亮、钎料过多或过少、布线不平直,每处扣 0.5 分 2. 漏焊、虚焊、假焊、搭焊、溅锡,每处扣 3 分 3. 剪脚留头大于 1mm,每处扣 0.5 分		
	总装 15 分	1. 总装符合工艺要求 2. 导线连接正确,绝缘恢复良好 3. 不损伤绝缘层和元器件表面涂敷层 4. 紧固件牢固可靠	1. 错装、漏装,每处扣 5 分 2. 导线连接错误,每处扣 5 分 3. 绝缘恢复不符合要求,扣 5 分 4. 损伤绝缘层和元器件表面涂敷层,每处扣 5 分 5. 紧固件松动,每处扣 3 分		
调试	40 分	1. 直流稳压电源输出电压 6V 2. 光控灵敏度合适 3. 有光照时,VL_1 发光;无光照时,VL_2 发光 4. 排除装配与调试中出现的电路故障	1. 直流稳压电源输出电压超差大于 1V,扣 10 分;小于 1V 且大于 0.2V,扣 3 分 2. 光控灵敏度不合要求,扣 10 分 3. 有光照时,VL_2 不发光,扣 10 分;无光照时,VL_3 不发光,扣 10 分 4. 不能排除电路故障,扣 10 分		
安全、文明生产		1. 安全用电,不人为损坏元器件、加工件和设备等 2. 保持实习环境整洁、秩序井然、操作习惯良好	1. 发生安全事故,扣总分 20 分 2. 违反文明生产要求,视情况扣总分 5~20 分		

附录　半导体分立器件型号命名方法

按国家标准 GB 249—1989 的规定，半导体分立器件型号五个组成部分的意义如下：

第一部分　第二部分　第三部分　第四部分　第五部分
- 用阿拉伯数字表示器件的电极数目
- 用汉语拼音字母表示器件的材料和极性
- 用汉语拼音字母表示器件的类别
- 用阿拉伯数字表示序号
- 用汉语拼音字母表示规格号

半导体器件型号符号及含义见附表1。

附表1　半导体器件型号符号及含义

第一部分		第二部分		第三部分		第四部分	第五部分
用阿拉伯数字表示器件的电极数		用汉语拼音字母表示器件的材料和极性		用汉语拼音字母表示器件的类别		用阿拉伯数字表示序号	用汉语拼音字母表示规格号
符号	意义	符号	意义	符号	意义		
2	二极管	A	N 型,锗材料	P	小信号管		
		B	P 型,锗材料	V	混频检波管		
		C	N 型,硅材料	W	电压调整管和电压基准管		
		D	P 型,硅材料	C	变容管		
3	三极管	A	PNP 型,锗材料	Z	整流管		
		B	NPN 型,锗材料	L	整流堆		
		C	PNP 型,硅材料	S	隧道管		
		D	NPN 型,硅材料	K	开关管		
		E	化合物材料	X	低频小功率晶体管 ($f_a<3\text{MHz}, P_c<1\text{W}$)		
				G	高频小功率晶体管 ($f_a\geqslant 3\text{MHz}, P_c<1\text{W}$)		
				D	低频大功率晶体管 ($f_a<3\text{MHz}, P_c\geqslant 1\text{W}$)		
				A	高频大功率晶体管 ($f_a\geqslant 3\text{MHz}, P_c\geqslant 1\text{W}$)		
				T	闸流管		

示例1：锗PNP型高频小功率晶体管

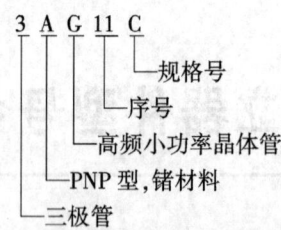

晶体管的种类很多，其型号命名方法各个国家也不尽相同，部分国外晶体管器件的命名见附表2。

附表2　国外晶体管器件的命名

	一	二	三	四	五
	序号意义	字母意义	字母意义	字母意义	字母意义
日本	3:三极管	S(日本)	A:PNP 高频 B:PNP 低频 C:NPN 高频 D:NPN 低频		
韩国	9011 NPN 高放	9012 PNP 功放	9013 NPN 功放	9014 NPN 低放	9015 PNP 低放	9016 NPN 超高频	9018 NPN 超高频

参 考 文 献

[1] 朱春萍. 电子技术基础 [M]. 北京：中国劳动社会保障出版社，2010.
[2] 郭赟. 电子技术基础 [M]. 4版. 北京：中国劳动社会保障出版社，2007.
[3] 黄士生. 模拟电子技术 [M]. 北京：中国劳动社会保障出版社，2006.
[4] 吕玉明. 模拟电子技术 [M]. 大连：大连理工大学出版社，2008.
[5] 孔凡才，周良权. 电子技术综合应用创新实训教程 [M]. 北京：高等教育出版社，2008.
[6] 王兆晶. 维修电工（中级）[M]. 北京：机械工业出版社，2006.
[7] 刘玉章. 维修电工技能鉴定考核试题库 [M]. 北京：高等教育出版社，2006.
[8] 浣喜明，姚为正. 电力电子技术 [M]. 北京：高等教育出版社，2008.

机械工业出版社

教师服务信息表

尊敬的老师：

　　您好！感谢您多年来对机械工业出版社的支持与厚爱！为了进一步提高我社教材的出版质量，更好地为职业教育的发展服务，欢迎您对我社的教材多提宝贵意见和建议。另外，如果您在教学中选用了《模拟电子技术（任务驱动模式）》（刘玉章　张翠娟　主编）一书，我们将为您免费提供与本书配套的电子课件。

一、基本信息

姓名：_____　　性别：_____　　职称：_____　　职务：_____
学校：_____　　　　　　　　　系部：_____
地址：_____　　　　　　　　　邮编：_____
任教课程：_____　　电话：_____(O)　　手机：_____
电子邮件：_____　　qq：_____　　　　　　msn：_____

二、您对本书的意见及建议

（欢迎您指出本书的疏误之处）

三、您近期的著书计划

请与我们联系：

100037　机械工业出版社·技能教育分社　陈玉芝　收
Tel：010-88379079
Fax：010-68329397
E-mail：cyztian@gmail.com 或 cyztian@126.com